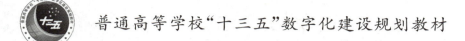

普通高等学校"十三五"数字化建设规划教材

大学应用语文教程

（下）

顾　问　叶　泽　成松柳
主　编　周云鹏
副主编　郑劭荣　宁淑华
编　委　（按拼音顺序）
　　　　成松柳　冯利华　宁淑华
　　　　邱震强　谢尊武　叶　泽
　　　　郑劭荣　周　静　周云鹏
　　　　朱小艾

内容简介

《大学应用语文教程》是为了贯彻教育部《国家中长期教育改革和发展规划纲要(2010—2020年)》中,关于高等教育要"提高人才培养质量"和"增强社会服务能力"的精神而编写的,是一本适用于高等院校通识教育课程的教材。其基本体例由应用文写作理论、例文、例文简析、练习题组成。

本教程分上、下两册,上册由绪论、党政机关公文、事务管理文书、公关礼仪文书、申论写作、附录(《党政机关公文处理工作条例》《党政机关公文格式》)组成,下册由经济类应用文书、诉状类法律文书、日常生活应用文、新闻类文书、科技专业文书写作,以及3套综合模拟练习题组成。

本教程在介绍各种文体写作知识的同时,辅以例文和简析,目的是供学生写作借鉴和参考。每一节前都设有"学习要点"和"能力要求",让学生明确各节中应了解和掌握的知识要点及能力培养要求。每章后安排了丰富实用的练习题,旨在让学生通过思考与练习,巩固所学知识要点,初步掌握各种应用文体的写作要领。

前　言

　　进入21世纪以来,我国经济社会结构正在发生着重大的转型和变革,国家对应用型人才的需求日趋迫切,社会发展对人才的基本素质和技能提出了更新、更高的要求。大学应用语文课程的开设正是适应现代社会转型及应用的需求,在高级应用型人才培养方面有着极其重要的作用。应用文是人们社会交往、思想交流的重要工具,适用范围十分广泛。学会应用文写作意义深远,小而言之,能有效提高大学生沟通、处理事务、统筹谋划等的综合能力;大而言之,是大学生在未来成就事业、"济世安邦"的利器。正如汉魏时期著名文学家曹丕所云:"盖文章,经国之大业,不朽之盛事。"这里所谓的"文章",不仅仅指文学作品,也包括实用性的文体。

　　本教程旨在提高大学生的语文应用能力,加强文化素养教育,培养良好的语言文字技能。毋庸讳言,尽管目前市面上销售的同类教材种类不少,但对于课程的性质、内涵等方面的认知还有许多值得重新思考的问题。

　　首先,"大学应用语文"究竟是一门什么性质的课程?一般认为,应用文写作无非就是介绍一些常用的应用文种基本范式,然后反复进行"操练"即可。说白了就是认为应用文写作只有工具性可言。这种理念虽然大体没错,但可以说是只识其一端而不察其余。在我们以往的应用文写作教学中,经常出现这类现象:部分学生不管是听课还是做练习,总提不起神。因为他们无法理解,应用文写作除了技术性的因素外还会有别的意义,而这种"技术"又好像是无关紧要的。实际上,应用文写作的工具性和价值性的关系就像是"鸡生蛋"还是"蛋生鸡"一样彼此相依,密不可分。从应用文产生和发展的历史来看,各种应用文文种虽然都表现出一定的程式化和形式化,具有鲜明的体制工具性,但这种体制工具性又往往是由它的价值性衍生的。应用文正是为了解决我们个人生活和社会生活中反复出现的问题而产生出来的一种文体。也就是说,写应用文是为了有效率地解决我们现实生活和工作中遇到的问题。就凭这一点,应用文背后即蕴含着深刻的人文性。回到我们的教学目的上,这门课的最终目的是通过学生的"立言"过程来达到"立人"的境界。"大学应用语文"应该是工具性与价值性的统一体。

　　其次,是对"大学应用语文"课程内涵的认识。由于教材编写人员知识结构的不同,一般的应用文写作教材主要介绍的是行政公文写作、事务管理文书写作以及公关礼仪文书写作方面的内容。然而,目前这种情况在高等教育中正在接受严峻的挑战,如不少文科生到以工科为主要专业背景的单位工作时,他们深刻意识到,仅仅学会日常性应用文文种写作是不够的,还必须具备常用的科技应用文写作素养。同样,一个工科毕业生,仅会写几篇科技应用文也是不够的,还必须具备现代办公、文秘所需的应用文素养。因此,我们在编写本教程的过程中,充分地考虑各类专业或学科对于应用文写作的不同诉求。全套书共选择了50多种比较常用的应用文文种,使用者通过学习能够对应用文有一个比较全面的把握。

　　本教程的编者均为从事大学应用语文写作教学与研究的一线教师,他们不但谙熟各种应用文文体的范式,还积累了丰富的教学实践经验。作为通识教育课程的《大学应用语文教程》

（上、下），具有下列鲜明的特点：

1. 实训性。本教程不追求理论体系的严密和完备，而重点在于阐述应用文的文体规范，加强实训环节，精心设计作业，参与课外实践，注意解决学生写作中的常见问题。

2. 针对性。针对当代社会对于复合型人才的培养需求，侧重于应用文写作与行业知识的交叉教学，强化应用文体的专业内涵，满足不同专业学生的写作需要。

3. 前沿性。本教程的理论阐述具有前沿性，使用的范文、案例、数据等材料具有高度的时效性，与当下社会生活紧密相关。

本书由长沙理工大学周云鹏担任主编，郑劭荣、宁淑华担任副主编。为本书编写付出辛劳的作者有：冯利华、宁淑华、邱震强、谢尊武、郑劭荣、周静、周云鹏、朱小艾等。叶泽教授、成松柳教授、刘朝晖教授对本书的编写提出了指导性的建议，易永荣编辑了教学资源，魏楠、苏娟提供了版式和装帧设计方案。在此一并感谢。在本书编写过程中参考了大量相关著作，选取了众多书籍、报刊、网络上的例文，并根据教学需要，对个别文章略作修改，在此谨对原著者深深致谢！

由于编者水平所限，缺点纰漏在所难免，希望专家、同人、读者批评指正。

编者

目 录

第五章　经济类应用文书 ... 1

第一节　概　　述 ... 1
第二节　意向书 ... 2
第三节　协议书 ... 4
第四节　经济合同 ... 9
第五节　招投标文书 ... 14
第六节　市场调查报告 ... 20
第七节　市场预测报告 ... 25
第八节　营销策划书 ... 31
第九节　商业广告 ... 36
练习题 ... 38

第六章　诉状类法律文书 ... 50

第一节　起诉状 ... 50
第二节　答辩状 ... 55
第三节　上诉状 ... 61
第四节　申诉状 ... 65
练习题 ... 68

第七章　日常生活应用文 ... 72

第一节　概　　述 ... 72
第二节　启　　事 ... 74
第三节　书　　信 ... 78

第四节　日　　记	86
第五节　对　　联	89
第六节　读书笔记	93
练习题	97

第八章　新闻类文书 … 99

第一节　概　　述	99
第二节　消息写作	111
第三节　通讯写作	120
第四节　新闻评论写作	130
练习题	140

拓展　科技专业文书 … 151

第一节　概　　述	151
第二节　毕业设计	153
第三节　科技报告类应用文	164
第四节　说明类科技文书	177
练习题	181

综合模拟练习题（一） … 189

综合模拟练习题（二） … 193

综合模拟练习题（三） … 199

参考文献 … 205

第五章 经济类应用文书

第一节 概 述

一、经济类应用文的含义和特点

经济文书是各级经济管理部门、企事业单位和个人以经济现象、经济活动为写作对象,用来处理经济业务活动中各种关系的一类文书。常用的经济文书主要有意向书、协议书、经济合同、招投标文书、市场调查报告、市场预测报告、营销策划书、商业广告等。

经济文书具有较强的专业实用性。无论是从事经济理论研究,还是经济实际管理工作的专业人员以及有关人员,掌握各类经济文书,或按照业务工作的需要,及时、准确和得心应手地撰写各类经济文书,已经成为一种必要的基本素质。随着社会经济的发展和繁荣,经济文书写作逐渐成熟,种类日益增多,在人们的社会实践活动中发挥的功用越来越大。

二、写好经济类文书的基本要求[1]

(一)根据不同经济文书的特点来写作

经济类文书是一个大类,不同文书的体裁差距极大。体裁不同,特点不同。

1. 报告性

如经济预测报告、经济活动分析报告、经济项目可行性研究报告等,基本上属于经济实践调查和预测报告类。

2. 规定性

如经济合同,是由签约双方就某个事项所产生的权利义务所达成的协议,受法律的约束,可谓"一字千金""字字珠玑",要求用法规般的章、节、款、目形式规定,行文要求科学准确和严密。

3. 文艺性

如商业广告,是最具风格化的体裁,要求潜心策划、刻意追求、表现独特,尽量引起受众关注;至于逻辑方面和语言方面并不严加苛求,以新奇为上,努力追求个性化,出奇制胜地震撼受众。但也应注意,广告虽有夸张色彩,却要符合叙事逻辑,以事实为基础。

4. 纪实性

如产品说明书类。以说明性文字为主的体裁。要求解说清楚,阐释明白,行文严谨。

---

[1] 张达芝,张波.应用写作教程新编(第二版)[M].杭州:浙江大学出版社,2014:213-214.

（二）实事求是

经济类文书尽管文体差距很大，却无一不要求客观真实、实事求是。具体来说，经济文书要求三个方面的客观真实：

1. 事实要真实

主要指经济类文书所涉及的经济变迁的叙述要真实，来不得半点虚假。

2. 数据要真实

指经济类文书涉及的任何一个数据，都要经过核实后才可以引用。不能迷信权威，不要贪图省事。

3. 资料要真实

指经济类文书涉及的任何一个文件、一篇文章、一条网络信息等都应加以审查核对，弄清时间、地点、作者、人物等情况。

总之，调查、研究、估测、推论、结论等，都要实事求是，符合实际，符合客观逻辑，要有真正的说服力。

（三）严密的数理逻辑意识

各种经济类文书的基本内容无不充满着数字。各种统计调查资料大都以严密的数字或数学公式表达出来；而在经济合同中所谓权利、义务的概念，又无非是特定事物在数学上的相互分配和占有关系。此外，经济类文书的各种数字又往往是互相联系的，动一个数字会影响整组数字，甚至会影响整篇文章的结论。因此，许多经济类文书不仅形式逻辑在起作用，更重要的是数理逻辑也在起作用，要写得十分通俗易懂，自然要花费极大工夫。

（四）积极关注经济生活，理论联系实际

经济类文书是经济工作的一部分，具有强烈的专业化特征。要写好经济类文书，一定要懂得经济工作。总之，写经济类文书的人一定要积极关注经济生活，理论联系实际，注重培养自己对经济理论问题的素养，让自己逐步成为行家里手。

第二节　意 向 书

学习要点

1. 意向书的含义
2. 意向书的特点
3. 意向书的格式

能力要求

1. 掌握意向书的写作要求
2. 学会写作意向书

一、意向书的含义

意向书是合作的当事方就某一合作事务通过初步谈判而表明合作态度、兴趣、打算与设想

的协商性契约文书。意向书常用于正式签订合同、达成协议之前。

二、意向书的特点

1. 临时性

意向书只是表达当事方谈判的初步成果,而不是最终意愿。也就是说,随着谈判的深入,合作条款会有更改,会更具体。

2. 协商性

意向书尽管只对当事方的信誉有约束,但内容是共同协商的,也是今后继续谈判的基础。

3. 导向性

意向书是表示合作当事方某项合作意愿的文书,只要求总体轮廓清晰,大体方向一致,对具体进程和步骤没有明确要求。

三、意向书的写作要领

1. 标题

意向书的标题可以是项目名称+文种,如《投资合作意向书》;也可以只写文种,如《意向书》。

2. 正文

开头简要写明合作各方的基本情况:当事方名称、合作的意愿、所达成的协商性意见等。主体分条款写出意向内容,要写明各方应承担的责任和履行的义务,包括具体的条件和设施等。各项条款要尽量考虑周到,不要遗漏,叙述要明确,界限要清楚。

3. 落款

标明合作当事方名称、代表人姓名、签订日期,并盖上公章。

四、意向书写作的注意事项

1. 慎重

意向书是合作当事方就某一合作事项所表明的初步意愿,对关键性问题不宜贸然承诺,应留有余地。同时,不能因为它没有法律约束就随意签订。

2. 周密

意向书的内容尽管带有临时性,但不能有悖于政策法规,或超出当事方的职能范围。在表述方面要做到重点突出,表意要力求准确、明了。

 例文

合作培训意向书

甲方:××县科学技术培训中心

乙方:××县个体劳动者协会

经双方协商,拟合作举办一期校对技术短期培训班。初步意向如下:

一、培训期1个月。××××年3月1日开班,4月1日结业。

二、培训学员20名。由乙方选送25岁以下、具有大专以上文化程度的人员。

三、培训费1万元,由乙方在开班前支付给甲方。
四、甲方提供培训场地、师资、教材,并负责教学管理,发放结业证书。

      甲方   乙方
  ××县科学技术培训中心   ××县个体劳动者协会
  代表:×××(签字)   代表:×××(签字)

  ××××年×月×日   ××××年×月×日

【简析】 意向书的开头习惯上要求注明合作单位谁为甲方,谁为乙方。本文的主体部分采用条款式的形式书写,除了写明培训时间,并从人员、费用和场地安排等几个方面明确双方在合作培训过程中应负的责任和应履行的义务,重点突出,表意明确,简洁概括。

第三节 协 议 书

学习要点
1. 协议书的含义
2. 协议书的作用
3. 协议书的格式

能力要求
1. 能运用相关文体知识分析协议书
2. 学会写作协议书

一、协议书的含义

  协议书又称协议,它是当事人之间为了协同一致完成某一共同议定事项而签订的一种契约性文书。
  协议书与合同一样具有法律效力,但在使用中有一些细微区别,主要是:
  第一,协议书的内容比较单一,往往是共同协商的原则性意见;合同的内容具体、详细。
  第二,协议书的适用范围广泛,可以是共同商定的各方面事务;合同的适应范围主要是经济关系方面的事项。
  第三,合同一次性生效,而协议书在签订以后可就有关具体问题续签合同加以补充、完善。

二、协议书的作用

  协议书作为契约的一种,是将当事人各方洽谈商定的有关事项记录下来,明确各自的权利与义务,以此为信用凭证,一经订立,对当事人都具有约束力。

三、协议书的写作

协议书的结构主要由以下四个部分组成:

1. 标题

协议书的标题一般按协议事项的性质写出名称,如《技术合作协议书》。

2. 首部

写明签订协议的双方(或多方)单位名称和代表人姓名。为了行文方便,习惯上规定一方为甲方,另一方为乙方,如有第三方,可简称为丙方。在协议中不能用我方、你方、他方作为代称。

3. 正文

正文由两部分内容组成:一是签订协议的依据、目的;二是协议的主要条款,必须写明双方所协商议定的具体事项,要着力写好双方的权利和义务,一般分条列出。

4. 尾部

结尾包括三个方面内容,其叙述要详细、具体。一是署名;二是签订协议的日期;三是附项,即对附加的有关材料予以注明。最后还要根据需要,写清合作各方的地址、电话、开户行、账号等。

四、协议书的写作要求

1. 自愿互利

任何单位和个人不得对签订协议的各方施加压力,非法干涉。同时,签订协议的任何一方也不能强迫对方接受己方的意见。

2. 具体明确

协议书的各项条款用语要准确,不能模棱两可,以免产生纠纷。对数量、尺寸、位置、价值、时间的书写不能马虎潦草,要避免遗漏和错误。

 例文一

技术合作协议书

××建筑工程公司(甲方)

××装修设计公司(乙方)

为发挥双方优势,共谋发展,并为今后逐步向组建集团过渡,甲乙双方经过充分协商,特订立本协议。

一、建立密切的技术合作关系,今后凡甲方承接的工程或装修的设计任务均交给乙方承担。

二、乙方保证,在接到任务后,将立即组织以高级工程师为领导的精干设计队伍,在 10 日内提出设计方案,并在方案认可后一个月内完成全部设计图纸。

三、为保证设计的质量,甲方将毫无保留地向乙方提供所需的一切建筑技术资料。

四、装修施工队伍由甲方组织,装修工程的施工由甲方组织实施。施工期间,乙方派出高级工程师监督施工,以保证工程的质量。

五、甲方按装修工程总费用的千分之×向乙方支付设计费。

六、本协议自签订之日起生效。

七、本协议书一式两份,双方各执一份。

附件:《××建筑装修工程集团公司组建意向书》一份。

甲方:××建筑工程公司(盖章)	乙方:××装修设计公司(盖章)
法人代表:×××(签字)	法人代表:×××(签字)
××××年×月×日	××××年×月×日
甲方地址:××××××	乙方地址:××××××
邮政编码:××××××	邮政编码:××××××
电话兼传真:××××××	电话兼传真:××××××
银行账号:××××××	银行账号:××××××
联系人:×××	联系人:×××

【简析】 这是一份关于建筑工程的装修工程施工与设计的协议书,不但签订协议的目的明确,而且签订的条款符合法律规定的权利、义务对等的原则。主体部分对于容易引起争议、需要特别注意的内容做出具体规定,包括装修工程的施工组织、设计任务的安排、设计方案的提交、设计图纸的完成、装修过程中的施工、监督和技术合作,以及设计费的计算方式等。全文语言准确通畅,便于双方履行,也可以避免因责任不清而引起纠纷。

 例文二

劳务派遣协议

甲方(用工单位)名称:×××××××
乙方(劳务派遣单位)名称:×××××××

根据《中华人民共和国合同法》《中华人民共和国劳动法》及××市有关法律法规,甲乙双方本着平等互利的原则,就劳务派遣事宜签订如下协议。

一、派遣协议期限

协议有效期:自××××年××月××日至××××年××月××日止。

二、劳务派遣岗位及人数

派遣岗位为××。派遣员工人数见《派遣员工花名册》,在服务期内派遣员工人数根据甲方的生产经营情况增减,以《派遣员工增减明细表》作为本合同的附件。

三、被派遣员工的管理

1. 甲方根据工作需要,提前15日向乙方提供招工信息,包括工作岗位、录用条件、工作地点、职业危害、工资待遇、工作期限、到岗时间及其他条件等具体要求。

2. 乙方应在规定的时间按照甲方的要求提供符合录用条件的面试人员。由乙方负责初步筛选、考核、前期思想教育工作,并将面试人员送达甲方指定的面试地点。

3. 派遣期内,被派遣员工因个人原因辞职的,应提前30日向甲乙双方同时递交书面申请。乙方应敦促该被派遣员工与甲方办理移交手续。

4. 派遣期内,被派遣员工离职或擅自离职的,根据甲方用工需求,乙方在1周内向甲方及时补充被派遣人员。

5. 甲方也可根据业务需要,自行招用劳务人员,并在7日内告知乙方,由乙方办理相关录用手续。

6. 乙方应该将体检合格的人员派遣至甲方,并经甲方确认后方可派遣到甲方工作。

7. 派遣期内,乙方对员工具有思想教育、奖惩、监督和转移权。

8. 在派遣期内,被派遣员工有下列情形之一者,甲方可以将派遣员工退回乙方。

(1)派遣协议期满的;

(2)甲方的生产、经营情况发生变化,原派遣协议无法履行,甲乙双方提前终止协议的;

(3)患病或非因工负伤,医疗期满后,不能从事原工作也不能从事由甲方另行安排的工作的;

(4)不能胜任工作,通过培训仍不能胜任工作的。

(以下略)

四、劳动保护

1. 乙方在派遣前对被派遣员工进行岗前的职业道德、交通安全法规的教育。

2. 甲方负责被派遣员工入厂后的劳动纪律和安全教育,并将甲方有关的规章制度和工作行为规范及违规处理办法,以书面形式发给被派遣员工。

3. 甲方应向被派遣员工提供符合国家规定的工作场所和劳动防护用品。

五、派遣费管理办法

1. 派遣费系指甲方支付给乙方的费用,包括:

(1)劳务人员的工资报酬(不包括加班薪资、考核工资、其他补贴):基本工资不低于本市本年度规定的最低工资标准,具体标准需要乙方真实签署(详见工资表);

(2)甲方每月支付给乙方的劳务管理费:每人每月××元(按照每月实际使用人数计算);

(3)甲方每月支付给乙方综合保险费:每人每月××元;(上月25日后至当月退工人员照样收取当月保险费用;保险费率按社保局每年的实际缴费基数调整)。

2. 劳动报酬管理

(1)被派遣员工享有与甲方相同岗位的劳动者同工同酬的权利。各岗位的工资标准见《派遣人员花名册》;

(2)被派遣员工连续在甲方工作超过1年的,将参照甲方《评价制度》实行正常的工资调整机制。

(以下略)

3. 保险费用管理

(1)甲方承担按国家、地方的有关规定支付给被派遣员工的各项保险费用;

(2)乙方负责被派遣员工各项保险的申报缴费手续,并按规定的时间办理。

(以下略)

4. 费用结算

（1）甲方每月5日前将被派遣员工的保险费、工资、管理费用、其他实际产生的合理费用转入乙方指定的账户，并在确认工资已到账户后，于5个工作日内将派遣管理费转入乙方指定的账户。乙方在确认相关费用已到乙方指定账户后，于每月15日前办理好员工工资转账、保险缴费及相应扣款等手续。

（2）乙方在收到上述派遣费用（劳动报酬、保险费、管理费）后3个工作日内向甲方提供国家正规发票作为甲方付款凭证。

（3）以上费用以人民币形式支付。

六、工伤处理

1．被派遣员工在务工期间发生工伤，甲方应首先采取急救措施，并同时通知乙方，乙方接到通知××小时内到现场并负责全程处理。

2．甲方应向乙方提供工伤相关的证据资料，以便乙方向劳动及有关部门申报。

3．乙方负责工伤的鉴定等手续的办理。××元以内的医疗费由乙方垫资处理，超出××元医疗费用后则由甲方垫资，工伤事故处理过程中正常索赔以外的费用由甲方承担。

七、其他费用承担（略）

八、管理责任

1．被派遣人员在务工期间发生工伤或患职业病，由双方共同处理，乙方负责善后工作（工伤认定、伤残鉴定）和家属安抚工作。

2．乙方每月定时派专人到甲方处理被派遣人员的日常管理和跟踪教育工作。

3．乙方应协调甲方与被派遣人员之间的关系，处理被派遣人员在甲方工作期间与甲方发生的劳动争议及其他与务工有关的事宜。

九、其他事项（略）

本协议签字盖章后生效，由甲乙双方各执一份。

甲方：××××××（盖章）　　　　乙方：××××××（盖章）
代表人：×××（签名）　　　　　　代表人：×××（签名）
××××年×月×日　　　　　　　　××××年×月×日

简析　　这是一份由用工单位和劳务派遣单位签订的劳务派遣协议。根据《中华人民共和国劳动合同法》第59条规定，劳务派遣单位派遣劳动者应当与接受以劳务派遣形式用工的单位（以下称用工单位）订立劳务派遣协议。劳务派遣协议应当约定派遣岗位和人员数量、派遣期限、劳动报酬和社会保险费的数额与支付方式以及违反协议的责任。本文的内容符合合同法、劳动法及其他相关法律法规的要求，明确规定了用工单位、劳务派遣单位和劳动者的权利和义务，有力地维护了劳动者的合法权益，保障了劳动者的收入和生活。

第四节　经济合同

学习要点
1. 合同的含义
2. 合同的文本结构
3. 合同写作的内容要素

能力要求
1. 掌握基本的合同法知识
2. 能运用相关文体知识对合同文例进行简单分析
3. 初步学会合同的写作

一、合同的含义

合同是平等主体的当事人为实现一定的经济目的，以双方或多方意思表示一致设立、变更、终止权利义务关系的协议。《中华人民共和国合同法》（以下简称《合同法》）明确规定：合同是平等主体的自然人、法人、其他组织之间设立、变更、终止民事权利义务的协议。

二、合同的文本结构

内容繁简不一的合同文本，具有较为稳定的书面结构模式，一般由首部、正文、尾部和附件四个部分构成。

1. 首部

首部由标题、当事人基本情况及合同签订时间、地点构成。标题是合同的性质、内容、种类的具体体现。当事人基本情况及合同签订时间、地点居标题之下正文之上。当事人基本情况即当事人的名称或者姓名和住所（《合同法》将此项内容划入主要条款之列），同时写明双方在合同中的关系，如"买方""卖方"等。当事人是法人或其他组织的，写明该法人的名称和住所；当事人是自然人的，写明该自然人的名称和住所。此项内容是确定当事人、确定合同权利和义务承担者的主要依据。

2. 正文

正文是合同最重要的部分，也是合同的内容要素，即合同的主要条款（下文简述）。

3. 尾部

尾部即合同结尾，一般包括：各方当事人签名、盖章，单位地址，电话号码，邮政编码，银行开户名称，开户银行账号，签证或公证等。

4. 附件

附件主要是针对有关条款的说明性材料及相关证明材料，如技术性较强的商品买卖合同，需要用附件或附图形式详细说明标的的全部情况。合同附件是合同的共同组织部分，同样具有法律效力。

三、合同的内容要素

1. 标的

标的是合同当事人权利和义务共同指向的对象。合同标的可以是货物、货币，也可以是工程项目、智力成果等。

2. 数量和质量

数量是以数字和计量单位来衡量标的的尺度,质量是标的内在素质和外观形态的综合,包括标的名称、品种、规格、型号、等级、标准、技术要求等。数量和质量条款是合同内容的主要条款。对标的质量的表述,也就是对各方的权利义务的明示;而对标的数量上的具体标示,就是对当事人权利义务的大小的明确界定。

3. 价款或报酬

价款或报酬是有偿合同的必备条款。它是指合同的一方对取得对方的产品或者对对方完成的工程、提供的劳务或智力成果所支付的代价。在以货物为标的的经济合同中,这种代价叫价款;而在以劳务为标的的经济合同中,这种代价叫酬金。合同中应说明价款或报酬数额及计算标准、结算方式和程序等。

4. 合同的期限、履行地点和方式

合同的期限包括有效期限和履行期限。有的合同如租赁合同、借款合同等必须具备有效期限。合同的履行期限是当事人履行合同的时间限度。履行的地点和方式是确定验收、费用、风险和标的物所有权转移的依据。

5. 违约责任

违约责任是违反合同义务的当事人应承担的法律责任。合同文本明确规定违约责任,有利于督促当事人自觉履行合同;发生纠纷时,也有利于确定违约方所承担的责任。这是合同履行的保障性条款。

6. 解决争议的方法

合同发生争议时,其解决方法包括:当事人协商、第三者调解、仲裁、法院审理等几种。当事人在订立合同时,应当约定争议解决的方法。

7. 其他

除合同主要条款以外,双方当事人应根据实际情况约定其他有关双方权利和义务的条款。

四、合同的语言特征

合同文本长期重复使用,久而久之就形成了语言的模式化。这种模式化主要表现为相同或相似的句子、词汇在不同合同中的反复出现。主要体现在以下几方面:

1. 各类合同首部与起首语相似

合同首部都有当事人名称、姓名、住所,合同编号,签订时间、地点。合同正文的开头大都有:经双方协商一致,签订本合同,以便共同遵守。

2. 合同主体内容以合同法规定的基本条款为蓝本

各类合同虽然种类不一,内容繁简不一,但都是以《合同法》规定的合同基本条款为蓝本,多采用条文式结构来表达条款内容。

3. 结尾内容相似

结尾内容都有:当事人签名、盖章,单位地址、电话号码,邮政编码,开户银行、账号。

 例文一

劳动合同参考文本

招聘方:_____(以下简称"甲方")

受聘方：_____（以下简称"乙方"）

甲方招聘合同制职工，按有关规定，已报请有关部门批准、同意。

甲方已向乙方如实介绍涉及合同的有关情况；乙方已向甲方提交劳动手册。甲乙双方本着自愿、平等的原则，经协商一致，特签订本合同，以便共同遵守。

第一条 合同期限

合同期限为_____年/_____个月，从_____年_____月_____日至_____年_____月_____日止。

第二条 试用期限

试用期限为_____个月/_____年，即从_____年_____月_____日起至_____年_____月_____日止。

第三条 职务/工种

甲方聘请乙方担任_____职务。

第四条 工作时间

每周工作五天，星期六、日休息。每天工作时间为八小时。上下班时间按甲方规定执行。

第五条 劳动报酬

(一)乙方在试用期间，月薪为_____元。试用期满后，按乙方的技术水平、劳动态度和工作效率进行评定，根据所评定的级别或职务确定月薪。

(二)乙方享受的岗位津贴和奖金待遇，与同工种固定职工相同。

第六条 生活福利待遇

(一)补贴待遇：乙方享受交通费补贴、餐费补贴、取暖费补贴等，与固定职工相同。

(二)假日待遇：乙方享受节假日，以及婚假、产假、丧葬假，与固定职工相同。工作满_____年以上需要探亲的，可享受_____天（包括在路途中的时间）的探亲待遇，工资照发，路费报销。

第七条 劳动保护

乙方的劳动保护按国家的有关规定执行。

第八条 乙方患病、伤残、生育等待遇以及养老保险办法

本条国家有规定的，按规定执行；无规定的，由双方商定。

第九条 政治待遇和劳动纪律要求

(一)乙方在政治上享有同固定职工一样的权利，如参加民主管理企业的权利，参加党、团组织和工作的权利等。

(二)订立有一定期限的劳动合同，乙方在担任领导职务以后，如职务是有任期的，在劳动合同期限短于领导任期的情况下，可以将合同期限视为领导职务的任期；如果职务是没有任期的，可以视为改订没有一定期限的劳动合同。

(三)乙方应当严格遵守甲方单位各项规章制度，遵守劳动纪律，服从分配，坚持出勤，积极劳动，保证完成规定的各项任务。

第十条 教育与培训

甲方应加强对乙方进行思想政治教育、遵纪守法教育、安全生产教育，根据工作和生产的需要进行业务、职业技术培训。

第十一条 劳动合同的变更

(一)发生下列情况之一者，允许变更劳动合同：

1. 经甲乙双方协商同意,并不因此而损害国家和社会的利益;
2. 订立劳动合同所依据的法律规定已经修改;
3. 由于甲方单位严重亏损或关闭、停产、转产确实无法履行劳动合同的规定,或由于上级主管机关决定改变了工作任务、性质;
4. 由于不可抗力或由于一方当事人虽无过失但无法防止的外因,致使原合同无法履行;
5. 法律规定的其他情况。

(二)在合同没有变更的情况下,甲方不得安排乙方从事合同规定以外的工作,但下列情况除外:
1. 发生事故或自然灾害,需要及时抢修或救灾;
2. 因工作需要而进行的临时调动(单位内工种之间、机构之间);
3. 发生不超过一个月时间的短期停工;
4. 甲方依法重新任命、调动、调换订立没有一定期限劳动合同职工的工作;
5. 法律规定的其他情况。

第十二条 劳动合同的解除

解除劳动合同的条件,国家主管部门有规定的,按规定执行;没有规定的,由双方当事人商定。双方议定条款不得违反法律和政策的规定,不得损害国家利益和社会公共利益。

解除劳动合同,除因乙方违法犯罪或乙方不履行合同给甲方造成损失,或者严重违反劳动纪律和本单位管理章程的规定被开除的,以及乙方擅自解除劳动合同的以外,甲方应按规定发给辞退补助费和支付路费。

解除劳动合同时,双方应按规定办理解除手续。甲方应按规定将解除合同的情况报告有关机关核准。

第十三条 违约责任

(一)甲方无故辞退乙方,除应发给辞退补助费和路费外,应偿付给乙方违约金_____元。

(二)甲方违反劳动安全和劳保规定,以致发生事故,损害乙方利益的,应补偿乙方的损失。

(三)乙方擅自解除合同,应赔偿甲方为其支付的职业技术培训费,并偿付给甲方违约金_____元。

(四)乙方违反劳动纪律或操作规程,给甲方造成经济损失的,甲方有权按处理固定职工的规定予以处理。

第十四条 本合同期满后,甲乙双方一致同意,可以续订合同。

第十五条 其他事项

本合同于_____年_____月_____日起生效。甲乙双方不得擅自修改或解除合同。合同执行中如有未尽事宜,须经双方协商,做出补充规定。补充规定与本合同具有同等效力。合同执行中如发生纠纷,当事人应协商解决,协商不成时,任何一方均可向单位主管机关或劳动合同的管理机关请示处理,也可依法向人民法院起诉。

本合同正本一式两份,甲乙双方各执一份;合同副本一式_____份,报主管机关、劳动合同管理机关等单位留存一份。

甲方：_____（行政公章）　　　　代表人：_____（盖章）
乙方：_____（盖章）
　　　　　　　　　　　　　　　　_____年_____月_____日订

> **简析**　这是一份由招聘单位（用人单位）与受聘方（劳动者）签订的劳动合同的参考文本。根据《中华人民共和国劳动合同法》的规定，劳动合同必须具备以下几方面的内容：(1)用人单位的名称、住所和法定代表人或者主要负责人；(2)劳动者的姓名、住址和居民身份证或其他有效证件的号码；(3)劳动合同期限；(4)工作内容和工作地点；(5)工作时间和休息休假；(6)劳动报酬；(7)社会保险；(8)劳动保护、劳动条件和职业危害防护；(9)法律、法规规定应当纳入劳动合同的其他事项。劳动合同除前款规定的必备条款外，用人单位和劳动者还可以约定试用期、培训、保守秘密、补充保险和福利待遇等其他事项。由于用人单位的多样性，所以就劳动合同内容而言，不同性质、不同行业的企业可根据其具体情况和特点制订不同的合同文本。本文遵从了《中华人民共和国劳动合同法》的相关规定，能够保护好劳动者的合法权益。

 例文二

房屋租赁合同参考文本

出租方：_____（以下简称"甲方"）
承租方：_____（以下简称"乙方"）
甲乙双方就房屋租赁事宜，达成如下协议：
一、甲方将位于××市××街道小区××号楼××号的房屋出租给乙方居住使用，租赁期限自_____年_____月_____日至_____年_____月_____日，计×个月。
二、本房屋月租金为人民币××元，按月/季度/年结算。每月月初/每季季初/每年年初××日内，乙方向甲方支付全月/季/年租金。
三、乙方租赁期间，水费、电费、取暖费、燃气费、电话费、物业费，以及其他由乙方居住而产生的费用由乙方负担。租赁结束时，乙方须交清欠费。
四、乙方同意预交××元作为保证金，合同终止时，当作房租冲抵。
五、房屋租赁期从_____年_____月_____日至_____年_____月_____日。在此期间，任何一方要求终止合同，须提前三个月通知对方，并偿付对方总租金的违约金；如果甲方转让该房屋，乙方有优先购买权。
六、因租用该房屋所发生的除土地费、大修费以外的其他费用，由乙方承担。
七、在承租期间，未经甲方同意，乙方无权转租或转借该房屋；不得改变房屋结构及其用途，由于乙方人为原因造成该房屋及其配套设施损坏的，由乙方承担赔偿责任。
八、甲方保证该房屋无产权纠纷；乙方因经营需要，要求甲方提供房屋产权证明或其他有关证明材料的，甲方应予以协助。
九、就本合同发生纠纷，双方协商解决，协商不成，任何一方均有权向××开发区人民法院提起诉讼，请求司法解决。
十、本合同一式两份，甲乙双方各执一份，自双方签字之日起生效。
甲方：×××（签字）　　　　　　　　乙方：×××（签字）

电话：×××××   电话：×××××
地址：×××××   地址：×××××
邮编：××××   邮编：××××
××××年×月×日   ××××年×月×日

简析 房屋租赁合同指的是出租人将房屋提供给承租人使用，承租人按照约定支付租金，并于合同届满时将房屋返还出租人的协议。房屋租赁合同通常应当具备以下条款：(1)当事人的姓名或名称及住所；(2)房屋的位置、结构、面积、装修、设施及具体地址等；(3)租赁用途；(4)租赁期限；(5)租金及交付方式；(6)修缮责任；(7)转租的约定；(8)变更和解除合同的条件；(9)违约责任；(10)双方约定的其他条款。本合同对租赁房屋的位置、时间、期限、租金及其交纳期限、租赁期间财产的维修保养责任和违约责任等内容分别进行了约定，反映了当事人的真实意愿，明确了双方的权利义务，符合我国《合同法》的相关规定，维护了双方当事人的合法权益。

第五节 招投标文书

学习要点
1. 招投标文书的含义
2. 招投标文书的特点
3. 招投标文书的分类
4. 招投标书的文本结构

能力要求
1. 能运用相关文体知识对招投标文书进行简单分析
2. 初步学会招投标文书的写作

招标和投标是国际上广泛运用的一种经济手段，是法人（招标单位）决定发包建筑工程、购进大宗物品、引进新的技术和设备时，向社会发出公告或邀请书招人承揽的一种行为。它可以利用投标者之间的竞争达到优选卖主和承包者的目的。

招投标文书是指在招投标过程中，为保证招投标单位招标活动的合法、规范和公正，而使用的一系列书面材料的总称。常用的招投标文书有：招标书、招标申请书、招标邀请书、投标书、投标申请书、中标通知书等。

一、招标书的写作

（一）招标书的含义

招标书又称招标通知、招标公告、招标启事，是一种通过招标的方式来招人承包或承购的告示性文书。它在招标过程中提供全面情况，以便竞标方根据业主所提出的条件提前做好准备。同时，在招标过程中，它能起到统领全局的作用，指导招标工作按照一定的步骤有序展开。

（二）招标书的类别

1. 按招标时间划分

按招标时间划分,有长期招标书和短期招标书。

2. 按招标内容划分

按招标内容划分,有企业承包招标书、工程招标书、大宗商品招标书。

3. 按招标范围划分

按招标范围划分,有国际招标书和国内招标书。

（三）招标书的特点

1. 公开性

招标书是一种告知性文种,它借助大众传播手段进行公开告示。招标书的发布方法一般有两种:一种是在报纸或其他媒体上刊登招标广告,还有一种是通知有承担能力的单位参加投标。前者称为招标公告,后者称为招标邀请书。

2. 时效性

招标书一般要求在短时间内获得结果,因此具有时间上的紧迫性。

3. 竞争性

招标单位通过发布招标公告,吸引众多的投标单位,这在客观上促使投标单位之间开展竞争。

4. 具体性

招标项目或招标工程的主要目的、基本情况、产品需求、人员素质和具体规定等要明确、清晰地表述。

（四）招标书的结构

招标书一般由标题、正文、结尾三个部分组成。

1. 标题

常见的标题有两种形式:一是由招标单位名称、招标内容、文种三个部分组成,如《××××大学新校区三期建设项目建筑设计方案招标公告》;二是省略招标单位名称或招标内容,再加文种,或者只有文种,如《公司招标公告》《招标公告》。

2. 正文

正文由前言和主体部分构成。前言部分写明招标单位项目、招标依据、招标目的和招标范围。主体部分,要详写招标方式(公开招标、内部招标、要求招标)以及招标项目概况、质量要求、完成日期、合作方式以及对投标者的要求、投标申请截止期或购买地点及相关费用等。

3. 结尾

结尾是招标书重要的组成部分,要详细而具体地写清楚招标单位名称、通信地址、邮政编码、电话号码、联系人等,以便投标者参与。

（五）招标书的写作注意事项

1. 周密严谨

招标书不只是一种"广告",而且是有一定的法律效力的文书,因此,写作内容要有逻辑性,有条有理,有依有据,条款明确、具体,措辞严谨、周密。

2. 简明扼要

招标书的内容较多,但在写作时,切忌啰唆。简要介绍、突出重点即可。

3. 措辞诚恳

招标书涉及经济合作事项,要遵守平等、诚信的原则,语气平和。

 例文一

××××大学新校区三期建设项目建筑设计方案招标公告

××××大学新校区三期建设项目经××省发改委批准立项,并具备方案设计招标条件。为此,××××大学拟通过面向国内公开招标的方式选择优秀的、具有丰富高等学校教育建筑设计经验的设计单位承担××××大学新校区三期建设项目建筑设计任务。现热忱欢迎符合资格预审文件要求的设计单位报名参加资格预审。

一、招标人概况

1.招标人名称:××××大学

2.招标人地址:中国××省××市

二、项目基本概况

1.项目分三个标段,各标段名称:

① 工科一号楼(其中包括能源与动力工程学院,电气与信息工程学院,汽车与机械工程学院,材料科学与工程学院);

② 工科二号楼(其中包括化学与环境工程学院,生物与食品工程学院,交通运输学院,河海学院);

③ 建筑艺术馆(其中包括设计艺术学院,建筑与城市规划学院)。

2.项目性质:公用事业项目。

3.项目批准文号:×××××

4.项目地点:××××大学新校区内,详见总体规划。

5.项目规模:

①工科一号楼建设面积为 31 000 m^2(其中能源与动力工程学院 8 500 m^2,电气与信息工程学院 6 000 m^2,汽车与机械工程学院 10 800 m^2,材料科学与工程学院 4 900 m^2,两间 200 人公共阶梯教室 800 m^2);

②工科二号楼建设面积为 30 000 m^2(其中化学与环境工程学院 11 800 m^2,生物与食品工程学院 6 100 m^2,交通运输学院 5 500 m^2,河海学院 5 800 m^2,两间 200 人公共阶梯教室 800 m^2);

③建筑艺术馆建设面积为 20 000 m^2(其中设计艺术学院 12 800 m^2,建筑与城市规划学院 5 600 m^2,两间 200 人公共阶梯教室 800m^2,展厅 800 m^2)。

6.总投资:约 12 150 万元。其中工科一号楼投资约 4 650 万元,工科二号楼投资约 4 500 万元,建筑艺术馆投资约 3 000 万元。(项目总投资最终以招标文件为准)

7.建设周期:2007 年 1 月至 2007 年 12 月。

三、招标内容

1.××××大学新校区工科一号楼建筑设计方案。

2．××××大学新校区工科二号楼建筑设计方案。

3．××××大学新校区建筑艺术馆建筑设计方案。

四、招标组织

本项目由招标人自行招标。

五、设计单位需按照资格预审文件的要求提交资格预审申请文件

资格预审文件的获取按下列两种方式。

1．网上下载

网站：中国采购与招标网

2．前来领取

××××大学新校区基建处规划科

联系人：肖××　欧阳××　余××

电　话：0731—5475×××　5475×××（传真）

六、确定投标资格的办法

招标人将组建资格评审委员会，对报名的设计单位的资历及相关项目的设计经验等情况进行综合评审，每个标段最终分别确定约3～5家设计单位参加投标。

招标人将于资格预审结束后向资格预审合格的设计单位发出入围通知书。

七、资格预审申请文件递交截止时间、方式、地点及联系方式

资格预审申请文件需递交1份。资格预审申请文件递交时间为：2006年8月3～4日（上午9:00～12:00，下午3:00～5:00）（以送达或接收传真的时间为准），逾期抵达的资格预审文件概不受理。

递交方式：

1．快递资格预审申请文件，地址：××省××县××镇××村　××××大学新校区建设办公室规划科肖××收，邮编：410114

2．直接递交资格预审申请文件，地址：××省××县××镇××村　××××大学新校区建设办公室规划科肖××收，邮编：410114

3．传真资格预审申请文件：0731—5475×××　肖××（收）

4．联系人：肖××　欧阳××　余××

电话：0731—5475×××

传真：0731—5475×××

八、其他事项

1．一个设计单位只能对本项目的三个标段中的两个以下（含两个）的标段递交资格预审申请文件。

2．本次招标活动及与本次活动相关的文件所适用的法律仅为中华人民共和国法律。

3．本公告中的时间均为北京时间。

4．对于入围的投标申请人，招标人将另行通知购买招标文件。

附件：《资格预审文件》（略）

××××大学

2006年7月27日

简析 招标公告是在招标过程中用来通知招标开始,邀请有能力的单位或企业参加投标和报价的文件。招标公告应当载明招标方的名称和地址、招标项目的性质、数量、实施地点和时间、投标截止日期以及获取招标文件的办法等事项。一份标准的招标公告由标题、前言、招标项目、招标步骤和结尾五部分构成。本文的标题由招标单位、招标项目和文件种类三个要素构成。前言部分明确招标项目、条件和方式。主体部分将招标项目的标段名称、地点、规模、投资、周期与招标的组织、资格预审、递交资格预审文件的时间和方式等事项清楚告诉招标者。全文内容完整,重点突出,文字准确,可使所有具备条件的投标者都有同等机会了解投标要求,形成尽可能广泛的竞争局面。

二、投标书的写作

(一)投标书的含义

投标书又称标书、标函,它是投标者按照招标单位所提出的标准和要求,向招标单位递交的表达自己投标意向的书面材料。投标书与招标书相对应,是投标单位针对招标书的招标内容,为准备参加投标竞争活动所写的文书。投标是对招标提出的要约的回答或承诺,旨在中标。

(二)投标书的种类

从投标书的性质和内容来分,投标书分为生产经营性投标书和技术投标书。生产经营性投标书有工程投标书、产品销售投标书等;技术投标书包括科研课题投标书、技术引进或技术转让投标书等。

(三)投标书的特征

1. 针对性

投标者为达到自己承包或承购的目的,要严格按照招标书中的内容条款来安排投标的内容。

2. 竞争性

作为投标者而言,以竞标成功作为最终目的,而招标单位只能选择其一,这就要求投标者充分展示其实力和优势。

3. 约束力

投标书和招标书是日后签订合同的原始依据,它的内容必须是在法律许可范围之内的。

(四)投标书的结构

1. 标题

一般由投标方的名称、投标项目和文种组成,如《××公司承包××大学新校区工程投标书》;也可以由投标方名称与文种组成,如《××公司投标书》;还可以用文种做标题,如《投标申请书》《投标书》。

2. 首部

首部顶格写明招标单位名称,类似于书信的写法。

3. 正文

正文内容一般包括前言、主体和结尾三个部分。

前言部分主要交代投标的依据和目的,介绍投标单位的基本情况以及对该投标项目的态度。

主体部分写清楚该项目的基本情况分析,如质量要求,竣工日期等;具体提出完成该项目所要采取的措施,如专业技术、组织管理以及安全生产措施等。有的还要附上对本单位优势的分析,阐明投标单位的指导思想、经营方针等。

最后,还常常要对招标单位提出一些要求,如请求招标单位对施工予以配合,施工中如出现意外问题,双方应互相体谅,协商处理。

4. 附件

附件作为投标内容的具体说明材料,包括设计图样等。

5. 落款

落款写明投标单位的名称、地址、电话等,以便招标单位联系。

(五)投标书的写作注意事项

(1)详细了解招标项目情况,做出可行性分析。
(2)重点突出,把有利条件及项目分析写清楚即可。

例文二

投 标 书

××广播电视中心:

  一、标书综合说明

  根据××市××局××建设工程招标管理处199×年×月×日发布的《××广播电视中心办公楼建设安装工程招标公告》,以及××省建筑设计院设计的图纸内容,我公司具备承包施工条件,决定对以上工程进行投标。

  本公司经历了长期建筑安装工程实践,于1992年企业整顿验收合格,1994年经省建委审定为一级建筑安装施工企业。公司现有职工××人,共设有建筑安装××个分公司,并具有全钢架现浇、大弯度钢架、预应力工艺等项目的施工能力和经验,具备大型土石方工程、建筑工程和水电安装工程总承包施工能力。

  我们决心在此建筑工程中以全面质量管理为核心,严格编制施工组织设计程序,发挥企业固有的优势,保证缩短工期,力争在该项目上创优良、优质工程。

  二、工程标价

  预算总造价为5 500万元,标价在预算总造价的基础上降低1%,即5.5万元(详见报价表)。

  三、建设工期

  在接到《中标通知书》后15天进场,做好开工前的一切准备工作。199×年×月×日正式破土动工,199×年×月×日竣工,总工期为××个日历天(详见进度计划)。

  四、合理的施工措施

  1. 计划控制。采取总进度控制原则,坚持土石方工程调配和主体交叉流水网络控制相结合的计划。

  2. 制定质量目标,坚持TQC管理方法,建立各单位工程中分部分项工程质量预控网络体系。

3. 健全技术档案,做到技术资料"十二有",提高施工管理科学性。
4. 安全生产,搞好安全教育,加强安全检查监督,防患于未然。
5. 加强职工队伍思想政治教育,严格劳动纪律,讲究职业道德。
6. 各工种工程,分部分项实行挂牌施工,落实岗位责任,推行项目承包责任制。

五、建议

建设过程中如有设计变更、材料串换、代用等现象出现,相互间都应本着实事求是的原则处理。

××××公司

负责人:×××

简析 投标书主要是对招标项目的应标并报出标价,做出说明。本文主要从标书综合说明、标价、完成招标项目的时间、应标措施及有关事项等五个方面对招标邀约进行响应和承诺,对投标方自身情况介绍详细,对投标项目的质量做出保证,并明确保证质量的有效措施。全文语言精练,表述周密,具有竞争性。

第六节 市场调查报告

学习要点

1. 市场调查报告的含义
2. 市场调查报告的分类
3. 市场调查的方法
4. 市场调查报告的写作

能力要求

1. 掌握市场调查报告的写作技巧
2. 能运用相关文体知识对市场调查报告文例进行简单分析
3. 学会市场调查报告的写作

一、市场调查报告的含义

市场调查报告指的是运用科学的方法对市场的供求、购销以及消费等情况进行深入细致的调查研究后写成的书面报告。

二、市场调查报告的分类

按涉及内容的多少划分,有综合性市场调查报告和专题性市场调查报告;按调查对象的不同划分,有关于市场供求情况的市场调查报告、关于产品情况的市场调查报告、关于消费者情况的市场调查报告、关于销售情况的市场调查报告和有关市场竞争情况的市场调查报告;按表现形式的不同划分,有陈述型市场调查报告和分析型市场调查报告。

三、市场调查的方法

市场调查报告是在开展市场调查和必要分析研究之后写成的。进行市场调查,是撰写市场调查报告的基础,常用的方法有:

1. 询问调查法

用口头或书面的方式取得调查资料的一种方法。如个别访问、调查会、问卷调查等。

2. 直接调查法

由企业派遣调查人员到产品销售所在地,现场观察销售人员的服务态度,或直接向消费者了解他们对产品质量、款式等方面的意见。

3. 实验调查法

从市场调查的关键问题,如设计、品质、价格、包装、广告等因素中选出一到两个,在一定条件下进行小规模试验,如举行试销会、订货会、展销会、博览会等,以收集意见,预测产品销售量,决定可否大规模生产。

4. 统计分析法

利用企业现成的资料,如统计、会计等报表及有关数据,对已进行的市场活动进行综合分析,从中发现现行的经营策略是否正确、有无必要调整及如何调整。

此外,还可以采用普查、抽样调查、典型调查和重点调查等方法。

四、市场调查报告的写作

市场调查报告的内容一般由标题、引言、主体、结尾等四个部分组成。

(一)标题

市场调查报告的标题,一般有两种形式:一是公文式标题,即由调查对象、内容和文种名称组成,如《关于2012年全省农村服装销售情况的调查报告》;二是文章式标题,即用概括的语言形式直接交代调查的内容或主题,如《全省城镇居民潜在购买力动向》。此外,也有的市场调查报告采用双标题(主副标题)的形式,如《竞争在今天,希望在明天——全国洗衣机用户问卷调查分析报告》《市场在哪里——天津地区三峰轻型客车用户调查》等。

(二)引言

引言又称导语,要求写得简明扼要,精练概括。一般应交代调查的目的、时间、地点、对象与范围、方法等与调查者自身相关的情况,也可概括市场调查报告的基本观点或结论。根据具体情况,有时也可省略这一部分,以使行文更显简洁。

(三)主体

市场调查报告的主体具体包括以下三方面内容:

1. 介绍情况

准确具体地叙述和说明调查对象的历史和现实情况,包括市场占有情况,生产与消费的关系,产品、产量及价格情况等。

2. 分析预测

对调查资料进行条分缕析,研究和推断市场发展趋势,并据以形成符合事物发展变化规律的结论性意见。这部分的用语要言简意明,富于论断性和针对性。

3. 提出建议

针对调查情况和分析预测,提出具体的建议和措施,切实解决问题。

(四)结尾

市场调查报告的结尾可以总括全文内容,突出主要观点,强调意义;或展望未来,以充满希望的笔调作结。这部分要求简明扼要,短小有力。

五、市场调查报告的写作注意事项

1. 方法要科学

要善于运用询问法、观察法、资料查阅法、实验法以及问卷调查等方法,获取典型、富有说服力的材料,适时捕捉市场变化情况。

2. 数据要准确

统计数据要真实、可靠,能反映市场的供求关系、购销状况以及消费情况等问题,以增强市场调查报告的说服力。

3. 论证要充分

对写进市场调查报告中的事实材料,包括动态的、静态的、表象的、本质的、历史的、现实的等内容要进行全面综合的分析和归纳。

例文

2010—2015年我国童装市场现状及发展分析

一、我国目前的童装状况分析

我国拥有13亿人口,这里面涵盖着一个庞大的童装消费群体。根据有关人口统计年鉴,中国14岁以下的儿童约有3.14亿,其中城市近1亿,农村2亿多。随着城镇化进程的加速,农村人口不断向城镇转移,转移人口中儿童的衣着需求亦会随之增长。假设在1 000万转移人口中,25%为儿童,那么每年将增加250万左右的童装潜在消费者。据最新一项调查显示,我国城镇居民对儿童产品的消费呈上升趋势,年增长率为26.5%,每年童装销售量在6亿~8亿件,并将在近几年内保持8%的增长速度。同时,庞大的人口基数也使得新生儿的出生率居高不下,新生儿出生量的增加和社会的发展,也将进一步推动童装市场的新一轮发展。业内人士认为,未来几年全国童装需求量将以10%以上的速度增长。而且儿童服装市场永远是个朝阳产业,孩子的需求是刚性的,不会随经济周期波动而受到影响。

二、童装市场现状分析

随着我国第三次人口生育高峰的到来,作为服装市场组成之一的童装市场已成为企业的一个新的竞争焦点。据最新的人口统计资料显示,目前我国14岁以下的儿童人数占全国人口的25.4%,同时每年新增的婴儿数约为2 000多万,再加上儿童生长发育的速度快,因而每个儿童每年对于服装都会有新的需求,由此可见,我国童装的市场潜力是多么惊人。但是,在我国的整个童装行业中,童装市场与日益扩大的消费需求还不能很好地融合,童装市场还存在一些弊端。主要表现在以下几方面:

(一)童装的产品结构不合理。童装根据儿童的年龄变化应该有婴儿服、幼童服、小童服、中童服和大童服五种类别。然而目前我国童装市场的产品结构还不够合理，市场上销售的幼童服及小童服居多，而婴儿服、中童服、大童服则偏少，尤其是大龄儿童的服装更是严重缺少。笔者去年曾对上海市的童装品牌做过调研，调研结果也说明了同样的问题，这点可以从分析结果看出。

（二）童装设计水平比较低。法国莎娃设计中心设计师刘莎说，缺乏专业设计人才，整体设计水平有待提高，是形成目前童装市场现状的主要原因。据了解，目前我国专职童装设计师数量非常有限，很多设计师主要以成人服装设计为主，对于童装只投入极少的精力。

童装市场成功的关键在于设计和市场营销能力。而目前我国童装业在设计和布局上，相对处于初级阶段，童装设计主要停留在模仿国外同类产品的色彩、款式的表面水平上，对于国外童装的设计理念、营销模式等的学习却不重视，因此许多新生品牌由于企业实力及营销策略等原因，难以得到很好的发展。还有国外每年至少发布两次童装流行趋势，有专业童装书刊和著名童装设计师，而我国几乎没有童装的专业研究机构，更缺少专业技术人员研究发布童装流行款式。

这些造成我国目前童装设计质量较为低下，服装尺码与同龄儿童的身材差距大，服装款式成人化，"千牌一面"等现象，真正形成品牌文化与设计风格的童装可以说是罕见的。

据调查，现今的孩子对于服装款式的时尚化、个性化已经很敏感，超过80％的家长都愿意让孩子参与服装的购买，孩子对父母购买童装的决策有很高影响。所以设计上的"千牌一面"与"时尚、个性"相撞的结果就是供求不符，对供需双方都产生影响，也给国外童装品牌更多的市场空间。

（三）国产童装品牌缺乏竞争力。中国服装协会秘书长王茁表示——设计理念陈旧、品牌文化缺失、市场定位偏差的通病已经成为限制童装市场发展的瓶颈，品牌细分将成为中国童装走出"小市场"的重要途径。

业内人士指出，我国拥有数量庞大的少年儿童消费群体，但品牌童装专业生产企业却不到200家，为儿童设计服装的名师更是屈指可数。我国多数童装企业责任心不强，市场竞争混乱，品牌良莠不齐。

目前我国童装市场总体消费特点表现为：市场需求量大，但新生品牌难以满足市场对其品牌的要求，许多企业往往把赚钱放在第一位，对品牌的建设根本没有意识。例如，浙江湖州的织里镇，注册的童装企业就近5 000家，但是大部分的生产厂家重短期利益，轻视品牌建设，生产的产品以中低档为主，主要集中在批发市场销售，相对于外国童装品牌，其产品缺乏品牌竞争力。据统计，现在国内童装市场进口品牌已经占据50％的市场份额，而国内童装生产企业70％处于无品牌竞争状态，有品牌的童装也只占市场份额的30％。从市场销售成绩来看，海外以及合资童装品牌在各大商场中都获得了良好的业绩。

三、童装市场发展趋势分析

有专家预测，今后每年新生儿的出生率将保持较高幅度增长。未来十年，童装市场消费需求将呈现一个稳步上升的趋势。因此国内童装市场有着巨大的容量与诱人的发展前景。童装企业要想在激烈竞争的市场中找到立足之地并不断发展与壮大，一定要把握好消费者市场、资源和文化的变化趋势。要及时转变思想观念、调整行为方式、挖掘自身潜能,以提高竞争实力。以下笔者根据童装市场发展趋势,归纳出四点关于童装的见解:

(一)童装的时尚设计要求越来越高。虽然目前童装市场的主流产品仍以休闲和运动为主,但是随着社会和经济的发展,孩子的自主意识逐渐增强,在购买服装上的发言权越来越大,时尚类童装市场空间也将会越来越大。相对于过去以保暖、舒适等传统实用功能为主,现在的儿童服装有了更高的设计要求。因为儿童的购买参与,好的童装设计应能够全面考虑不同年龄段儿童的生理和心理特点,能够把面料、色彩、装饰等设计要素与时尚趋势紧密结合。合格的童装应该具有很强的实用性和观赏性,这样才能为对着装风格要求越来越具体的儿童及他们的家长所接受。

(二)品牌建设势在必行。从目前我国童装业面临的问题可以看出,我国的童装业最缺乏的是品牌建设的意识。童装的品牌消费将成为主流,尤其是知名度较高或市场较成熟的品牌,将成为孩子和家长的首选购买目标。但是与进口品牌相比,我国的童装品牌缺乏竞争力。那么,国内童装品牌如何才能走出困境,脱颖而出呢?笔者认为企业首先应该确立自身的品牌形象及产品市场定位,然后根据自身品牌定位仔细地进行市场调研,把握流行趋势,了解消费需求,设计出融入流行元素、符合需求、体现品牌文化的特色产品,应该以品牌建设、发展为主要目标,而不是一味地追求短期收益,这样才能顺应童装潮流的品牌化市场趋势。

(三)童装的健康、卫生要求更高。安全是童装的第一要素,超过65%的受调查者都非常关心童装的健康和卫生问题,把童装面料的安全性放在选择的首位。当前国内童装的安全合格率还不是很高,许多色彩斑斓的童装面料中含有不少对皮肤有刺激性的化学原料。因此厂家在选择童装面料时应该非常注意安全性问题,应该选择吸汗、透气、舒适,对皮肤无刺激作用,甲醛含量也极低的面料作为童装面料。因为质量是保证品牌更好发展的基础。

(四)产品结构更趋合理。面对激烈市场竞争,童装企业要想在市场中找到立足之地,就必须对市场进行充分的调研,找准自身的市场定位,了解细分市场的详细情况,实行差异化的营销手段,运用灵活的竞争策略。例如,市场上缺乏大童装,那么企业就会以此细分市场为发展目标;童装的国标号型相对滞后,那么企业就会自己进行调研,制定合适的细分市场号型的企业标准。这样童装的产品结构将会越来越合理。

总之,中国童装企业只有在不断地挖掘自身优势和寻找、开拓市场机会的过程中不断地去修正和确立自身的发展策略才是根本。

(百度文库2015年1月1日)

简析 本文通过对童装消费群体的调查,分析影响童装市场发展的潜在因素,介绍童装市场的现状和前景,指出童装市场发展所存在的产品结构不合理、设计水平比较低、国产品牌缺乏竞争力等弊端。同时,联系童装市场未来的发展趋势提出企业发展童装应该加强实用性、观赏性、安全性,以及在品牌建设、市场定位、市场调研、市场营销等方面挖掘优势、寻求开拓等建议。全文运用了大量数据进行叙述和说明,材料真实、准确、典型,对调查对象的剖析具有针对性,提出的建议也有可行性。

第七节　市场预测报告

学习要点
1. 市场预测报告的含义
2. 市场预测报告的特点
3. 市场预测的方法
4. 市场预测报告的结构和格式

能力要求
1. 掌握市场预测报告的写作技巧
2. 能运用相关文体知识对市场预测报告文例进行简单分析
3. 学会市场预测报告的写作

一、市场预测报告的含义

市场预测报告是通过科学的方法分析研究已掌握的有关市场的信息和资料,从而预测经济活动的未来状况和发展趋势的一种预见性报告。

二、市场预测报告的特点

1. 预见性

市场预测报告是在深入分析市场既往历史和现状的基础上,对未来市场的发展趋势做出预见性的判断,要把市场需求的不确定性最小化,使预测结果和未来的实际情况的偏差概率降到最低。

2. 科学性

撰写市场预测报告要从实际出发,以周密的调查研究为基础,综合运用现代技术和科学方法,以找出预测对象的客观运行规律,得出合乎实际的结论,为人们的经济活动提供有效的指导。

3. 针对性

市场预测选定的对象愈明确,市场预测报告的现实指导意义愈大。因此,每一次市场调查和预测,只能针对某一具体的经济活动或某一产品的发展前景。

三、市场预测报告的分类

根据不同的划分标准,市场预测报告可以分为如下几类:

按预测的范围划分,有宏观市场预测报告和微观市场预测报告。前者指的是系统、综合的预测报告;后者则是对局部、个别的经济问题进行预测。

按预测的时间划分,有长期、中期和短期预测报告。一般来说,长期市场预测报告指的是对超过5~10年的市场发展前景预测所写的报告,中期市场预测报告是对2~5年内的市场发展前景预测所写的报告,短期市场预测报告是对1年左右时间内市场发展前景预测所写的报告。

按预测的方法划分,有定量预测报告和定性预测报告。前者是指对经济目标进行定量分析,从而估测经济目标在未来时间内发展的数量界限;后者则是在调查资料无法用数字表达或衡量的情况下,预测经济目标的性质在未来发展走向的报告。

四、市场预测的方法

1. 定性市场预测法

定性市场预测法又称为直观预测法或判断预测法。这种方法主要是根据预测人员的个人经验和综合分析能力,对未来市场发展变化的趋势进行预测。如经理人员判断预测法、销售人员意见法、综合判断法和专家意见法。

2. 定量市场预测法

定量市场预测法也称统计预测法或数学计算法。这种方法主要是通过对所获得的资料、信息等进行整理、分析,并建立相应的数学模型,对市场未来发展做出定量性预测。如移动平均法、指数平滑法、回归分析法。

五、市场预测报告的结构和写法

市场预测报告的结构一般由标题、前言、主体、结尾四个部分构成。

1. 标题

完整的市场预测报告的标题一般包括时限、范围、内容、文种四个要素,如《山东省2010—2015年奶业发展预测报告》。有的标题只有内容和文种,如《手机市场需求预测》。还有的标题不标示文种,但也有明显的预测之意,如《我国房地产发展趋势》。

2. 前言

前言又称引言。可对预测对象的历史和现状作简要回顾和说明,或交代写作的目的、动机,或简介预测的结论、方法和过程。通过分析典型的、有代表性的资料和数据以发现问题,为下一步的预测工作打好基础。

3. 主体

主要内容是分析资料和数据,预测发展趋势。往往通过严谨、科学的论证、推理、判断,得出规律性的预测结论。既要提出明确的预测结论,又要用充分的证据来论证预测结论。在写作上,通常采用分条款、建立数学模型、绘制图表等较为直观的形式。

4. 结尾

主要是提出建议,为经营决策提供参考。提出的建议一定要有较强的针对性、可操作性。条理要清楚,在形式上最好采用分条列款的方式。

六、撰写市场预测报告的注意事项

1. 对象要明确

在预测前就要根据实际需要和相关条件确定预测的对象,以便制订可行性的预测步骤和计划,保证预测工作顺利进行和实现预测任务。

2. 方法要科学

应根据不同特点的预测对象,选择最适合的预测方法,使预测结论接近客观事实,实现预测的目的。

3. 时机要恰当

写作者要熟悉业务,对市场变化有敏锐的感觉和分析判断能力,掌握预测的时效性,把握预测的主动地位。

例文

2018年中国在线旅游行业现状及发展趋势报告

随着我国人均收入的增长,人们对美好生活的需求持续扩大,人们不再局限于物质上的追求,更加追求精神上的需求,这促使着旅游行业的蓬勃发展。在线旅游(OTA,全称为 Online Travel Agency)是"旅游业＋互联网"衍生出的新形式,是指通过互联网、移动互联网及电话呼叫中心等方式为消费者提供旅游度假组合产品、单品门票及其他旅游出行相关产品和服务的行业。其按照旅游方式可分为在线跟团游和在线自助游两种形式。目前,在线旅游网站主要有携程、去哪儿网、艺龙旅行、同程旅游、途牛旅游、驴妈妈等。

一、在线旅游行业现状

1. 网络旅游预订用户规模分析

我国网上旅游预订的用户规模呈现稳步上涨的趋势,2018年底,我国网上旅游预订的用户规模达到4.1亿人,相较于2017年的3.76亿人,同比增长9.1%。

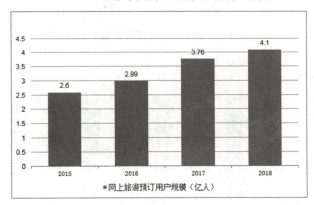

2015—2018年中国网上旅游预订用户规模

(来源:公开资料整理)

2. 在线旅游市场交易规模分析

近年来,我国在线旅游市场交易规模持续扩大。从2013年到2017年间,交易规模持续增长,2013年在线旅游市场交易规模为2180.3亿元,2017年增长到8923.3亿元,这几年的增速均保持在20%以上。2018年在线旅游市场交易规模逼近一万亿元,达到9754.25亿元,同比增长9.3%。

2013—2018年中国在线旅游市场交易规模及增速

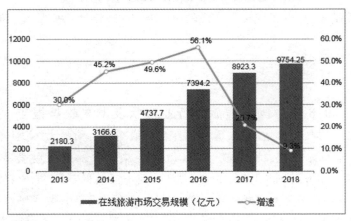

（来源：公开资料整理）

3. 在线旅游交易细分领域分析

从在线旅游交易细分领域来看，度假市场交易规模占总体在线旅游市场交易规模的比重持续上涨，2017年达到17.9%。其主要原因有：一、随着消费升级，居民旅游的需求逐渐增强；二、随着居民选择出境游方式的比例提升，度假产品的平均客单价提高，度假整体交易规模随之增大。

从在线机票市场和在线住宿市场来看，2017年二者占总体旅游市场的比重分别为57.5%及20.1%。由于机票市场的增速放缓，其占比较2016年减少至57.5%；而住宿市场占比维持不变，仍为20.1%。

2010—2017年中国在线旅游行业交易规模结构

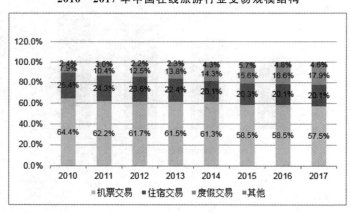

（来源：公开资料整理）

2017年中国在线旅游度假市场中，出境游占比进一步提升，为54.0%，而周边游的占比首次高于国内游，占比23.4%，而国内游比重则下降至22.6%。

2017 年中国在线旅游细分市场交易规模占比

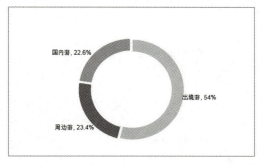

（来源：公开资料整理）

二、在线旅游行业竞争格局

1. 交易规模

从交易规模来看，2017 年途牛占据了我国在线旅游 27.0% 的市场份额，排名第一；其次是携程，市场份额达到 25.7%；驴妈妈以 15.3% 的市场规模排名第三。

2017 年中国在线旅游市场份额分布

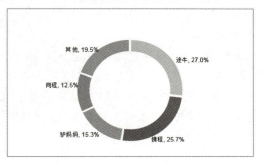

（来源：公开资料整理）

2. 旅游方式

根据不同的旅游方式，可以分为跟团游和自助游。在跟团游市场中，途牛交易规模所占比重最大，达到 34.8%；其次是携程，达到 25.8%；驴妈妈排名第三，交易规模占比达到 13.7%。在自助游市场中，携程则占据第一的份额，占比达到 25.6%，途牛和驴妈妈占比分别为 20.5% 和 16.6%。

2017 年中国在线旅游跟团游交易规模占比分布

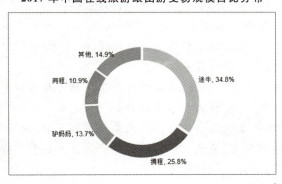

（来源：公开资料整理）

2017年中国在线旅游自助游交易规模占比分布

（来源：公开资料整理）

三、在线旅游行业发展中存在的问题

1. 产品同质化严重

借助于互联网信息快速传递的特征，上游旅游产品信息能够借助中游经销商迅速扩散到下游用户群体。从一家酒店到一千家酒店，在形成规模效应的基础上不可避免地致使产品出现同质化，这导致了下游顾客在旅游产品的选择上出现了很大问题，而伴随着人们需求多元化的不断放大，这种突出的问题还在进一步地深化。

2. 用户体验与产品宣传不符

网络在加速信息交流的同时，也带来了用户体验不足和宣传上的造假。平台借助于一些美工软件，能够将现实情况加以处理，达到吸引人们眼球的效果，而当游客真正体验其旅游产品时，会发现网络上宣传资料的描述和自己实际体验的有很大的不同。不仅表现在旅游景点，也表现在酒店住宿方面，酒店环境差、坐地起价等相关问题层出不穷。

3. 服务态度差

在调查相关在线旅游平台时发现，大多数旅游平台的在线解答都是机器人值守状态，对于一些复杂性问题不能够及时解决，客户等待时间周期较长及无回复问题凸显。从另外一个角度的调查发现，相关退票、维权问题也十分明显，游客在发生权益纠纷时往往处于弱势地位，不能很好地保障自己的相关权益，从而造成一定经济损失。

四、在线旅游行业发展趋势

1. 创新旅游产品的开发，提供特色服务

创新旅游产品的开发针对旅游产品同质化问题展开，这要求酒店、景区及中游经销商开发特色产品服务，创新经营模式和管理理念，针对不同的用户群体设计不同的服务方案，满足不同人群的需求，如家庭旅游的细分领域：爸妈游、亲子游、游学教育等。

2. 加强市场监管，打击虚假信息

在充分发挥市场影响力的同时，也要求有关部门和产品经销商加强监管，加大对于虚假信息的处罚力度，对于相关投诉建议能够及时发现，及时解决，多方主体参与，形成完整的监管模式，打击在线旅游市场的乱象问题。同时，建立完整的产品透明制度，规范行业定价，做到公正、公开、透明，切实保障消费者的相关权益。

3. 加强平台建设，建立人性化服务机制

这要求中游产品经销商在追求效益最大化的同时，建立人性化的服务机制，在部分采用机器人答问的同时,加强人工的审核和干预,针对游客集中反映的问题及不足之处积极落实整改,并将相关整改情况积极反馈给游客,实时反映问题处理情况,加强对于客服人员的培训及考核,优化服务意识,建立核心竞争力。

(中国产业信息网 2018 年 9 月 19 日)

简析 这是一份简要的市场分析及预测报告。报告围绕中国在线旅游市场,分别从行业现状、竞争格局、存在的问题和改善办法进行了深入分析。整篇报告应用了比较分析和图表说明的方法,既有宏观分析,又有微观对比,较为充分地体现了预测分析报告的写作方法。

第八节 营销策划书

学习要点
1. 营销策划书的含义
2. 营销策划书的结构
3. 营销策划的技巧

能力要求
1. 掌握营销策划书的基本知识
2. 学会写作营销策划书

一、营销策划书的含义

营销策划书是企业在市场营销中为了达到一定经济目标,在调查、分析有关材料的基础上,遵循一定的程序,对未来某项经济工作或经济活动预先进行系统、全面的构思、谋划,并将策划过程用文字表现出来的策划方案。

二、营销策划书的写作

营销策划书没有一成不变的格式,撰写营销策划书要根据不同的商品决定其内容,一般情况下,营销策划书的内容主要包括以下几个方面:

1. 封面

封面设计要醒目、整洁,字体、字号、颜色都要讲究。要点包括:标明委托方、拟定一个简明扼要的标题、标明日期、标明策划者。

2. 前言

前言文字不能太长,要有高度的概括性,能够吸引读者的关注和兴趣。一般不超过一页,字数可以控制在 1 000 字以内。内容包括策划的起因、背景、问题、机遇与创意关键等。

3. 市场状况分析

市场状况分析包括产品的市场情况,与竞争品牌的销售量、销售值及市场占有量的比较分析,消费者情况分析,竞争品牌市场区隔与产品定位的比较分析,竞争品牌广告费用与广告表现的比较分析、公关活动的比较分析、产品的利润结构分析、公司的损益分析八个方面。

4. 产品策略

产品策略包括新产品开发策略、产品生命周期策略、产品组合策略、产品包装策略四个方面。

5. 价格策略

价格策略包括定价标准、制约定价的基本因素、定价的程序、定价的基本方法、定价策略五个方面。

6. 营销渠道策略

营销渠道策略主要包括营销渠道的选择策略和中间批发商的营销策略两个方面。

7. 促销策略

促销策略主要包括促销手段的选择和营销推广两个方面。

8. 方案控制

内容不要写得太详细，只要写清对方案实施过程的管理方法和措施即可。另外，由谁实施也要在此提出意见。通常要为意外的风险做准备。

此外，在撰写营销策划书的过程中，如果篇幅比较长，内容比较多，也很有必要使用目录，便于阅读者查寻内容。有时，策划书也会安排结束语部分，可以起到与前言呼应的作用，使策划书有一个圆满的结束。

三、营销策划的常用技巧

企业进行营销策划要善于审时度势，因地制宜，因时制宜，出奇制胜。营销策划通常可采用如下几种方法：

1. 造势

运用铺天盖地的广告等方式宣传，制造一种声势，或者营造一种趋势，为企业树立品牌形象，引导消费者关注。

2. 借势

邀请名人做广告，或参加企业的其他宣传活动，以扩大单位或产品的竞争力和影响力。

3. 顺势

留心观察社会、经济、文化等客观情况的动态，在对环境、时局、格局做出准确判断的基础上，制定企业的发展方案。

4. 转势

通过一定的手段和方法，将某种不利的形势转化为另一种对自己有利的优势。同时，使这些有利因素进一步发展，推动策划的顺利进行。

四、营销策划书的写作要求

1. 可操作性

营销策划书的内容要符合单位、企业或个人的实际情况，包括人力、物力、时间和财力，此外，还必须具有此方案实施的外部条件。

2. 直观新颖

营销策划书的表述要讲求创意，手法要新颖，要能充分、有效地说明营销策划的内容，以获得企业决策者的信任和支持,保证策划方案的实施。

3. 突出重点

编制营销策划书,要抓住企业营销中的核心问题,深入分析,言简意赅。首先是设定情况,交代策划背景,分析产品市场现状,说明营销策划的目的;其次,在此基础上进行具体策划内容的详细阐述;最后,明确提出方案实施的措施。

 例文

中国建设银行手机银行校园推广方案

中国建设银行(以下简称"建行")推出手机银行服务,为用户支付、账户管理和资金使用等方面带来了极大的便利和保障,无论是从功能上还是从技术上均位列行业领先地位,这吸引了许多商务人士加入和使用。

目前高校中学生的手机普及率和手机上网率非常高,但学生中使用手机银行的人数却不多。学生普遍拥有良好的教育水平,易于接受新技术、新产品,是重要的潜在客户。手机银行在校园具有广阔的市场空间。

一、市场分析

1. 目标群体分析

根据调查,大学生使用手机的覆盖率高达99.9%。大学生作为一个特殊的消费群体,他们没有经济收入或者有少量的经济收入,大多需要办理异地银行业务,比如学费、生活费的转账等,这为手机银行的进入提供了坚实的基础。

2. 市场环境分析

(1)随着智能手机的广泛应用,用户规模快速增长,这使得手机银行有更多的使用机会和推广空间。

(2)建行手机银行不断面向校园推出各种优惠活动,如降低转账汇款手续费率等措施,鼓励和吸引学生使用手机银行。

(3)随着业务办理需求的扩大,学生也在寻求更方便快捷的服务模式。

3. 产品分析

(1)快捷方便。建行手机银行服务传输速度快,能够迅速地满足客户的各类网上银行业务需求,在最大程度上方便使用者。手机银行界面友好,直观可视。会用手机就可以操作手机银行,版本升级也很容易。

(2)安全可靠。建行手机银行实现了从手机端到银行端全程加密,采用了先进的加密算法,同时具备了数字签名机制、手机与卡的绑定机制等功能,采用交易额度限制等业务控制措施,多层次、多渠道地保证了客户交易和账户资金的安全。

(3)全国开通,全网漫游。建行手机银行是国内商业银行第一次在全国范围内统一开通手机银行服务,实现了全网漫游,实时服务。联通客户在全国任何地方都可以使用建行手机银行服务,不受地域限制。

(4)渠道共享,申请方便。建设银行以银行核心业务系统为基础,为手机银行开发了统一的接入平台,实现了手机银行与网上银行渠道之间的客户资源共享。客户可通过手机、建行官方网站、建行网上银行和建行柜台网点四种方式开通手机银行服务。

(5)交易成本低。对于手机银行来说,确认客户身份主要通过手机号码和密码,比起实体银行对身份证件的验证,具有更加严密准确的识别性。这样就大大提高了效率,为银行节省大量的硬件和人力成本,同时为客户降低时间和交通成本。

(6)业务综合性强。手机银行不仅可以提供存款、贷款、信用卡等传统的金融服务,还可以根据用户及市场需要,利用一体化的网络平台,简化银行业务流程,整合各类渠道,将各种银行业务进行重新组合,提供证券、基金等金融产品和各种公用事业的收费、缴费服务。

二、SWOT 分析

1. 优势:

(1)"基本服务+特色服务"的模式,让产品更受大学生的青睐。

(2)操作便捷,技术成熟,新推出了手机到手机转账功能,不需要知道对方银行账号,只要知道手机号就可以进行转账。

(3)7 天 24 小时自助服务,可以随时随地办理业务。

(4)跨行或者异地转账手续费享受柜面六折优惠,新增加了一系列大学生使用较为频繁的免费充值服务。

2. 劣势:

(1)消费者对产品的认知度低,虽然目标群体喜欢体验新生事物,但手机银行作为一种全新的服务进入校园,很多同学对其安全性提出质疑。

(2)服务或交易的过程易受手机信号网络服务的影响,有些功能简单的手机无法实现开通功能,使服务受到手机本身的限制。

(3)部分大学生的理财意识不够强,银行精心打造的优惠不一定会吸引他们的眼球,并且其他银行也相继推出了手机银行业务,行业竞争加剧。

3. 机会:

(1)技术的进步与发展为手机银行服务的日渐完善提供了基础,比如安全性会进一步提高,操作系统也会更加便捷。

(2)与其他形态的银行相比,手机银行具有无法比拟的优势。

(3)学生中使用建设银行的数量众多,而开通建行手机银行的人却不多,是一个极具潜力的目标客户群体。

4. 挑战:

(1)手机银行作为一个新生的市场,国家还没有出台相关的法律法规。

(2)受技术和手机生产商以及移动、联通等通信行业的影响较大。

(3)网络本身的不稳定会影响服务的质量。

三、推广组合策略

1. 线下宣传。通过发放宣传单、口头介绍等方式进行建行手机银行产品宣传。

2. 线上宣传。利用 QQ、微信、微博等第三方社交平台,进行线上推广。

3. 在 ATM 机和校园公告栏上放置手机银行宣传单和海报。前来使用 ATM 机办理业务的学生,在排队等待的同时可以进一步了解手机银行——一种比 ATM 更方便的业务办理方式。

4. 实时推广。走进校园,找寻目标客户,进行现场宣传介绍。比如可以利用大学新生开学的时机进行宣传。

5. 漫画宣传。制作建行手机银行宣传漫画，实时发放。宣传过程中使用的宣传材料或者赠品，在其制作上应力求精美，务实地宣传中国建设银行手机银行的相关知识、故事或者漫画等。形式可以是招贴、挂历、图卡、广告小装饰品、纪念品等，结合不同的目标消费层次，有的放矢地对新业务进行宣传。

6. 视频宣传。由小组成员制作漫画或真人建行手机银行宣传片，进行线上推广，如通过 QQ、微信朋友圈等方式进行。

7. 口口相传，让用户带来更多的用户。大学生的群体化程度很高，往往一个人的选择可以带动一群人。手机银行可推出"好友推荐"活动，让已经成为建行手机银行客户的同学向好友发出推荐宣传。

四、存在的风险及应对

(1) 手机银行的普及率和使用率还有待提高，不少学生可能根本不知道、不了解产品，并认为手机的丢失、垃圾短信等问题会给自己带来很大的风险，因此对手机银行产生抵触心理。

(2) 手机银行属于新兴的金融服务产品，学生在使用方面知识匮乏造成错误交易或者在使用中泄露了私密信息而引发安全风险。

(3) 来自网络安全的风险，一般包括黑客攻击风险、内部员工非法侵入风险、数据安全风险和病毒破坏风险，如蠕虫、木马等病毒的侵入破坏，导致拒绝服务、端口扫描、攻击、篡改网页等。

应对风险的措施：

(1) 加强产品宣传，提高服务水平。

(2) 通过问卷调查、发放宣传页等方式，促使学生加强安全防范意识。

(3) 随着科技的进步，银行和运营商方面会不断优化平台，提供全面的安全保证措施。

五、预期效果

从经济效果看，通过以上长期及短期的广告宣传和诱导，会吸引一部分学生消费群体，获取一定的市场份额。同时也稳定了大部分未来的、潜在的消费者，从而达到广告的效果。

从社会效果看，定位于高校，赞助高校各项活动，就是对社会文化教育的贡献，对社会主义精神文明和物质文明的促进，具有积极社会意义。

从心理效果看，通过对各种活动的赞助，拉近了学生消费者与企业和产品的距离，培养了消费者对产品的信任和好感，树立了良好的品牌形象和企业形象。

（百度文库 2013 年 11 月 23 日）

简析 这份策划方案结构清晰，条理完整。首先对消费者群体、目标市场和产品优势进行了深入分析，接着阐述了产品推广的优势和劣势、机遇和挑战，提出了推广组合策略，从线上到线下，从纸质媒体到视频媒介，列出了切实可行的方案。通篇紧扣策划方案的要点，精心谋划。

第九节 商业广告

学习要点
1. 商业广告的含义
2. 商业广告的特点
3. 商业广告的媒体
4. 商业广告的结构

能力要求
1. 掌握商业广告的基本知识
2. 学会商业广告的写作

一、商业广告的含义

广告有广义和狭义之分。广义的广告包括非经济广告和经济广告。非经济广告指不以营利为目的的广告,如政府行政部门、社会事业单位乃至个人的各种公告、启事、声明等。狭义的广告仅指经济广告,又称商业广告,是指以营利为目的的广告。

具体来说,商业广告是企事业单位通过报刊、广播电视、招贴橱窗等媒介进行宣传,用来推销商品、提供服务、介绍业绩、吸引消费者并激发他们的使用兴趣和购买欲望的实用文体。

二、商业广告的特点

商业广告是商业活动的产物,目的在于扩大商品流通,指导消费,促进生产,活跃经济,方便人民生活,发展国际贸易。商业广告具有说明性、宣传性和灵活性等特点。

1. 说明性

商业广告的重点是介绍某种商品的生产、经营、性能、特点、使用方法,或某项服务的范围、项目、特点等情况,特别是强调该产品或服务与其他产品、服务相比较所具有的优点和长处,以引起消费者关注,达到成交的目的。

2. 宣传性

商业广告是沟通买方和卖方的重要媒介。因此,企业在制作商业广告时,往往通过新颖别致的语言文字,或运用艺术性的画面、影视形象等,对某种商品或服务等情况进行精心宣传和介绍,以增强人们的认识和了解。

3. 灵活性

商业广告的制作以对不同地区、不同消费对象的兴趣、需要、动机、情感、态度等因素的深入了解为基础,以目标消费者的心理特点、商品或服务的特色为依据,采用相应的表现方式。

三、商业广告的媒体

商业广告对企业的商品或服务进行宣传与推介,主要运用如下几种不同语言、形式、风格的媒体:

1. 印刷品

印刷品如报纸、杂志,拥有广泛、稳定的读者,是一种宣传覆盖率较高的媒介形式。

2. 电影、电视

影视广告拥有视听表现手段,将简明、耐人寻味的对话、画外音与富于表现力的画面结合起来,可以增强宣传的感染力。

3. 电台

电台广告具有音乐、音响效果,可以采用对话或小品等形式播出,甚至讲述一些有趣的生活情节,提高听众的收听兴趣。

4. 其他

灯箱、路牌、气球、旗帜等形式的户外广告,形象鲜明突出,使人一目了然,易于记忆。

四、商业广告的结构

(一)标题

商业广告的标题要新颖,具有概括性,字体要醒目、特别。从形式上看,分单行标题和复合标题。

(二)正文

商业广告的正文往往包括开头、主体和结尾。

1. 开头

交代制作广告原因,概述内容,提出问题或发表声明等。也有的广告不单设开头。

2. 主体

具体说明商品或服务的信息。

3. 结尾

强调主旨或特色,说明承诺或售后服务,展望未来,表示祝愿,做出敦促等。

(三)落款

写在商业广告尾部,用来交代广告主的名称、地址、网址、电话、传真、邮编、联系人甚至开户银行、银行账号及有关优惠活动等信息的文字。

五、商业广告的写作要求

1. 内容要真实

商业广告必须以事实为基础,本着负责任的态度向消费者介绍商品或服务,确保商品、企业的信誉。

2. 讲究艺术性

广告的语言文字要准确、精练,形式要鲜明、生动,既通俗易懂,又活泼风趣。

3. 目标要明确

广告的目标清楚、具体,不仅表现了决策者的决心,也有利于后期工作的有序展开。

例文

长城葡萄酒广告
三毫米的旅程，一颗好葡萄要走十年

三毫米，瓶壁外面到里面的距离，一颗葡萄到一瓶好酒之间的距离，不是每颗葡萄都有资格踏上这三毫米的旅程。

它必是葡萄园中的贵族！占据区区几平方公里的沙砾土地，坡地的方位像为它精心计量过，刚好能迎上远道而来的季风。它小时候，没遇到一场霜冻和冷雨；旺盛的青春期，碰上十几年最好的太阳；临近成熟，没有雨水冲淡它酝酿已久的糖分，甚至山雀也从未打它的主意。

摘了三十五年葡萄的老工人，耐心地等到糖分和酸度完全平衡的一刻才把它摘下，酒庄里最德高望重的酿酒师，每个环节都要亲手控制，小心翼翼。而现在一切光环都被隔绝在外，黑暗、潮湿的地窖里，葡萄要完成最后三毫米的推进。

天堂并非遥不可及，再走十年而已。

简析 为了将"长城"打造成为中国葡萄酒第一品牌，从 2002 年下半年起，中粮酒业开始在媒体上推出上述广告。广告突出了长城葡萄酒的世界级品质，展现了长城葡萄酒的深厚文化和高品位。该广告一推出就在消费者当中引起了广泛关注，并形成了良好持久的口碑。该广告文把葡萄酒的酿造过程用讲故事的方式表现出来，用感性的表达方式诉说"长城"酒的品质，不但充满了历史感和人文情怀，而且还蕴含着人生哲理。

练习题

一、填空题

1. 意向书是＿＿＿＿＿＿＿＿＿＿＿＿＿＿＿＿＿＿的协商性契约文书。
2. 协议书又称＿＿＿＿＿＿＿＿，它是＿＿＿＿＿＿＿＿＿＿＿＿＿＿的一种契约性文书。
3.《中华人民共和国合同法》规定："合同是＿＿＿＿＿＿＿＿＿＿＿＿＿＿＿的协议。"
4. 合同包括＿＿＿＿、＿＿＿＿、＿＿＿＿、＿＿＿＿、＿＿＿＿、＿＿＿＿、＿＿＿＿、＿＿＿＿等要素。
5. 招标和投标是国际上广泛运用的一种经济手段，是法人＿＿＿＿＿＿＿＿＿＿＿＿＿＿＿＿＿＿＿＿＿的一种行为。
6. 招标书又称＿＿＿＿＿＿＿＿，是一种＿＿＿＿＿＿＿＿＿＿＿＿的告示性文书。
7. 投标书又称＿＿＿＿＿＿＿＿，它是＿＿＿＿＿＿＿＿＿＿＿＿＿＿的书面材料。
8. 市场调查报告指的是＿＿＿＿＿＿＿＿＿＿＿＿＿＿＿＿的书面报告。
9. 进行市场调查，常用的方法有：＿＿＿＿＿＿＿＿＿＿、＿＿＿＿＿＿＿＿＿＿、＿＿＿＿＿＿＿＿＿＿、＿＿＿＿＿＿＿＿＿＿等。
10. 市场预测报告是＿＿＿＿＿＿＿＿＿＿＿＿＿＿＿＿＿＿的一种预见性报告。

11. 市场预测的方法有＿＿＿＿＿＿＿＿＿＿和＿＿＿＿＿＿＿＿＿＿。
12. 定性市场预测法又称为＿＿＿＿＿＿＿，包括＿＿＿＿＿＿＿＿、
    ＿＿＿＿＿＿＿＿＿、＿＿＿＿＿＿＿＿＿和＿＿＿＿＿＿＿＿＿。
13. 定量市场预测法也称＿＿＿＿＿＿＿，包括＿＿＿＿＿＿＿＿＿、
    ＿＿＿＿＿＿＿＿＿、＿＿＿＿＿＿＿＿＿。
14. 营销策划书是＿＿＿＿＿＿＿＿＿＿＿＿的策划方案。
15. 常用的策划技巧有＿＿＿＿＿＿＿、＿＿＿＿＿＿＿、＿＿＿＿＿＿＿、
    ＿＿＿＿＿＿＿＿＿等。
16. 商业广告是＿＿＿＿＿＿＿＿＿＿＿＿＿的实用文体。
17. 商业广告通常使用的媒体有＿＿＿＿＿＿、＿＿＿＿＿＿、＿＿＿＿＿＿、
    ＿＿＿＿＿＿、＿＿＿＿＿＿、＿＿＿＿＿＿等。

二、不定项选择题

1. 经济文书的特点体现在（　　）等方面。
   A. 报告性　　　B. 规定性　　　C. 文艺性　　　D. 纪实性
2. 意向书具有（　　）等特点。
   A. 临时性　　　B. 协商性　　　C. 导向性　　　D. 严密性
3. 合同条款中的"标的"指（　　）。
   A. 当事人双方权利和义务的共同指向　　B. 合同中的货物
   C. 合同中的劳务　　　　　　　　　　　D. 合同中的价款和酬金
4. 经济合同签约人之间的关系必须是（　　）。
   A. 平等的法律主体　　　　　　　　　　B. 平等的自然人、法人
   C. 国家与下级机关的计划任务关系　　　D. 权利、义务对等
5. 招标书具有（　　）的特点。
   A. 公开性　　　B. 时效性　　　C. 竞争性　　　D. 具体性
6. 市场预测报告具有（　　）的特点。
   A. 公开性　　　B. 预见性　　　C. 科学性　　　D. 针对性
7. 商业广告具有（　　）的特点。
   A. 预见性　　　B. 说明性　　　C. 宣传性　　　D. 灵活性

三、改错题

1. 根据合同文本结构和内容的要求,指出下面这份合同存在哪些问题,并修改、完善该合同。

房屋出售合同

甲方:××

乙方:××

经双方协商签订合同,共同遵守下列条款:

第一条　甲方于2018年12月15日将房屋出售给乙方,合同于签订当日生效。

第二条　出售后,房屋以及屋内所有物品归乙方所有。

第三条　房屋总面积为125平方米,按每平方米30 000元出售给乙方,乙方必

须在签订合同当天交付房款。

　　第四条　甲方不得再利用房屋进行任何活动。

　　第五条　出售后,乙方有权对房屋进行任何改建以及拆除。

　　第六条　未经双方协商同意,若任何一方违反以上规定,另一方有权提出索赔。

　　第七条　本合同的有效期自2018年12月15日起生效。

　　本合同条款如有未尽事宜,由双方协商补充条款。在执行中如有争议,报仲裁机关解决,也可向人民法院起诉。

甲方:××
乙方:××
××××年×月×日

2. 对照招标文书的写作要求,指出下面这份招标公告存在哪些弊端,并进行修改和完善。

设计工程招标公告

　　×××小区9幢楼盘现已全部封顶,中心花园大型地下停车场正在紧锣密鼓的建设中,即将接近尾声。××置业为了完整体现"全心全意建设美好家园"的经营宗旨,完美诠释企业领导人的建筑思想理念,针对小区4 500 m² 的中心花园及整体绿化工程,面向全国举办招标活动。我们将在所有参加活动的公司中选出最优秀的设计方案。如果贵公司的设计方案优秀胜出,您将拥有以下权利:

　　(1) ××中心花园设计方案及建筑工程,贵公司或贵公司推荐的施工单位在同等条件下优先选择;

　　(2) ×××中心花园设计版权归贵公司所有;

　　(3) ××整体绿化工程的设计施工费用由××省××置业有限公司提供,贵公司不需要垫资。

　　如果贵公司具备条件,请备齐下列资料:

　　(1) 公司营业执照正本;

　　(2) 公司资质证明;

　　(3) 公司经典业绩相关资料。与××省××置业有限公司联系。

地址:××市××路106号××大厦×楼策划部

联系电话:×××××××

联系人:陈小姐

3. 指出下面这则广告有什么问题,并根据商业广告的写作要求重点拟定一份广告。

赣南脐橙广告文案

每天吃脐橙,
您就可以健康度过冬天。
它含有价值很高的维生素C,
赣南脐橙是自然界送给我们的最好的礼物。

四、分析简述题

（一）阅读下列市场调查报告，并回答问题。

国产牙膏为何不敌海外品牌？

"您用什么牌子的牙膏？"

"高露洁""佳洁士"。

问一问在上海、杭州、南京等城市超市里的顾客，多半会这样回答你。为什么？这不，广告里天天在告诉大家："某某牙膏让牙齿更坚固、更健康、更亮白。"虽然价格比从前用的国产品牌贵些，但它们的香味更好闻，包装更现代。

而留兰香、白玉、中华这些曾经响亮的品牌，似乎已成为一代人少年或童年时代的回忆。有人甚至戏言，在南方一些大城市，如果发现某人家里的洗漱杯里放的是国产牙膏，多半可以肯定他们的收入情况不太妙。

便宜居然是好货

有一件事，恐怕要让消费者大吃一惊：美国一家大的牙膏企业进入中国市场之前，曾对中国牙膏做了三年质量跟踪调查。结论是中国产的牙膏是世界最好的，价格却是最便宜的，他们的品牌如果不及时进入中国，那么，一旦中国牙膏走向世界，必定会带来不小的威胁。

由此可见，"便宜无好货，好货不便宜"，未必是一条放之四海而皆准的真理。以目前市场最流行的含氟牙膏为例，其实，它不是外国人的发明。国外第一支含氟牙膏1964年上市，而中国1958年就有了同类产品。美国和英国的牙膏90%含氟，但采用合成原料，其配方成本相当高。高露洁含氟牙膏中的粉料摩擦剂价格达5 400～7 000元人民币一吨，而国产牙膏采用从山林开发的天然石粉，一吨不过400元。上海牙膏厂研究的碳酸钙技术完全达到美国牙科学会含氟标准，应用这套技术每管增加8厘成本，而整支牙膏成本可下降5分5厘，和国际品牌120克一支的牙膏相比，又可以便宜5角至6角。

在一些基本的质量指标上，中国牙膏也并不逊于国外产品。如牙膏对牙本质小管的通透性，美国得克萨斯大学休斯敦牙科学院和北京医科大学口腔医学院共同检测结果表明：上海防酸牙膏为67%，芳草牙膏为70%，黑妹牙膏为86.8%，高露洁则为82.8%（值低为好）。

欧美发达国家的普通百姓对牙齿极其重视，从幼年起就常找医生，甚至有专门的牙医。而中国的情况则很不相同，牙齿有了一点小问题未必都去医院，往往"熬一熬就算了"。因此，中国人的牙病发生率相当高，对牙膏的需要也就不同，除了一般的清洁作用外，最好还有防病治病的功效，如止血、止痛等。

上海牙膏厂原副总工程师张天宝介绍，长期以来，他们一直在研究将符合世界潮流的天然物质和中国特有的中草药材加入牙膏的配方。上海防酸牙膏加入活性60%的生物制剂SOD，能有效地治疗牙龈出血，不少癌症患者反映，化疗后使用这种牙膏，口腔不易溃疡。而国外品牌牙膏的中药成分几乎没有，在多项技术上，国产牙膏一直走在前面。

酒香也怕巷子深

然而，不容置疑的事实是，国外品牌正越来越多地占领我国的牙膏市场。高露洁进入中国市场近10年,1996年之前的市场份额还非常小,如今在城市各大超市的牙膏柜台上已形成一片"红色的海洋"。1996年之前,外国牙膏商觉得中国的牙膏市场是铜墙铁壁,顶多挤占5%的市场份额。而此后,他们以每年5%的速度在增长。1999年,中国品牌的牙膏退至80%,这还主要得益于广大农村市场。以此推测,如果他们采用了中国的原料、技术,再加上自身的品牌优势,市场份额升至80%,不是没有可能。

"酒香不怕巷子深"的古语在市场经济中恐怕很难适用了。上海牙膏厂有限公司原总经理侯少雄感慨地说:"我们对自己产品和企业的宣传的确是太不够了。高露洁、佳洁士等牙膏去年用于广告宣传的费用都超过一亿人民币,而上海牙膏厂不到2 000万元。"

不独于此,国外品牌还将目光瞄向更远更大的市场,培养儿童消费者对他们品牌的忠诚度。他们将牙膏免费送到幼儿园、中小学,还有诸多花样翻新的促销手段,如买牙膏送牙刷、牙膏盒等。

当然,做不做广告不仅是观念问题。侯少雄认为,这种情况更多是中外经营理念的差异造成的,外商更注重无形资产的经营,注重长期战略决策,他们在进入中国市场前期,着力推销形象,让消费者潜移默化地接受产品,而我们注重有形资产经营,注重近期效益实现,缺乏长远战略目标。据了解,上海牙膏厂去年上缴利税2 500多万元,今后每年要有所增长,企业必须不断产生实际效益。厂长三年一任期,都希望任期内有实际作为,而报表数据只说明有形资产的情况,无法考核无形资产的成绩。据有关部门评估,上海牙膏厂目前有形资产两亿元,无形资产七八亿元。后者报表上是反映不出来的。

市场技术双翼飞

在目前的国情下,和国外企业简单地正面交锋显然是不行的。上海牙膏厂提出的企业发展战略是:让市场和技术两个翅膀一起飞翔,走中国口腔保健的道路,多开发专用技术,生产适合中国消费者的特殊需要的牙膏。

小小一支牙膏,涉及化学、生物工程、口腔保健、社会心理等学科。上海牙膏厂近年来果断地加大技术投入,和口腔研究所等单位合作,自行开发世界先进的洗涤型泡发剂十二醇硫酸钠、高档摩擦剂磷酸氢钙和全天然成分的山梨保湿剂等。目前,应用三氧化磺化新工艺和电脑程序控制新技术生产的十二烷基硫酸产品,与国际最先进的产品质量水平完全相等。他们申报的多项科技项目获得了上海市高新技术项目的认定,上海牙膏厂被评为全国牙膏行业唯一的一家高新技术企业。

通过科技项目的开发,上海牙膏厂新增产品销售收入达8 400万元。直接拉动内外销牙膏销售增长10个百分点,1999年产品销售收入和利润同比增长15.4%和8.7%,市场占有率上升30%。

【思考与问题】

1. 简述这篇市场调查报告的主要内容。
2. 分析这篇市场调查报告在结构上有什么特点。
3. 评析上述市场调查报告在写作上有哪些值得借鉴之处。

（二）阅读下列货物运输合同，并回答问题。

货物运输合同

订立合同双方：

托运方：_____

承运方：_____

托运方详细地址：_____

收货方详细地址：_____

根据国家有关运输规定，经过双方充分协商，特订立本合同，以便双方共同遵守。

第一条　货物名称、规格、数量、价款

货物编号	品名	规格	单位	单价	数量	金额（元）

第二条　包装要求　托运方必须按照国家主管机关规定的标准包装；没有统一规定包装标准的，应根据保证货物运输安全的原则进行包装，否则承运方有权拒绝承运。

第三条

货物起运地点_____　货物到达地点_____

第四条

货物承运日期_____　货物运到期限_____

第五条

运输质量及安全要求_____

第六条

货物装卸责任和方法_____

第七条

收货人领取货物及验收办法_____

第八条

运输费用及结算方式_____

第九条　各方的权利义务

一、托运方的权利义务

1. 托运方的权利：要求承运方按照合同规定的时间、地点，把货物运输到目的地。货物托运后，托运方需要变更到货地点或收货人，或者取消托运时，有权向承运方提出变更合同的内容或解除合同的要求。但必须在货物未运到目的地之前通知承运方，并应按有关规定付给承运方所需费用。

2. 托运方的义务：按约定向承运方交付运杂费，否则，承运方有权停止运输，并要求对方支付违约金。托运方对托运的货物，应按照规定的标准进行包装，遵守有关危险品运输的规定，按照合同中规定的时间和数量交付托运货物。

二、承运方的权利义务

1. 承运方的权利：向托运方、收货方收取运杂费用。如果收货方不交或不按时交纳规定的各种运杂费用，承运方对其货物有扣压权，查不到收货人或收货人拒绝提取

第五章　经济类应用文书

货物,承运方应及时与托运方联系,在规定期限内负责保管并有权收取保管费用,对于超过规定期限仍无法交付的货物,承运方有权按规定予以处理。

2.承运方的义务:在合同规定的期限内,将货物运到指定的地点,按时向收货人发出货物到达的通知。对托运的货物要负责安全,保证货物无短缺、无损坏、无人为的变质。如有上述问题,应承担赔偿义务。在货物到达以后,按规定的期限,负责保管。

三、收货人的权利义务

1.收货人的权利:在货物运到指定地点后有以凭证领取货物的权利。必要时,收货人有权向到站或中途货物所在站提出变更到站或变更收货人的要求,签订变更协议。

2.收货人的义务:在接到提货通知后,按时提取货物,缴清应付费用。超过规定提货时限,应向承运人交付保管费。

第十条　违约责任

一、托运方责任:

1.未按合同规定的时间和要求提供托运的货物,托运方应按其价值的____％偿付给承运方违约金。

2.由于在普通货物中夹带、匿报危险货物,错报笨重货物重量等而招致吊具断裂、货物摔损、吊机倾翻、爆炸、腐蚀等事故,托运方应承担赔偿责任。

3.由于货物包装缺陷产生破损,致使其他货物或运输工具、机械设备被污染腐蚀、损坏,造成人身伤亡的,托运方应承担赔偿责任。

4.在托运方专用线或在港站公用线、专用铁道自装的货物,在到站卸货时,发现货物损坏、缺少,在车辆施封完好或无异状的情况下,托运方应赔偿收货人的损失。

5.罐车发运货物,因未随车附带规格质量证明或化验报告,造成收货方无法卸货时,托运方应偿付承运方卸车等存费及违约金。

二、承运方责任:

1.不按合同规定的时间和要求配车(船)发运的,承运方应偿付托运方违约金____元。

2.承运方如将货物错运到货地点或接货人,应无偿运至合同规定的到货地点或接货人。如果货物逾期达到,承运方应偿付逾期交货的违约金。

3.运输过程中货物灭失、短少、变质、污染、损坏,承运方应按货物的实际损失(包括包装费、运杂费)赔偿托运方。

4.联运的货物发生灭失、短少、变质、污染、损坏,应由承运方承担赔偿责任的,由终点阶段的承运方向负有责任的其他承运方追偿。

5.在符合法律和合同规定条件下的运输,由于下列原因造成货物灭失、短少、变质、污染、损坏的,承运方不承担违约责任:

①不可抗力;

②货物本身的自然属性;

③货物的合理损耗;

④托运方或收货方本身的过错。

本合同正本一式两份,合同双方各执一份,合同副本一式____份,送×××单位各留一份。

托运方	承运方
代表人	代表人
地　址	地　址
电　话	电　话
开户行	开户行
账　号	账　号

　　　　　　　　　　　　　　　　　　　＿＿＿年＿＿＿月＿＿＿日

【思考与问题】

　　1. 试着将上述货物运输合同补充完整。

　　2. 分析上述合同有哪些主要内容。

　　3. 根据上述合同概述托运方和承运方各有哪些权利、义务和责任。

(三)分析下列策划方案,并回答问题。

<h3 style="text-align:center">AD 牌彩电营销策划</h3>

一、背景分析

(一)市场分析

1. 竞争状况:分析表明 AD 牌彩电的主要竞争对手是 SONY、康佳、TCL。

2. 市场预测(略)

(二)产品分析

1. 产品特点(略)

2. 优劣分析(略)

(三)销售分析

1. 地域状况:彩电是当前家庭的必需品,而我国人口众多,因此国内销售市场广阔。AD 牌彩电的生产基地地处珠三角黄金地带,海、空交通发达,连通世界各地,与海外的商业往来相当频繁。因此,AD 牌彩电具有"广迎五洲之朋"的良好经济环境。

2. 竞争对手销售状况:SONY 等进口彩电深受城市消费者的欢迎,但在农村市场中占有比重不大。康佳地处深圳,流行于两广地区,并向华中、西南地区渗透。AD 牌彩电的直接竞争对手是康佳牌彩电。

3. 优劣比较(略)

(四)阻碍分析

在国际市场上,老牌优质产品占据着市场,该产品只能见缝插针。

在国内市场上,进口产品受国内消费者的偏好,控制着国内市场;国产老牌彩电拥有一批较稳定的销售伙伴,也占有了大部分国内市场。

AD 牌彩电还存在如下问题:在生产、检验中存在失误,导致少量不合格产品进入市场,影响了企业声誉;维修网点的技术力量不足;在各地的销售伙伴还不稳定;产品的包装需要改进完善。

二、营销战略

(一)市场战略

1. 战略技术要点

第五章　经济类应用文书

(1)保持原有销售渠道,开创新的销售渠道。
(2)把企业各类型产品进行分档排列,组合成系列,以适应消费者最广泛的需要。
(3)突出该产品的优点。
(4)针对偶尔出现的质量问题,实施承诺性策略,内容拟定如下:
本公司自 2007 年×月起实行如下规定。
无论商业部门还是用户,若遇客观存在的质量问题,在保修期限内一律包退换,由此造成的经济损失均由本公司负责。
商业部门如进货过多、库存量过大,一时难以销售,可暂时退货,已签的合同,商业部门可单方提出暂缓执行。
凡商业部门自身责任造成的 AD 牌彩电质量问题,可与本公司联系,协商折价,由公司回收残次品。
这几项措施可消除顾客、客商的后顾之忧,失小利而得大利。
2. 产品定位(略)
3. 销售对象:销售对象分析与确定(略)
4. 市场目标:2007 年销售量比 2006 年增长 40%。在同类产品中建立巩固、突出的领导地位。
5. 包装战略:在整个包装形式中,要统一包装色彩;包装材料用坚固平滑的化纤板。
6. 定价战略:针对大多数消费者,采取高质低价的策略。
7. 零售点战略:在零售点形成统一的宣传风格;加强对零售点的支持,包括保证货源、回收滞销产品。

(二)公关战略
1. 顾客关系:要坚持以顾客为导向的战略。
2. 经销商关系
(1)培植经销商的信心。
(2)随时调整销售策略。
(3)接受他们的投诉,并负责解决。
(4)举办销售培训,开展销售竞赛。
3. 供应商关系
追求互相了解与信任,以求长期合作。建立供求双方共同利益,建议供应商如何改进生产方法以增加纯利润收入。

【思考与问题】
1. 分析这篇策划方案主要包括哪些方面的内容。
2. 试述这篇策划方案在结构上具有什么特点。
3. 指出这篇策划方案存在什么不足,并谈谈写作策划方案要注意哪些问题。

(四)阅读下列投标书,并回答问题。

投标书

××电厂:
接××总公司的邀请,××股份有限公司就××电厂二期工程 2×300 MW 火电厂机组锅炉设备投标如下:

1. ××股份有限公司锅炉设备投标

  授权人代表：×××

  公司内职务：副总经理、总经济师

  地 址：××××××

  电 话：(×××)××××××××

  电报挂号：××××

  传 真：(×××)××××××××

  该授权人代表全权处理此次投标的有关事宜。在投标全过程就投标事宜使用"××股份有限公司"章或"××股份有限公司报价专用章"。

2. ××股份有限公司位于××省××市,始建于1966年。1971年经国家正式验收投产,是国家一级企业和我国大型机电设备产品生产基地及出口产品基地之一。1988年经批准成立××股份有限公司。本次投标以××股份有限公司名义参加。

3. ××股份有限公司是我国特大型电站锅炉制造商,同时也是电站辅机主要制造商之一。1985年我公司设计生产出了国内首台配300 MW机组的亚临界燃煤自然循环汽包锅炉。1984年我公司出口到×××电站的680 t/h燃油气锅炉是我国首次商业出口的大型电站炉,荣获××省优质产品称号,为我国电站锅炉设备进入国际市场奠定了基础。我公司正在制造的2×325 MW油气炉,是目前我国最大容量的出口电站锅炉。

4. ××股份有限公司自开发300 MW锅炉至今,已批量生产燃用烟煤、贫煤、无烟煤等多种煤质亚临界压力自然循环锅炉××台,设计制造的国产第一台亚临界压力300 MW自然循环锅炉,装于××发电厂。1987年10月进行了国家级鉴定。鉴定意见认为：从锅炉主要性能看,具有一定的中国特色,属国内先进水平。1988年获得国家质量最高荣誉金奖,国家科技进步一等奖。

5. 我公司为××电厂一期工程设计、制造的300 MW锅炉,1990年11月8日确定为全国四大优化工程试点项目。该工程1#机组于1991年9月1日正式开工,1993年9月23日试运行结束,正式移交生产,历时24个月零22天,为全国优化工程项目首台机组投入运行,创造了全国火电建设施工的先例。

6. 目前我公司的300 MW亚临界压力自然循环汽包锅炉已成为我国先进技术锅炉的典范。经过十余年的实践,我公司针对运行后出现的问题进一步做了改进、完善,性能及质量更为可靠。如我公司为××发电厂一期工程设计制造的两台××××型锅炉获得了业主方的信任。在××发电厂上报××××材料中提到"一号机组在全国达标机组中第一个按电力部新版基建达标验收标准验收,并以总分489.7分的成绩名列全国前茅,是××省历史上第一台基建达标移交生产机组。二号机组在一号机组基础上,又上了一个新台阶,以一次点火冲转成功,一次并网发电成功,一次通过'168'小时满负荷实验,热工保护、监测仪表、自动化投入率三个百分之百的优异成绩,创造了国内同类型机组的最好水平。被誉为××省地区电建史上投产水平最高的机组。""一号机组自1994年5月1日开工,到1996年9月15日完成'168'移交试生产,仅用28.5个月,比国家定额工期缩短4个月;半年试生产期,机组运行稳定,等效可用系数达86.5%。"

  另外,我公司为×××电厂生产的××××××型炉(配电4#机)1996年度的等效可用系数高达92%,列当年度国产300 MW机组第一名。

7. 针对××电厂第一期工程锅炉方面存在的问题,我们将在××第二期工程中加以改进,全力满足业主方的要求,我们坚信二期工程比一期工程更上一层楼。其中具体措施详见投标书技术部分。

8. ××股份有限公司经过20多年电站辅机的设计、制造,积累了丰富的实践经验,建立了完整的设计、制造质量保证体系,并与美国××公司和德国××公司合作,其设计更加先进合理、各种类型的成套电站辅机在国内外几十个电站使用。我公司设计制造的电站辅机结构合理、质量可靠、性能良好,深得用户好评,其中,200 MW机组的高压加热器荣获国家××部和××省优质产品证书,300 MW机组成套辅机连续在国际招标的××电站工程中标。

9. ××股份有限公司以先进的设计,成熟的工艺和完善的质量保证体系,使产品的技术性能和质量得到了可靠的保证。我公司不仅有国内一流的制造设备,而且具有完善的试验、研究、检测设备和手段;有关锅炉的设计、性能、材料、焊接等试验均可在厂内完成。1987年工厂获得ASME资格证书及S、U、U_2钢印。1990年、1993年、1996年先后3次通过了ASME证复查。这表明我公司不但可以按照中国国家标准设计、制造电站锅炉及化工容器,而且可以按国际标准设计、制造各种型号的锅炉和大型石油化工设备。

10. ××股份有限公司先后取得了国家一、二、三级压力容器设计、制造许可证,国家A级锅炉制造许可证,国家核安全局颁发的"民用核承压设备制造许可证"。通过了国家GB/T 1900/- ISO 9001质量体系认证,并取得了合格证。1995年我公司被列入国家"863"计划中的CIMS工程试点企业。我公司被评为国家一级标准化企业、国家一级计量单位、国家安全特级企业,荣获全国企业管理奖、质量管理奖及全国"五一劳动奖章"。

11. ××股份有限公司以先进的技术,优质的产品和以"整体服务"的优势,发扬24小时精神,为用户提供满意的终身服务,获得用户的信赖。我公司于1991年被评为中国质量管理协会"全国用户满意企业",并于1994年通过了复评。

12. ××股份有限公司保证投标书在投标截止日期后180天内有效。我公司保证中标后,按投标书所报的供货范围、价格和性能保证值签订合同。

【思考与问题】

1. 分析上述投标书主要包括哪些内容。
2. 分析上述投标书在结构上的主要特点。
3. 简述投标书的写作需要注意哪些问题。

五、写作题

1. 根据下面的材料编写一份经济合同。

健康食品公司法人代表王成江和青田园艺场法人代表周永建于2015年10月10日签订了一份红枣购销合同,具体货物是山东一级金丝小枣,数量为2000千克,每千克价格为8元,2016年8月10日之前由青田园艺场直接运往健康食品公司,运费由青田园艺场负责,货品检验合格后,健康食品公司于收货7天内通过银行支付货款。小枣须用大塑料外包,纸袋内装,外用纸箱包装,包装费仍由青田园艺场负责。

青田园艺场地址:××省××县

开户银行:××县农业银行

银行账号:××××××××××××××××

　　　　电话:××××××

　　健康食品公司地址:××市××区××路××号

　　　　开户银行:天津市工商银行

　　银行账号:×××××××××××××××××

　　　　电话:××××××

　　合同签订后,如双方不履行合同,在正常情况下拒不交货或拒付货款都须处以货款20%的罚金,迟交货或迟付款,则每天罚0.03%的滞纳金。

　　如数量不足。按不足部分货款计赔,并按20%的比例赔偿。

　　如质量不合格,则重新酌价。如遇特殊情况,需提前30天通知对方,并赔偿损失费10%。

　　本合同由×××省×××县工商行政管理局鉴证。

2. 根据下列材料,以××公司的名义写一份工程设计招标书,有关内容可以虚拟。

　　根据市场需求,本公司准备新建××市综合商品贸易大厦,建筑面积35 000平方米,楼高21层,建筑地点在××区××路中段。要求由甲级设计单位(具备必要设计条件并有类似项目的成功设计案例)投标设计。有欲投标者请于2015年11月20日前携带投标资料到××市综合商品贸易大厦筹建处面洽。联系人:金龙贸易有限公司××先生。联系地址:金龙饭店10层203房间。联系电话:6628××××。

3. 对你所在的城市的某知名企业的营运情况,包括企业产品评估、市场行情分析、销售状况、市场占有率、购买率、消费者购买习惯等方面的情况进行分析,并为他们代写一份营销策划书。

4. 请你以某茶园的名义,为茶园的新茶拟定一则广告。

扫描获取
练习参考答案

第六章 诉状类法律文书

诉状类法律文书是指诉讼当事人一方为维护自身合法权益,依法向法院提出某种诉讼请求并陈述有关事实和理由或者另一方当事人针对这种诉讼请求、事实和理由进行抗辩时制作的法律文书,包括起诉状、答辩状、反诉状、上诉状、申诉状等。诉状类法律文书是法律文书的一种类型,法律文书还包括侦查文书、检察文书、裁判文书、公证文书、仲裁文书等,本章只讲述诉状类法律文书制作的有关问题。

第一节 起诉状

学习要点
1. 起诉状的含义
2. 起诉状的类型
3. 起诉状的写作格式、内容与结构

能力要求
1. 掌握起诉状的写作格式、内容与结构
2. 学会写作各种起诉状

一、起诉状的含义

起诉状是指公民、法人或其他组织认为自己的合法权益受到侵害,为维护和实现自己的合法权益,向人民法院提起诉讼时使用的法律文书。

《民事诉讼法》[①]第一百二十条规定:"起诉应当向人民法院递交起诉状,并按照被告人数提出副本。"第一百二十一条规定:"起诉状应当记明下列事项:(一)原告的姓名、性别、年龄、民族、职业、工作单位、住所、联系方式,法人或者其他组织的名称、住所和法定代表人或者主要负责人的姓名、职务、联系方式;(二)被告的姓名、性别、工作单位、住所等信息,法人或者其他组织的名称、住所等信息;(三)诉讼请求和所根据的事实与理由;(四)证据和证据来源,证人姓名和住所。"《行政诉讼法》[②]

---

① 《中华人民共和国民事诉讼法》,中国人大网,2017年6月29日。
② 《中华人民共和国行政诉讼法》,中国人大网,2017年6月29日。

第五十条、第五十一条,《最高人民法院关于适用〈中华人民共和国行政诉讼法〉的解释》①第五十三条也有类似的规定,这些法律规定是制作起诉状的法律依据。

在我国,法院审理各类案件实行"不告不理"的原则,当事人要通过法院处理他们之间的纠纷,必须向法院提起诉讼并应提交起诉状。人民法院收到起诉状后,经审查认为符合起诉条件的,应当予以立案,之后实施相关的诉讼活动。因此,当事人制作并向法院提交起诉状是启动各种诉讼程序的重要根据。

二、起诉状的特点

同其他法律文书相比,起诉状具有以下特点:

1. 制作主体的特定性

制作起诉状的原告或自诉人必须是与本案有直接法律利害关系的公民、法人或其他组织,其他人不能制作起诉状。

2. 制作内容的法定性

起诉状只有写清楚法律规定的事项,法院才会受理。起诉状中的内容包括:当事人的基本情况,诉讼请求和所根据的事实与理由,证据和证据来源、证人姓名和住所等。

3. 适用范围的有限性

现实中所发生各种纠纷,并非都能制作起诉状而向法院提起诉讼,如内部行政行为引起的纠纷就不能提起行政诉讼等。需要说明的是,刑事诉讼案件分为公诉案件和自诉案件,公诉案件由检察机关代表国家向法院提起诉讼,其向法院提起诉讼时使用的文书称为起诉书,而不称为起诉状或刑事起诉状,起诉书的写作内容及结构与起诉状的写作内容及结构有所不同。

三、起诉状的类型

在我国,有三种基本类型的诉讼,即刑事诉讼、民事诉讼和行政诉讼;此外,还存在交叉型的诉讼,如刑事附带民事诉讼等。相应地,起诉状就有刑事自诉状、民事起诉状、行政起诉状和刑事附带民事起诉状等。

(1)刑事自诉状,是刑事自诉案件的被害人或其法定代理人为追究被告人的刑事责任,直接向人民法院提起诉讼时所使用的法律文书。我国《刑事诉讼法》②第二百一十条规定:"自诉案件包括下列案件:(一)告诉才处理的案件;(二)被害人有证据证明的轻微刑事案件;(三)被害人有证据证明对被告人侵犯自己人身、财产权利的行为应当依法追究刑事责任,而公安机关或者人民检察院不予追究被告人刑事责任的案件。"

(2)民事起诉状,是指公民、法人或其他组织认为自己的民事权益受到侵害或与他人发生争议,为维护自身合法权益,向人民法院提起诉讼时使用的法律文书。

(3)行政起诉状,是指公民、法人或其他组织认为行政主体及其工作人员的具体行政行为侵犯了他的合法权益,为维护自身合法权益,向人民法院提起诉讼时使用的法律文书。

(4)刑事附带民事起诉状,是指刑事案件的被害人或其近亲属,由于被告人的犯罪行为而遭受

---

① 《最高人民法院关于适用〈中华人民共和国行政诉讼法〉的解释》,中华人民共和国最高人民法院网站,2018年2月7日。

② 《中华人民共和国刑事诉讼法》,中国人大网,2018年11月5日。

物质损失时,在刑事诉讼过程中,向人民法院提交的要求被告人等加害人给予民事赔偿的法律文书。

四、起诉状的写作

起诉状的结构分为首部、正文和尾部三大部分。

(一)首部

首部应依次写明以下内容:

1. 标题

标题在文书顶端居中,分别为"刑事自诉状""民事起诉状""行政起诉状""附带民事起诉状"。

2. 当事人基本情况

在书写当事人基本情况时,应注意以下问题:第一,当事人的称谓。刑事自诉案件的当事人分别称为"自诉人""被告人";民事和行政案件当事人的称谓分别为"原告""被告";附带民事案件的当事人分称为"附带民事诉讼原告人""附带民事诉讼被告人"。第二,当事人基本情况的书写顺序。要先书写自诉人、原告、原告人的基本情况,再写被告人的基本情况;如果自诉人、原告或被告人有两人以上的,应按其受侵害的轻重程度或犯罪行为的严重程度,由重到轻依次列写。第三,当事人基本情况的内容。当事人为自然人的,依次写明其姓名、性别、出生年月日、民族、出生地、文化程度、职业或工作单位和职务、住址;当事人是法人或其他组织的,应先写明法人或其他组织名称和所在地址,然后另起一行写明其法定代表人或主要负责人的姓名、职务。写这些内容时不能随意取舍,对被告或被告人的出生时间确实不知道的,可以写其年龄。第四,当事人是无行为能力人或限制行为能力人时,应先写明当事人的基本情况,再接着写明其法定代理人基本情况,并注明其与当事人的关系。

(二)正文

正文部分依次书写以下内容:

1. 诉讼请求

诉讼请求是指自诉人或原告请求法院依法解决其与对方争议的具体要求,如:请求追究被告人遗弃罪的刑事责任,请求法院解决损害赔偿、确定产权或判决给付赡养费等。书写诉讼请求时要做到:请求的内容合法、合理,语言表述明确、具体但不啰唆,有多项请求时要排列有序。如要求对方赔偿时,要写明要求赔偿的项目和具体数额,但在附带民事诉讼中,只能要求赔偿由该犯罪行为造成的物质损失,不能要求赔偿精神损害抚慰金。

2. 事实和理由

事实和理由是起诉状中的主体部分,写作时要具体。四种起诉状中这一内容的写法略有不同,现分述如下:

(1)刑事自诉状。首先,要根据实体法的规范要件书写清楚被告人的犯罪事实。即采用叙述的方式写清楚被告人对自诉人实施犯罪的具体事实,交代清楚犯罪的时间、地点、动机、目的、手段、情节、结果等要素。叙述犯罪事实最常用的方法是自然顺序法,即依犯罪事实发生的时间线索,从犯罪的起因、犯罪的预备到实施犯罪的过程一一写清,使人便于了解案件全貌。书写犯罪事实应当实事求是,证据要充分、确凿;同时要明确罪与非罪的界限,不要把被告人一般违法乱纪行为、道德品质和思想意识方面的问题写入自诉状中。书写事实时还要注意详略得当,案件中关键性情节一定要详细、具体,如关系到案件性质、影响到量刑的情节等要详叙,一般性事实概括叙述。

其次,要阐述提起自诉的理由。阐述理由包括三方面的内容:第一,根据案件事实阐述被告人的行为性质。即依照犯罪构成的理论,说明被告人行为构成什么犯罪、需要追究刑事责任。第二,对被告人犯罪的动机、目的、手段、危害后果及被告人事后的态度等进行简要的论证分析,阐述对被告人量刑的意见。第三,引用法律条文作为起诉的法律依据。引用法律条款时,应准确、具体、完整。

(2)民事起诉状和行政起诉状。事实部分,主要写明当事人之间发生民事权益争议或行政纠纷的具体情况。写作时,首先要交代清楚当事人之间的民事法律关系或行政法律关系的基本内容,以便于了解纠纷的起因和经过;其次,要写清楚当事人双方争议的产生、发展经过、原告受到的损害情况、争议的焦点及具体内容,这是事实部分的核心,要具体写明。

理由部分,首先要对全部事实从法理角度进行概括,分析纠纷的性质、危害后果以及被告应负的责任;其次,要援引有关的法律条款作为起诉的法律理由。

(3)附带民事起诉状。附带民事诉讼的特点是其依附于刑事诉讼,在写事实部分时,应先简要写明犯罪事实的情况,然后具体写明附带民事诉讼被告人的犯罪行为给附带民事诉讼原告人造成了哪些方面的财产损失、具体数额有多少等内容。

阐述理由时,首先应根据事实和法律规定说明,附带民事诉讼被告人的犯罪行为与原告人所受到的物质损失之间存在因果关系,被告人对此要承担赔偿责任。然后引用法律条文作为起诉的法律依据,引用法律依据要全面,需要引用刑事诉讼法和民事实体法律方面的规定。

撰写起诉状,叙述事实和阐述理由要前后呼应,不能出现彼此脱节甚至矛盾的现象,做到摆事实、讲道理,以理服人,以法服人。

3. 证据

根据法律规定,自诉人或原告提起诉讼,需要提供一定的证据,否则法院将不予受理。诉状中应列举相应的证据以证明前述事实是客观真实的,并为阐述起诉的理由奠定基础。列举证据时应当注意:证据名称要规范化,物证等要写明具体名称、件数,鉴定结论及勘验、检查笔录要写明制作单位,证人姓名要准确、住址具体详细;如有多项证据,要分项列明。但在文书写作实践中,一般不在正文部分单独叙述证据的有关内容,而是将其放在文书尾部的附项予以说明。

(三)尾部

起诉状的尾部依次写明以下内容:

(1)致送人民法院的名称,即分两行写明"此致,×××人民法院"。
(2)自诉人、原告或原告人签名或盖章,起诉人是单位的,要加盖单位的公章。
(3)起诉的具体时间。
(4)附项。附项应写明起诉状副本的份数、证据的名称与份数等。副本的份数,要根据对方当事人的人数确定。

 例文一

刑事自诉状

自诉人:×××,女,1966年1月17日出生,汉族,住××省××县××镇中山路37号,居民身份证号码××××××19660117××××。

被告人:×××,男,汉族,1974年2月6日出生,住××省××县××镇××街49号,居民身份证号码××××××19740206××××。

案由:侵占罪

诉讼请求：
一、依法追究被告人的刑事责任；
二、依法判令被告人返还自诉人在经营过程中垫付的本金（进货款）和应得利润，共计人民币 100 635 元。

事实和理由：
2009年8月17日，自诉人与被告人签订《经营协议书》一份，约定自诉人将自己租赁的用于开设麻将机销售的沿口镇50大街后街的一个门市交由被告人开设麻将机销售、维修、以租代售、以旧机换新机等业务；同时，双方对出资事宜和利润分配达成了约定。但是被告人在经营过程中对自诉人的本金（进货款）一直占用而不予退还，对合伙经营过程中应得的利润不予支付，自诉人多次要求被告人将上述款项退还和支付自诉人，被告人均不予理睬。

基于上述事实，自诉人认为被告人非法占有财产拒不退还，严重损害了自诉人的财产权益，其行为已违反刑法第二百七十条之规定，构成犯罪，依法应当受到法律的严惩。自诉人为维护自身合法权益，根据《中华人民共和国刑事诉讼法》的规定特向贵院提起诉讼，恳请人民法院依法判决！

此致
××省××县人民法院

自诉人：×××
2018年×月×日

附：1. 本诉状副本1份；
　　2. 自诉人与被告人签订的《经营协议书》1份；
　　3. 证人谢××，住××省××县××镇××路21号；
　　4. 证人谢××，住××省××县××镇××路26号。

 例文二

民事起诉状

原告：黄××，女，1974年9月10日出生，汉族，湖南省××市人，住湖南省××市××区××局家属宿舍4楼1—302室。

被告：湖南××房地产开发有限公司，地址：××市城市花园6幢3单元801号。

法定代表人：章××，湖南××房地产开发有限公司董事长。

诉讼请求：
1. 判令被告恢复约定的房屋结构；
2. 判令被告支付违约金2万元；
3. 判令被告承担本案诉讼费用。

事实和理由：
2006年2月8日，原告看见被告湖南××房地产开发有限公司为开发商的"××湾"售楼广告及宣传资料，在听取其售楼部人员宣讲介绍，并参考其售楼沙盘及户型结构模型后，精挑细选其"××湾"3栋1楼A1户型商品房一套，并于2006年2月16日与被告签订了"商品房购销合同"。被告销售宣传资料、户型结构模型、双方签订的购房

合同及其附件一(该商品房屋分户平面图)均明确表明:原告所购房屋拥有"入户花园"结构。2007年3月31日即商品房交付期限日,原告发现自己所购的3栋1楼A1户型"入户花园"无采光设施及入户门前有通风口阻道,遂向售楼部人员询问,其答复说:"正式交房时自会整改。"但等到正式交房时问题依旧。经原告等业主多次与售楼部交涉,方将入户门前阻道通风口予以改造,但"入户花园"采光问题始终得不到解决。至今原告等业主多人、多次与开发商交涉,要求被告开发商出面同广大业主协商解决"入户花园"采光问题,或更换采光结构防盗门,但开发商至今不面对业主,以他们已将房屋交某公司建设为由推卸责任。2007年8月原告向××市消费者协会投诉,因被告不配合而未果,××市消费者协会建议原告寻求法律途径解决。

  原告认为:被告湖南××房地产开发有限公司作为开发商,擅自改动"××湾"商品房户型结构,使购房合同上标明的"入户花园"变成一间无窗无光的黑屋,使厨房窗户因此不能采光而成为摆设,其行为严重地违反了合同的约定,且被告在违约后不仅不主动地与原告协商解决问题,而且寻找种种理由推卸其责任,严重侵害了原告的合法权益。为维护自身合法权益,根据《中华人民共和国合同法》第一百零七条、《中华人民共和国消费者权益保护法》第五条等的规定,特向贵院提起诉讼,请予依法判处。

  此致
××市××区人民法院

具状人:黄××
2008年3月15日

附:1.起诉状副本1份;
  2.购房合同(含附件)1份;
  3.房屋销售宣传资料、户型结构模型资料各1套;
  4.房屋照片1套。

第二节　答辩状

学习要点
1.答辩状的含义
2.答辩状的类型
3.答辩状的写作格式、内容与结构

能力要求
1.掌握答辩状的写作格式、内容与结构
2.学会写作各种答辩状

一、答辩状的含义

  答辩状是指在诉讼活动中,被告、被反诉人或被上诉人等针对原告、反诉人、上诉人的起诉、反诉或上诉内容,做出答复和辩解时所使用的文书,它是与起诉状、反诉状或上诉状相对应的一种法律文书。

《民事诉讼法》第一百二十五条规定:"人民法院应当在立案之日起五日内将起诉状副本发送被告,被告在收到之日起十五日内提出答辩状……被告不提出答辩状的,不影响人民法院审理。"《民事诉讼法》第一百六十七条规定:"原审人民法院收到上诉状,应当在五日内将上诉状副本送达对方当事人,对方当事人在收到之日起十五日内提出答辩状。人民法院应当在收到答辩状之日起五日内将副本送达上诉人。对方当事人不提出答辩状的,不影响人民法院审理。"《行政诉讼法》第六十七条也做出了同样的规定。提交答辩状是法律赋予被告、被反诉人、上诉人等的一种诉讼权利,他可以行使或不行使该权利。

答辩状的作用主要表现在以下两个方面:(1)体现了当事人诉讼权利平等原则。被告、被反诉人、被上诉人通过答辩状,可以针对原告、反诉人或上诉人所提出的起诉、反诉或上诉事实、理由和请求事项,提出事实和证据,进行有针对性的回答辩解,阐明自己的观点、理由和要求,以保护自身的合法权益。(2)有利于人民法院全面掌握案情,做出正确的裁判。法院通过对起诉状、上诉状及答辩状的了解,可以全面掌握该案的事实、当事人的意见与要求,从而对该案的审理作出适当的考虑和安排,以保证公正、合法、及时地处理好案件。

二、答辩状的特点

答辩状具有以下特点:

1. 制作主体的特定性

即并非任何人都有资格制作、提交答辩状。根据法律规定,在诉讼中,只有被告、被反诉人或被上诉人等才是答辩状的合格制作主体。

2. 制作和提交时间的法定性

当事人可以提交答辩状,也可以不提交答辩状,但如果其要提交答辩状,必须是在法定期限内提交,否则视为放弃该项权利。

3. 写作内容和目的的针对性

被告人或被上诉人为了维护自身合法权益,通过制作和向法院提交答辩状,针对起诉状或上诉状叙述的事实、阐述的理由和提出的请求,进行对应的答复、反驳和辩解,从而驳倒对方主张的事实、理由和请求。因此,答辩状的内容和目的具有很强的针对性。

三、答辩状的分类

对于答辩状的分类,一般是根据案件性质的不同,将其分为两种类型:民事答辩状和行政答辩状。

民事答辩状,是指民事诉讼的被告、被反诉人或被上诉人针对原告、反诉或上诉人的起诉状、反诉状或上诉状中的事实、理由和请求,进行答复和辩驳时使用的一种文书。

行政答辩状,是指行政诉讼的被告或被上诉人针对原告或上诉人在起诉状或上诉状中提出的请求事项、事实和理由,进行答复和辩驳时使用的一种文书。

此外,根据适用程序的不同,还可以将答辩状分为一审程序答辩状、二审程序答辩状等。

四、答辩状的写作

答辩状的结构分为首部、正文和尾部三大部分。

(一)首部

首部应依次写明以下内容:

1. 标题

标题在文书顶端居中,分别为"民事答辩状""行政答辩状"。

2. 答辩人基本情况

在书写答辩人基本情况时,应注意以下问题:第一,答辩状中无须写明对方当事人的基本情况。第二,答辩人为自然人的,依次写明其姓名、性别、出生年月日、民族、出生地、文化程度、职业或工作单位和职务、住址;答辩人是法人或其他组织的,应先写明法人或组织名称和所在地址,然后另起一行写明其法定代表人或主要负责人的姓名、职务。

(二)正文

正文部分依次表述以下内容:

1. 案由

案由一般表述为:答辩人因×××一案,现提出答辩意见如下。

2. 答辩理由

答辩理由是答辩状的核心部分,应针对原告或上诉人的诉讼请求及其所依据的事实与理由进行反驳与辩解。在写作中,可从以下两方面进行答辩:第一,针对起诉状或上诉状的事实内容进行答辩。如果答辩人认为起诉状或上诉状中所述事实不属实,就应予以否定,并提出符合客观实际的事实加以证明。第二,针对起诉状或上诉状中提出的法律适用问题进行答辩。如果答辩人认为原告或上诉人的起诉或上诉存在对实体法或程序法的理解、适用的错误,也应对其进行反驳。

在阐述答辩理由时,一般采用驳论法。即首先要指出对方叙述错误的事实、理解或适用错误的法律问题,以此作为反驳的基础;然后使用相应的证据、采用适当的论证方法,证明原告或上诉人叙述的事实不属实、适用的法律错误。

3. 答辩主张

答辩人在充分阐明答辩理由的基础上,应向法院提出自己的要求和主张。写作时,答辩人应根据事实和法律,指出原告或上诉人主张的谬误性及答辩理由的正确性,进而提出希望法院部分或全部否定对方的诉讼或上诉请求、裁定对该案不予受理等主张。

(三)尾部

尾部依次写明以下内容:致送人民法院名称、答辩人签名或盖章、答辩的具体时间和附项。附项中,应注明答辩状副本的份数、证据的有关情况等。写作的要求与起诉状相同。

 例文

行政答辩状

答辩人:××市住房保障局

法定代表人:×××局长

答辩人对邢××行政上诉一案答辩如下:

一、一审法院认定事实清楚、正确。

(一)答辩人的具体行政行为认定事实清楚,证据确凿。

1. 上诉人隐瞒真实情况,提交虚假材料,非法获取房屋登记的事实清楚。上诉人在房产产权登记时提供的《竣工工程质量综合评定表》不真实,已经由表上的公章、表中内容及出表部门予以确认,该事实经过××市人民检察院刑事侦查确认,即上诉人隐瞒真实情况,提交虚假材料,非法获取房屋登记的事实清楚,应该承担该登记行为的错误后果。详情在答辩状第四条阐述。

2. 答辩人在上诉人初始产权登记时,确实经过初审及复核、颁证等程序,但答辩人是在不能辨认《竣工工程质量综合评定表》中内容真伪和公章真伪情况下实施的行政登记行为,该行政登记行为是在被欺骗的情况下进行的,不具有法律效力,因此,答辩人有权撤销这一错误行政登记行为。"依法行政,违法必究"是行政执法机关必须遵循的原则。

3. 本案没有超过法律规定的上诉人可主张的追究时效。依照《行政处罚法》第二十九条"违法行为在二年内没有被发现,不再给予行政处罚。法律另有规定的除外。"上诉人的行政登记行为确实发生在2002年,但其违法行为一直处于持续状态。(1) 邢××的申报不实行为,由××市人民检察院于2012年通过对张××和吴××涉嫌职务犯罪的刑事侦查中确认。邢××申报不实的事实已经由刑事案件当事人予以确认,并得到产权登记档案资料的印证。即从检察院确认邢××违法事实之日到答辩人撤销邢××的商用房屋所有权证的时间没有超过二年。(2) 邢××的四个房屋所有权登记业务虽然已经完成,但其申报的四个产权的建筑工程,没有被实际验收的违法行为一直处于持续状态,即行政审查并没有结束。邢××2002年申报产权登记时提供的《竣工工程质量综合评定表》用以证明,申报产权登记的工程已经竣工验收,应当办理产权登记。但检察机关发现并确认,××市建设工程质量监督站早在1997年已经检查确认白天鹅大酒店建设工程不合格、与备案工程不符,在下达停工通知后,始终没有颁发复工通知。在质监站未批准复工之前,白天鹅大酒店属于在建工程,也属于不可进行产权登记的房屋。由于邢××提供的《竣工工程质量综合评定表》不真实,用以办理商用房产权登记的工程属于未验收工程,其未验收情形一直处于持续状态,因此应该撤销邢××申报不实的产权登记,将白天鹅大酒店恢复为在建工程。(3) 邢××自2005年起利用申报不实的产权登记,对××市城市规划建设提出超标准补偿的法外要求的行为也一直处于持续状态。所以,答辩人2002年为解建登记的产权,属于持续违法登记情况。答辩人撤销邢××商用房产产权登记,符合法律规定的时效。(4) 上诉人主张《竣工工程质量综合评定表》中的公章是××市建筑工程质量监督站自己加盖的,但××市人民检察院侦察确认,该公司1994年已经被公安机关收缴作废,上诉人提供的《评定表》是公章收缴作废后填写的,因此,上诉人在无法证明《评定表》的真实性的情况下,应该由自己承担提供的凭证不实的法律后果。(5) 答辩人一审提供的证据对本案的事实具有关联性、真实性、合法性,上诉人在一审期间对上述证据无法推翻和反证,因此,原审采信上述证据是正确的。

(二) 一审判决确认答辩人"严格履行了法定程序"是正确的。

1. 答辩人在决定撤销上诉人的产权证时,依照《行政处罚法》第四十二条规定,通知上诉人是否要求听证。上诉人是在明确要求听证的情况下,答辩人才依法组织了听证会。听证会对上诉人的诉求进行审查,并充分听取上诉人的意见,恰恰是对上诉人合法权益的保护。答辩人对上诉人的四个产权证的撤销,是依据《房屋登记办法》

的法律规定做出的。召开听证会审查拟处理的行政事务，不违反法律规定。

2. 上诉人主张答辩人撤销其四个房屋所有权证，没有制作《行政处罚决定》系程序违法，是对法律规定的错误理解。撤销上诉人的四个房屋所有权证的决定，本身就是一种行政处罚手段，至于答辩人的行政处罚法律文书使用什么名称，法律并没有统一规定，上诉人使用的是《关于撤销解建产权登记的决定》法律文书，并不违反法律规定。因此，上诉人的上诉意见不成立。

3. 上诉人主张答辩人具体行政行为适用法律错误，是对法律知识不了解造成的，一审认定答辩人适用法律正确符合事实。答辩人撤销邢××的吉房权通字第S019××3、S019××4、S019××5、S019××6号房屋所有权登记符合法律规定。《房屋登记办法》第八十一条规定："司法机关、行政机关、仲裁委员会发生法律效力的文件证明当事人以隐瞒真实情况、提交虚假材料等非法手段获取房屋登记的，房屋登记机关可以撤销原房屋登记，收回房屋权属证书、登记证明或者公告作废，但房屋权利为他人善意取得的除外。"《房屋登记管理办法》虽然是2008年7月1日起施行的新法，但××市人民检察院2012年已经确认邢××在申报白天鹅大酒店商用房产权登记时，所提供的《竣工工程质量综合评定表》不真实。答辩人依据检察机关的建议对邢××的商用房产登记行政行为进行审查时，原《城市房屋权属登记管理办法》已经废止，所以，行政决定应该执行《房屋登记办法》的规定，答辩人依据该法第八十一条规定撤销邢××的四个商用房屋所有权证符合法律规定。因为原《城市房屋权属登记管理办法》第二十五条（一）对申报不实的产权登记行为，规定为登记机关有权注销房屋权属证书。新法旧法虽然用词不同，但行政处理结果一致。所以，答辩人对邢××四个商用房屋权属证书予以撤销符合法律规定。

4. 上诉人认为自己的房产违法登记没有处于持续状态，违背客观事实，上诉人的违法行为确实处于持续状态。答辩人在答辩状第一条第3项中阐述了上诉人违法行为处于持续状态的五种客观事实，在此不重复答辩。

二、答辩人适用法律正确。

因为上诉人第二条上诉意见与第一条上诉意见第3项完全一致，答辩人在前文中阐述了适用法律的答辩意见，在此不再重复说明。

三、答辩人撤销邢××的四个房屋所有权证是依照法定职权实施的行政处罚行为。

答辩人是房地产登记的行政管理机关，根据××市人民检察院依法确认的客观事实，并依据法律规定对邢××的四个商用房屋所有权证予以撤销，并不违法。答辩人在实施行政行为时，程序公开并充分保障了邢××的陈述权和抗辩权，并经过了行政复议，因此邢××上诉理由不成立。

四、答辩人撤销邢××的四个商用房屋所有权登记证据充分。

经××市人民检察院确认：邢××登记的吉房权通字第S019××3、S019××4、S019××5、S019××6号房屋所有权，所申报的《竣工工程质量综合评定表》不真实，即答辩人撤销邢××的四个商用房屋所有权证事实清楚，证据充分。

1. 邢××申请产权登记时提供的《竣工工程质量综合评定表》加盖的是××市建筑工程质量监督站印章。而该印章1994年由公安机关收缴作废，同时启用的是××市建设工程质量监督站印章。2002年邢××申报商用房产产权登记时提交的《竣工工程质量综合评定表》中的××市建筑工程质量监督站,单位名称与当时负责工程质量监督的××市建设工程质量监督站名称不一致。由于《竣工工程质量综合评定表》是登记商用房屋所有权证的主要依据,邢××至今不能证明该表是合法取得。由于该《评定表》是房屋产权登记的主要依据,经听证审查可以确认该《评定表》虚假的情况下,邢××应该承担房屋产权登记因申报不实而被注销或撤销产权登记的法律后果。

2.《竣工工程质量综合评定表》上没有工程质量监督员签字和质监单位领导的审批签字,当时负责该工程质量监督的三名质量监督员及该站的其他人员均没有在《竣工工程质量综合评定表》上签字。检察机关在调查时,所有质监人员均否认发放过该《评定表》。邢××在答辩人听证审查时,无法证明该《评定表》是从质监站依法取得。

3.《竣工工程质量综合评定表》中记载的是白天鹅大酒店商用房产,而邢××在质监站备案的是白天鹅别墅住宅房产,二者性质不同,邢××无法证明白天鹅别墅住宅工程如何变更为白天鹅大酒店商用工程。邢××对房产性质变更,无法提供合法获得批准的证据,因此应该承担产权登记被撤销的法律后果。

4.邢××申请白天鹅别墅工程规划时,是以个人身份即自然人身份进行建设工程登记。而《竣工工程质量综合评定表》中的白天鹅大酒店是企业即法人登记。邢××不能证明由自然人申请建设工程改为企业建设工程质量验收的合法证据,因此应该承担行政登记被撤销的不利后果。

5.《××市建设工程质量监督站》以书面方式向检察机关证明:并没有对白天鹅大酒店商用工程项目备案,也没有对白天鹅大酒店商用工程验收,从未向邢××出具过《竣工工程质量综合评定表》,并证明《评定表》中记载的事项不真实。邢××在听证审查期间对该《评定表》的来源不予说明,也不举证,所以邢××利用虚假文件申报房屋所有权登记的客观事实的证据充分,并可以确认。

综上所述,答辩人依照检察机关刑事侦查获取的证据和认定的事实,依照法律规定撤销邢××的四个商用房屋所有权登记,认定事实清楚,适用法律正确,请法庭依法驳回邢××的上诉请求。

此致
××市中级人民法院

答辩人:××市住房保障局
法定代表人:×××
2014年2月24日
(大律师网 2016年5月14日)

第三节　上诉状

学习要点
1. 上诉状的含义
2. 上诉状的类型
3. 上诉状的写作格式、内容与结构

能力要求
1. 掌握上诉状的写作格式、内容与结构
2. 学会写作各种上诉状

一、上诉状的含义

上诉状,是诉讼案件的当事人或其法定代理人,不服一审法院的裁判,在法定期限内向原审法院的上一级法院提起上诉,要求重新审理该案时所使用的文书。

提起上诉是法律赋予诉讼案件当事人的一项诉讼权利。在我国,诉讼实行两审终审原则,即除最高人民法院直接受理的和一些特殊的案件外,当事人对地方各级人民法院审理的第一审案件所做出的判决和裁定不服,可以依法向其上一级人民法院提起上诉,要求上一级人民法院对案件进行重新审理;经第二审人民法院对案件进行审理,所做出的判决和裁定是终审判决和裁定,当事人不服不得再提起上诉,人民法院也不得按照上诉审理程序审理。我国的刑事、民事和行政三大诉讼法有关条款对当事人的上诉权都做了明确规定。

上诉制度对于维护当事人的合法权益和加强审判监督具有重要意义:一方面,经二审法院审理后,如果认为上诉符合事实,理由充分,就会撤销原裁判,以维护当事人的合法权益;另一方面,如果认定原审裁判正确,就会维持原裁判,以保证法律的正确实施。

同时,根据法律的规定,提起上诉应当提交上诉状,并在上诉状中写明规定的事项与内容。当事人只有提交了上诉状,才会引起第二审程序的发生。

二、上诉状的特点

上诉状具有以下特点:

1. 制作主体的特定性

根据法律规定,在诉讼中,只有不服一审法院裁判的当事人或其法定代理人才能提起上诉、制作上诉状,这里的当事人包括原告(人)、被告(人)、自诉人、第三人等。

2. 制作适用范围的限定性

根据我国法律规定,可以提起上诉的裁定包括:一审法院做出的不予受理、驳回管辖权异议和驳回起诉的裁定;可以提起上诉的判决包括:一审法院适用普通程序、简易程序等所做的判决。对其他裁判不服,当事人不能制作上诉状、提起上诉。

3. 制作和提交期限的法定性

我国法律规定:不服刑事判决的上诉期限为10日,不服民事或行政判决的上诉期限为15

日;不服刑事裁定的上诉期限为5日,不服民事或行政裁定的上诉期限为10日。当事人或其法定代理人必须在法定期限内提起上诉并提交上诉状,无正当理由而延迟提交上诉状的,不能产生上诉的法律效果。

4. 写作内容和目的的针对性

当事人提起上诉的原因是其不服一审裁判,认为该裁判认定事实不清、证据不足、适用法律错误或违反法定程序。因此在写作上诉状时,就应针对一审裁判认定的事实、采用的证据、适用的法律进行分析,论证其为什么是错误的,从而使二审法院予以改判或发回重审。

三、上诉状的分类

根据案件类型的不同,可将上诉状分为:刑事上诉状、民事上诉状、行政上诉状。

(1)刑事上诉状,是指刑事诉讼的当事人或其法定代理人,不服一审法院的未生效刑事裁判,依照法定程序,在法定期限内向上一级人民法院提起上诉,请求重新审理该案时所使用的文书。

(2)民事上诉状,是民事诉讼的当事人不服一审法院的未生效民事裁判,依照法定程序,在法定期限内向上一级人民法院提起上诉,请求重新审理该案时所使用的文书。

(3)行政上诉状,是行政诉讼的当事人不服一审法院未生效的行政裁判,依照法定程序,在法定期限内向上一级人民法院提起上诉,请求重新审理该案时所使用的文书。

四、上诉状的写作

上诉状的结构分为首部、正文和尾部三大部分。

(一)首部

首部应依次写明以下内容:

1. 标题

标题在文书顶端居中,分别为"刑事上诉状""民事上诉状""行政上诉状"。

2. 当事人基本情况

在书写当事人基本情况时应注意以下问题:第一,当事人的称谓分别为上诉人和被上诉人,并用括号注明其在原审中的诉讼地位;其中,提起上诉的一方当事人称为上诉人,对方当事人成为被上诉人。第二,上诉人的范围,包括原审刑事案件中的被告人、自诉人、原告人,原审民事或行政案件中的原告、被告、第三人。第三,针对刑事公诉案件制作的上诉状中,没有被上诉人(不能将公诉机关列为被上诉人),只写上诉人的基本情况。第四,在共同诉讼案件中,没有提起上诉且他人上诉的内容与其无关的共同诉讼人,按原审诉讼地位列明。第五,当事人是无行为能力人或限制行为能力人时,应写明其法定代理人基本情况,并注明其与当事人的关系。第六,当事人为自然人的,依次写明其姓名、性别、出生年月日、民族、出生地、文化程度、职业或工作单位和职务、住址;当事人是法人或其他组织的,应先写明法人或其他组织名称和所在地址,然后另起一行写明其法定代表人或主要负责人的姓名、职务;另外,在刑事上诉状中还应写明原审被告人被采取强制措施的情况及其现在的处所。

(二)正文

正文部分依次写明以下内容:

1. 案件由来

这是一段过渡性的内容,须扼要地说明当事人提起上诉的缘由,一般可表述为:"上诉人因×××一案,不服××人民法院×年×月×日(××××)×初字第×号判决(裁定),现提起上诉。"

2. 上诉请求

上诉请求是上诉人向二审法院提出的处理该案的具体要求。由于提起上诉的原因是当事人不服一审裁判，因此书写的上诉请求就应针对一审的裁判向二审法院提出处理的具体要求，如"请求二审法院撤销原判决，改判上诉人无罪""请求二审法院撤销原判决，改判被上诉人赔偿上诉人经济损失×××元"等。

3. 上诉理由

上诉理由是上诉状的核心内容，其写作情况的好坏是影响二审法院审理的重要基础，是能否达到上诉目的的关键。一般而言，上诉理由包括以下几个方面：

（1）原审裁判认定事实的证据不足。在论述时，要运用证据法学、逻辑学等的基本原理、规则，证明原审裁判认定事实的证据不确实、不充分，并指出原审裁判由此得出的结论是错误的。

（2）原审裁判认定事实不清。在论述时，首先要指出原审裁判所认定的事实错在何处，然后用确实、充分的证据说明客观事实的真相，由此证明原审裁判是缺乏事实根据的、是错误的。

（3）原审裁判适用法律错误。一定的案件事实是一定的法律关系的反映，如果案件事实认定不清，就会导致案件法律适用错误，并做出错误的裁判；即便事实认定没有错误，也有可能发生法律适用错误的问题。在论述该种上诉理由时，要根据案件事实和证据，并依据法律的规定，论证该案应如何具体适用法律，包括该案的性质、各当事人有无法律责任、责任大小、责任承担方式等，并指出原审裁判法律适用为什么是错误的。

（4）原审裁判违反法定程序。如果原审法院审理该案时违反法定程序，也可能影响案件的正确裁判，因此上诉人也可以此为由，要求二审法院撤销原判、发回重审。

在将上述理由阐述完后，可用概括的方法进一步明确上诉主张，形成前后照应关系。在书写时，可表述为"综上所述，上诉人认为原审裁判认定事实不清、证据不足、适用法律错误，为此特向你院提起上诉，请求撤销原裁判，给予依法改判"等。

（三）尾部

尾部依次写明以下内容：致送人民法院名称、上诉人签名或盖章、写作的具体时间和附项。附项中，应注明上诉状副本的份数、证据的有关情况等。

 例文

民事上诉状

上诉人（原审被告）：××县邮政局，地址：××省××县××路××号。

法定代表人：梁××，该局局长。

被上诉人（原审原告）：刘××，男，46岁，汉族，教师，住××县××。

上诉人因与被上诉人刘××财产损害纠纷一案，不服××县人民法院〔2009〕×民一初字第89号民事判决，现提出上诉。

上诉请求：

1. 依法撤销××县人民法院〔2009〕×民一初字第89号民事判决，改判上诉人不承担赔偿责任；

2. 判令由被上诉人承担本案的一切诉讼费用。

事实和理由：

一、原审法院对本案定性不准确，判决结果错误。

原审法院认为本案是财产损害纠纷，这是错误的。事实上，任何一项法律制度都有其构成要件,民事损害赔偿案件也一样。《中华人民共和国民法通则》第一百〇六条第二款规定:"公民、法人由于过错侵害国家的、集体的财产,侵害他人财产、人身的,应当承担民事责任。"根据这一规定,承担损害赔偿责任需要具备以下要件:一是行为人主观上要有过错,即公民、法人实施侵权行为时主观要有故意或过失,二是当事人实施了违法行为,三是客观上存在损害事实,四是违法行为与损害事实之间的存在因果关系。这四个构成要件是有机统一的,缺一不可,否则行为人便不承担损害赔偿责任。原审法院在该判决中一方面认定了上诉人主观上无过错,可又判定上诉人对被上诉人的财产损害承担赔偿责任,这是错误的。实际上,本案是一件典型的储蓄合同纠纷而不是财产损害纠纷案件,在审理时,应当严格按照合同约定的权利义务来划分双方的责任。

二、妥善保管存单及其密码是被上诉人的义务,而不是上诉人的责任。

2008年10月16日,被上诉人在上诉人处开户存款,并设置了取款密码,该密码是被上诉人所设置的唯一能够支取开户存款的合法依据,只有被上诉人一人知道,别人是无法得知的,因此,被上诉人应当妥善保管。如果因管理人管理不善导致该存款被窃取的,应当由存款单的管理人承担责任,这是众所周知的事实,是无须举证来证实的。然而原审法院却要上诉人来举证证明被上诉人泄露密码的事实,这是违反《民事诉讼法》的举证规则的。因该密码既然是被上诉人一人知晓并保管,那么别人是无法用该密码去取款的,现在该存款已被取走,那就只有两种可能:一是被上诉人自己支取了,二是因被上诉人泄露了密码而被别人窃取了。即便是被人窃取了,过错责任也在被上诉人,而且《储蓄管理条例》和存款协议明确规定"受理挂失前该储蓄存款已被他人支取的,储蓄机构不负赔偿责任"。可是原审法院却判令上诉人承担赔偿责任,这是没有任何事实根据和法律依据的。

三、本案应当适用"先刑事后民事"的审理原则。

按照被上诉人所诉,该存款是被别人窃取了,那本案就应当是一个刑事案件;而且在原审审理时,被上诉人称其已向公安部门报案,公安部门正在侦查中。根据最高人民法院《关于在审理经济纠纷案件中涉及经济犯罪嫌疑若干问题的规定》及其发布的(1998)7号司法解释第11条的规定:人民法院作为经济纠纷案件受理的案件,经审理认为不属于经济纠纷案件而有经济犯罪嫌疑的,应当裁定驳回起诉,将有关材料移送公安机关或检察机关。因此,在一个案件中,出现可能同时违反刑事法律规范和民事法律规范的情况时,应当优先审理刑事案件。然而原审法院却违反上述规定,先行处理民事案件,这也是错误的。

综上所述,原审法院认定事实不清、适用法律不当,导致判决错误。因此,为维护自身合法权益,特提起上诉,请依法撤销原审判决,改判上诉人不承担赔偿责任。

此致

××市中级人民法院

上诉人:××县邮政局(单位公章)
2009年7月6日

第四节　申诉状

学习要点
1. 申诉状的含义
2. 申诉状的类型
3. 申诉状的写作格式、内容与结构

能力要求
1. 掌握申诉状的写作格式、内容与结构
2. 学会写作各种申诉状

一、申诉状的含义

申诉状是指当事人或其法定代理人对人民法院已经发生法律效力的判决、裁定，认为有错误而向人民法院或人民检察院提出申请，要求重新审理案件时所使用的法律文书。

申诉是法律赋予诉讼当事人的一项重要权利，它体现了我国社会主义司法工作依靠群众、发扬民主、实事求是、有法必依、有错必纠的原则。《中华人民共和国刑事诉讼法》第二百五十二条规定："当事人及其法定代理人、近亲属对已经发生法律效力的判决、裁定，可以向人民法院或者人民检察院提出申诉，但是不能停止判决、裁定的执行。"《中华人民共和国行政诉讼法》第九十条也规定："当事人对已经发生法律效力的判决、裁定，认为确有错误的，可以向上一级人民法院申请再审，但判决、裁定不停止执行。"《中华人民共和国民事诉讼法》第一百九十九条也有相关规定。这些法律规定是当事人或其法定代理人提起申诉、制作申诉状的法律依据。

当事人或其法定代理人制作申诉状、提起申诉，促使审判机关重新审理案件，可以减少冤假错案，这不仅维护了当事人的合法权益，而且还能促使司法机关坚持真理、修正错误、维护法律的尊严。

二、申诉状的特点

同其他法律文书相比，申诉状具有以下特点：

1. 制作主体具有法定性

只有当事人、法定代理人或其近亲属才能依法制作申诉状。

2. 文书针对的对象是已生效的裁判

当事人或其法定代理人只有对人民法院已经发生法律效力的判决、裁定，认为有错误的，才能制作申诉状提出申诉；如果是对未生效的裁判，认为其有错误的，不能提出申诉，只能提起上诉。

3. 文书的受理机关具有特殊性

可以接受申诉状的机关包括原审人民法院、其上一级人民法院，也可以是人民检察院。

4. 写作内容和目的的针对性

当事人提出申诉的原因是其不服该生效裁判，认为其确有错误，包括认定事实不清、证据不足、适用法律错误或违反法定程序等；因此在写作申诉状时，就应针对生效裁判认定的事实、采用的证据、适用的法律进行分析,论证其为什么是错误的,从而使法院再审时予以改判。

三、申诉状的分类

根据案件类型的不同,可将申诉状分为:刑事申诉状、民事申诉状、行政申诉状。

刑事申诉状,是指刑事诉讼的当事人或其法定代理人、近亲属,对人民法院已经发生法律效力的刑事判决、裁定,认为有错误而向人民法院或人民检察院提出申请,要求人民法院重新审理案件时所使用的法律文书。

民事申诉状,是指民事诉讼的当事人或其法定代理人,对人民法院已经发生法律效力的民事判决、裁定或调解,认为有错误而向原审人民法院或其上一级人民法院提出申请,要求重新审理案件时所使用的法律文书。

行政申诉状,是指行政诉讼的当事人或其法定代理人,对人民法院已经发生法律效力的行政判决、裁定,认为有错误而向原审人民法院或其上一级人民法院提出申请,要求重新审理案件时所使用的法律文书。

四、申诉状的写作

申诉状的结构分为首部、正文和尾部三大部分。

(一)首部

首部应依次写明以下内容:

1. 标题

标题在文书顶端居中,分别为"刑事申诉状""民事申诉状""行政申诉状"。

2. 申诉人基本情况

在书写申诉人基本情况时应注意以下问题:第一,要用括号注明申诉人在原审中的诉讼地位或其与当事人的关系。第二,只需写明申诉人的基本情况就可以了,不需写明对方当事人的基本情况。第三,申诉人基本情况的写法与起诉状中当事人基本情况的写法相同。

(二)正文

正文部分依次写明以下内容:

1. 案件由来

这是一段过渡性的内容,须扼要地说明申诉人提出申诉的缘由,一般可表述为:"申诉人因××一案,不服××人民法院×年×月×日〔××××〕×字第×号判决(裁定),现提起申诉。"

2. 申诉请求

申诉请求是申诉人通过申诉所要达到的具体要求。由于申诉人认为原生效裁判有错误,因此其申诉请求就是要求撤销原审裁判、依法改判或重新审理。

3. 事实和理由

这是申诉状的核心部分,也是能否引起审判监督程序的重要依据。写作时,主要针对原判决、裁定的错误之处,从认定事实和证据、适用法律、诉讼程序上存在的问题,提出有关证据材料并结合有关法律规定进行具体的分析论证,以此来证明原审裁判是错误的、申诉人所提出的请求事项是合理合法的。在行文时,注意阐述的层次性。

在对申诉的事实和理由进行具体分析论述后,通常还要以简练的语言进行总结,以便与前文形成照应关系。

（三）尾部

尾部依次写明以下内容：致送人民法院名称、申诉人签名或盖章、写作的具体时间和附项。附项中，应注明申诉状副本的份数、有关新证据的情况、原生效裁判文书等。

例文

刑事申诉状

申诉人：李×林（系被害人李×华之兄），男，41岁，汉族，××市人，住××市××路××号。

申诉人因唐××故意伤害案，不服××省高级人民法院〔2007〕×高刑终字第××号刑事判决，现提出申诉。

申诉请求：依法撤销〔2007〕×高刑终字第××号刑事判决，重新审理此案。

事实和理由：

一、原审判决认定事实错误。

原审判决认定：建筑队的书记去医院看病的路上，被害人李×华进行拦截和挑衅，唐××将其刺死，这与事实不符。事实是：申诉人的母亲多次去找××镇建筑队要求解决工作问题，遭建筑队队长袁××殴打。为此，申诉人的母亲找到××区委和××法院有关工作人员，但他们都未作处理，而是叫申诉人的母亲去找建筑队书记；2006年4月12日申诉人的母亲找到建筑队书记杨××后，又遭到书记的打骂，然后书记要坐车上医院。由于遭到了殴打，申诉人的母亲便拦住车不让其离开，可是他们却强行把她拉开，把车开走了。这时，申诉人和其母亲也步行去了医院。到了中午12点，被害人李×华到建筑队找母亲回家吃饭，这时原审被告人唐××从仓库里拿出一把三棱刮刀，不由分说上来一刀刺中被害人的心脏部位，然后穿过马路逃跑了。在整个争执过程中，被害人李×华根本不在场，何来的"拦截"和"挑衅"呢？被害人又怎么会跟他们"挑衅"呢？原审判决认定事实明显错误。

二、原审判决定性错误、量刑过轻。

原审判决认定：唐××犯故意伤害罪（致人死亡），减轻判处其有期徒刑7年；申诉人认为原审被告人唐××的行为已构成故意杀人罪，且系报复杀人，应依法对其从重判处。在案发过程中，被害人李×华并未对唐××或其他人造成任何人身威胁，唐××完全没有必要用三棱刮刀来主持"正义"，如果他真是出于"正义"不是出于故意杀人的动机和目的，在被害人李×华赤手空拳的情况下，完全可以采取劝阻和以理服人的方法。本案的实际情况是：因被告人与被害人存在私人恩怨，为此他想借机报复被害人，在他明知使用凶器刺向他人致命部位会致人死亡的情况下，仍持三棱刮刀刺向被害人的心脏部位致被害人死亡，其行为完全符合故意杀人罪的构成要件，应定故意杀人罪；且系报复杀人，应依法对其从重判处。

综上所述，××省高级法院终审判决以故意伤害罪判处唐××有期徒刑7年，实属认定事实不清、定性错误、量刑偏轻。申诉人认为，原审被告人唐××的行为构成故意杀人罪，应按我国《刑法》第二百三十二条的规定判处。为维护法律的尊严，保护公民的合法权益,申诉人特向贵院提出申诉,请求撤销〔2007〕×高刑终字第××号刑事判决,重新审理此案。

此致
中华人民共和国最高人民法院

申诉人:李×林
2007年9月18日

附:1.申诉状副本×份;
　　2.〔2007〕×高刑终字第××号刑事判决书复印件1份。

练习题

一、名词解释

刑事自诉状　　　刑事附带民事起诉状　　　民事起诉状　　　民事答辩状
行政答辩状　　　刑事上诉状　　　　　　　民事上诉状　　　刑事申诉状

二、单项选择题

1. 行政诉讼中的被告是(　　)。
   A. 公民　　　　B. 法人　　　　C. 其他组织　　　　D. 行政主体
2. 因为提起告诉才处理的案件,被害人有证据证明的轻微刑事案件,以及被害人有证据证明对被告人侵犯自己人身、财产权利的行为应当追究刑事责任,而公安机关或者人民检察院不予追究的案件而制作的文书是(　　)。
   A. 刑事自诉状　　　　　　　B. 起诉书
   C. 刑事申请状　　　　　　　D. 民事起诉状
3. 刑事附带民事自诉状的诉讼请求主要应写明(　　)。
   A. 追究被告人刑事责任
   B. 请求人民法院判令被告人承担民事责任
   C. 前二者兼而有之
   D. 前二者有一即可
4. 刑事上诉状是一种辩驳内容的文书,其辩驳对象是(　　)。
   A. 起诉书　　　　　　　　　B. 一审裁判文书
   C. 公诉意见书　　　　　　　D. 辩护词
5. 诉讼案件的当事人或其法定代理人,不服一审法院的裁判,在法定的期限内向原审法院的上一级法院提起上诉,要求重新审理该案时所使用的文书是(　　)。
   A. 起诉状　　　B. 上诉状　　　C. 申诉状　　　D. 答辩状
6. 不服地方人民法院第一审民事判决的,有权提起上诉的主体是(　　)。
   A. 原告　　　B. 被告　　　C. 原告和被告　　　D. 诉讼代理人
7. 诉讼当事人向上一级人民法院提出民事上诉状的时间是(　　)。

A. 一审审理已经开始,一审裁判尚未做出
B. 一审裁判已经做出,尚未生效
C. 一审裁判已经生效
D. 一审法院已经受理

8. 完整表述民事答辩状制作主体的一项是(　　)。
   A. 第一审被告
   B. 第二审被上诉人
   C. 第一审被告或第二审被上诉人
   D. 第一审被告和第二审被上诉人

9. 民事案件当事人对已经发生法律效力的判决、裁定申请再审的时间必须是在判决、裁定发生法律效力(　　)。
   A. 一年之内　　　B. 两年之内　　　C. 三年之内　　　D. 半年之内

10. 将行政复议机关列为被告的行政起诉状,其理由部分进行剖析的重点应该是(　　)。
    A. 原告的所作所为　　　　　　B. 原行政机关的具体行政行为
    C. 复议机关的变更决定　　　　D. 群众的议论

三、多项选择题

1. 民事起诉状的正文应写明以下内容(　　)。
   A. 诉讼请求　　　　　　　　B. 当事人基本情况
   C. 事实与理由　　　　　　　D. 证据及其来源

2. 诉状类法律文书包括(　　)。
   A. 起诉状　　　B. 答辩状　　　C. 上诉状　　　D. 判决书

3. 民事诉讼中的当事人包括(　　)。
   A. 被告人　　　B. 被告　　　C. 原告　　　D. 第三人

4. 刑事自诉案件中的当事人分别称为(　　)。
   A. 自诉人　　　B. 被告人　　　C. 原告人　　　D. 公诉人

5. 民事上诉状首部的内容包括(　　)。
   A. 文书标题　　　　　　　　B. 双方当事人的基本情况
   C. 上诉请求　　　　　　　　D. 文书送达单位名称

6. 答辩状具有以下特征(　　)。
   A. 制作主体的特定性　　　　B. 提交时间的法定性
   C. 写作目的的反驳性　　　　D. 写作内容的针对性

7. 书写民事起诉状时,如当事人是法人的,其基本情况应写明(　　)。
   A. 法人的名称　　　　　　　B. 法人的所在地址
   C. 法定代表人的姓名与职务　D. 法定代表人的出生时间

8. 申诉状正文的内容包括(　　)。
   A. 申诉人的基本情况　　　　B. 案件由来
   C. 申诉请求　　　　　　　　D. 事实与理由

四、简答题

1. 简述刑事自诉状正文部分的组成及写法。
2. 简述起诉状的特点及其分类。
3. 简述上诉状的特点及其分类。
4. 如何写作起诉状中的事实和理由？
5. 如何写作上诉状中的上诉理由？

五、文书写作题

1. 根据下列材料，写作一份刑事上诉状。

　　被告人钟××，女，46岁，汉族，河北省×县×乡×村农民，其女梁××与北京市人刘××结婚。19××年2月9日，梁××因煤气中毒死亡，刘家将被告人接来北京共理丧事。刘家提议将梁的遗体"搁下六七天，看能不能缓过来"，被告人同意。2月13日，刘家请被告人看梁的遗体，被告人说"明天看"。第二天，被告人听说其女的遗体已经被"弄走"，即到刘家"要人"，当晚9时又到刘家哭泣。此时，被告人女婿的同学樊××往屋里挤，说"你别哭了，有什么说什么，人家孩子都睡了"。被告人误以为樊××要打她，即急起追樊××，樊××跑进刘家南屋。被告人女婿的父亲刘××、二嫂支××将门关上，用肩膀顶住门，不让被告人进屋。被告人在屋外推打屋门，不料玻璃震碎，划破支××的右颈静、动脉而致大出血，经丰台区医院抢救无效，于当晚10时死亡。事件发生后，被告人在家人的劝告下，向当地公安机关投案自首。

　　检察院认定被告人钟××的行为触犯了《中华人民共和国刑法》第二百三十三条，已构成过失致人死亡罪，提起公诉。

起诉书部分内容

　　19××年2月9日，被告人钟××的女儿梁××因煤气中毒死亡，在处理尸体问题上，被告人与梁夫刘××发生矛盾。2月14日21时许，钟××在丰台区看丹前街刘××家西屋哭时，刘的同学樊××往屋里挤，钟××误以为樊××要与其打架，即追赶樊××。刘的二嫂支××为防止钟、樊发生冲突，在樊××进入刘家南屋后，支××与刘的父亲刘××把南屋门关闭，并用身体顶住屋门，钟××在屋外推打屋门，震碎玻璃，致使玻璃片将支××右颈动、静脉刺破，经抢救无效死亡。

　　被告人钟××之行为触犯了《中华人民共和国刑法》第二百三十三条之规定，已构成过失致人死亡罪。

判决书部分内容

　　被告人钟××由于一时气愤，在推、踹屋门过程中，造成玻璃震碎刺死人命的严重后果，其行为已构成过失致人死亡罪，应予处罚。根据本案的情节和被告人的认罪态度，依照《中华人民共和国刑法》第二百三十三条、第六十七条的规定，判决如下：被告人钟××犯过失致人死亡罪，判处有期徒刑一年，缓刑一年。

2. 根据下列材料，写作一份起诉状。

　　李×红，女，39岁，汉族，××省××市××学校教师，住××市××路××号。王×，男，41岁，汉族，××省××市开发区培训中心主任，住址同上。李×红与王×于1992年经人介绍恋爱结婚，婚后两人感情尚好，生活上互相关心，互相帮助，工作都非常出色。2005年王×单位新聘来一名女员工胡×,因工作关系王×与胡×接触频繁,一年后两人关系暧昧,后来发展到公开在外同居,单位的人对此议论纷纷。对王×的所作所为,李×红及双方单位领导、同事曾多次劝说,王×不仅不听,反而认为事情闹到如此地步完全是因为李×红的缘故,因此王×很少回家,偶尔回家也是与李×红大吵大闹。

2007年2月19日,李×红向××省××市××区人民法院提起诉讼,要求与丈夫王×离婚。理由是:近年来,王×不抚养孩子,不回家履行丈夫的义务,偶尔回家后还找碴闹事或动手打人。更为严重的是随着工作职务的变化和地位的升迁,王×变本加厉,在外与胡×公开非法同居,对此王×单位的同事赵×、张×梅以及邻居武×勇等人均可证明。因此认为夫妻感情已经破裂,请求法院判决离婚;同时要求婚生女儿王×帆(12岁)由自己抚养;现居住的位于××市××路××号的房屋(面积为110 m²)判归自己所有;被告每月给付抚养女儿的生活费1 000元。

扫描获取

练习参考答案

第七章 日常生活应用文

第一节 概 述

学习要点
　　日常生活应用文的主要特点和其中主要文种的写作要领
能力要求
　　1. 基本了解和熟练掌握几种常见日常生活应用文的写作方法并在实际生活中去运用
　　2. 运用日常生活应用文的写作来提升自身的能力和生活品质

一、日常生活应用文的概念及特点

　　日常生活应用文主要指个人用来处理日常生活事务和礼仪事宜,具有一定规范体式,能起到交流思想、沟通感情、传递信息等作用的应用文体。如契据、书信、启事、对联、日记、读书笔记、讣告等。日常生活应用文与个人的日常生活、人际交往活动关系密切,使用范围很广。

　　随着社会的快速发展,人们观念的日趋更新,人与人之间各种形式的交流在日渐增多。常常要相互联络,交流思想,沟通感情;要读书上网,记录所获所感,不断扩大生活和学识视野;要向别人说明情况,希望得到帮助或解决;遇到特定的时间和场所,比如逢年过节、婚丧嫁娶,可能要用对联来表达情感……这些时候,都要涉及日常生活应用文的写作。

　　日常生活应用文的特点,概括起来可归纳为以下几点:

　　1. 个人性

　　这里所述的日常生活应用文在具体文种方面(如总结、书信、启事、请柬等)和事务管理文书、公关礼仪文书以及经济类文书中论及的一些文种都有着明显的关联,但其之间最大的区别在于日常生活应用文的写作主要用于处理个人的日常生活、礼仪事宜。当然,日常生活应用文的个人性又是相对的,一旦其传播范围不再局限于个人与个人之间,其产生的影响就不再是个人性所能约束的了。比如鲁迅日记、吴宓日记的出版,郁达夫与王映霞之间情书的公开等。

　　2. 实用性

　　与其他种类的应用文一样,日常生活应用文也是一种实用文体,其目的不在于给人以美的熏染、人生的启迪或知识的传播,而以解决日常生活和学习中遇到的多种现实问题为要旨。这就决定了它在写作和运用的过程中必须突出实用价值,或交流思想(如书信),或宣泄情志(如日记),或作为凭证(如契据),或寻求帮助(如启事),均以实用为目的。

　　3. 兼有规范性和灵活性

　　与其他门类的应用文一样,日常生活应用文同样具有约定俗成的规范体式甚至规范用语。

这是由它的实用性特点决定的。另一方面,不少文体既具有写作上的灵活性,又具有应用上的灵活度,如日记、读书笔记、情书等。

4. 简明性

日常生活应用文在语言文字的表述上,要力求行文简洁、通俗易懂,切不可故弄高深、晦涩难懂。

二、日常生活应用文的种类

1. 社交礼仪类

它的存在是为了促进人与人之间关系的发展,同时又是人们文明交流的一种体现。人与人之间亲疏有别、长幼有序,礼仪就是在与他人交往中把握好分寸,恰到好处地处理好双方的关系。社交礼仪类应用文是人与人在互相平等、相互尊重的基础上形成的一种日常应用文。主要包括请柬、祝词、题词、邀请信、感谢信、贺信、贺电、赠言等。

2. 启事类

主要包括征婚启事、婚姻启事、开业启事、寻人启事、寻物启事、招聘启事、招生启事等。

3. 便条契据类

这类应用文是由当事人双方在事务交流中出具给对方的作为凭证或说明某些问题的一种常见应用文。

主要包括借据、欠条、收条、领条、请假条、便条、托事条、催托条、馈赠条、留言条等。随着互联网的发展以及各种正规票据的推广和使用,这类应用文形式正在逐渐减少。

4. 家书情书类

家书主要包括写给长辈的信、写给晚辈的信、写给兄弟姐妹的信、写给好友的信;情书主要包括求爱信和婚恋情书。

5. 对联类

对联按适用范围可分为春联、寿诞联、嫁娶联、挽联、宅第联、行业联、名胜联等。

对联也可以按文字结构、修辞技巧、逻辑关系等来分类。

6. 日记

按表达方式,主要包括记写式日记、备忘式日记和杂感式日记三种。

7. 读书笔记

包括标记批阅式、内容摘抄式、内容梗概式、提纲概述式和心得随笔式。

显然,日常生活应用文的种类肯定不止如上所述,在此,我们主要根据大学生日常生活应用的需求,重点讲述启事、书信、日记、对联、读书笔记五种文体的写作。

第二节 启　　事

学习要点
  1. 启事的特点和应用范围
  2. 常用启事的写作要领

能力要求
  1. 掌握启事写作适用的范围
  2. 能从日常生活实际出发写好启事

一、启事概述

(一)启事的概念及性质特点

启事在本书第三章第八节中已有所介绍,本节所述启事在适用范围上更侧重个人与日常生活(与公共生活有所区别)的关系方面。它是个人对有关具体事情做出公开说明,以求得大家帮助或协助解决时所使用的一种公告性应用文体。启事在人们的日常生活、学习和工作中起着说明情况、传递信息、希望合作、寻求帮助的作用,是一种常见且应用频率较高的应用文种。一般性启事可张贴在引人注意的地方,也可以通过手机短信转发;内容比较特殊的启事,可以登报、网上发布、社交圈发布。

(二)启事的特点

1. 目的明确

启事具有非常明确的目的性,其内容务必让人一目了然,看清重点,才能有助于解决实际问题,否则,不明主旨,就失去了启事的意义。

2. 体式规范

启事有着比较规范的体式,一般由标题、正文、署名和日期这几个缺一不可的部分构成。

3. 语言简明

启事的传播需要占用一定的公共资源,其对语言的简明性要求较高。启事应言简意赅,否则文多意乱,影响公告效果。

(三)启事的种类

根据所要启告的事项不同,启事可以分为遗失启事、招领启事、寻找启事(寻物启事和寻人启事)、开业启事、迁址启事、更名启事、鸣谢启事、招聘启事、招生启事、征婚启事等。

(四)启事的写作

启事一般由标题、正文和落款(署名、日期)三部分组成。

1. 标题

标题要简洁明了。启事的标题通常应反映启事的主要内容和性质,写清是什么启事,如"开业启事""寻人启事"。有的启事则省略掉"启事"两字,如"招领"。启事的标题一般用比正文更大的字号书写在启事的正文之上居中处。

2. 正文

正文应简明得体。由于不同性质内容的启事对正文的写作有着自身特殊的要求,因而在写作时,应力求正文合乎规范,选材要精要而准确可靠。同时,在遣词造句时应言简意赅,层次明晰,以说明情况为要旨,不可拖泥带水,词不达意。

3. 落款

落款要具体明确。启事的具名和日期是不可缺少的组成部分,不可以省略。要写明启事人的真实姓名,给人以可靠感、真诚感,同时也便于别人在必要的时候能够目标明确地进行帮助或协助。启事的日期标明的是张贴或刊登启事的年、月、日,一方面使人看出启事张贴时间的远近,提醒他人有无必要对启事的事项进行留意;另一方面也使他人对该启事是否还有继续保留的价值做出判断和选择。

(五)启事写作注意事项

(1)要写好启事,首先必须明确目的。比如"寻找启事",一定要写清楚东西遗失的时间、地点、物名(或人名)、数量、形状(或特征)以及失主的地址和联系方式,这样才便于拾到(见到)的人送还或通知失主。寻人启事有的还将人物的照片贴在启事上。这里且用一下沈从文记载下来的"寻人启事":

立招字人钟汉福,家住白洋河文昌阁大松树下右边,今因走失贤媳一枚,年十三岁,名曰金翠,短脸大口,一齿凸出,去向不明。若有人寻找弄回者,赏光洋二元,大树为证,决不吃言。谨白。①

沈从文这样对妻子评价这则寻人启事,"我一个字不改写下来给你瞧瞧,这人若多读些书,一定是个大作家。"从应用文写作的角度来看,上述寻人启事的目的非常确定,对走失对象的大体时间、姓名和身体特征都有生动的描述,尤其"走失贤媳一枚"给人留下了深刻印象。

(2)其次,不同类别的启事行文侧重有所不同。"招领启事"则只能写物名和拾到的时间、地点,而不能写物件的特点和数量,以防被冒领。"遗失启事"的作用是声明证件遗失作废时使用的,它要求写明证件的名称、号码和遗失者的姓名,如果是有票面价值的,还应该把它的数额写出来。"征婚启事"主要先交代征婚者的性别、年龄、身高、长相、文化程度、性格、爱好、婚姻状况、健康情况、经济条件等,然后写明对对方的要求(包括年龄、身高、文化、相貌、性格等),最后一定要写清自己的联系方式。

二、例文简析

(一)寻人启事

 例文一

寻人启事

李××,女,20岁,身高1.68米,鹅蛋脸,白肤,大眼睛,气质文静,身穿蓝色连衣裙,黑色皮凉鞋。于4月9日离家,至今未归。

---

① 沈从文.沈从文散文精编[M].桂林:漓江出版社,2006:174.

本人若见到此启事,请尽快同家人联系。有知其下落者,请与××市××大学××系李××联系,电话:××××××××××。或请与××市××路派出所联系,联系人:范××,电话:××××××××××。定重谢。

××××年×月×日

简析 这则寻人启事语言精练,篇幅短小精悍,格式规范。首先详细交代了走失者的身份特征,如姓名、性别、年龄、外貌、衣着装束等,便于知情者据此进行判断,以便联系其家人。其次是交代走失者于何时何地走失。最后交代了寻人者的联系方式和通信地址。

(二)寻物启事

寻物启事

5月11日上午9时左右,我学院财务室出纳在××路××储蓄所不慎遗失白色手包一个,内有银行支票三张、汽车驾驶证一本及有关数据报表等。有拾到者烦请与××学院办公室张××联系,有重谢。

联系电话:×××××××
手机:×××××××××××

××××年×月××日

寻物启事

本人不慎于10月12日下午5时左右上完舞蹈课后,不慎将一文件袋丢失,内装本人名片、手表及物品若干。经多方寻找,仍未找到,有拾到者请与本人联系,必有重谢。

失主:李××
联系电话:×××××××
联系地址:××级×班或宿舍一号楼××室

××××年××月××日

简析 这两则寻物启事都写明物品遗失的原因、时间与地点,遗失物品的名称、数量,提供了寻物者的单位、姓名、住址、电话号码等相关信息,以便拾物者顺利送还物品。最后以"重谢"表达了寻物者请求人们帮助的诚意。

(三)招领启事

招领启事

本社于××月××日上午拾得皮包一个,内有手表一只,人民币几百元,望失主前来认领。

×××旅社
××××年××月××日

 **例文五**

招领启事

6月29日傍晚,我校清洁工人李××同志,在阶梯301教室拾到皮包一个,内有课本、笔记、人民币、饭卡等,请失主持学生证前来我科认领。

××大学卫生科
××××年×月××日

简析 这两则招领启事都只写明了物件的名称和拾到的时间、地点,未写明物件的具体特征、数量等,为的是防止别人冒领。语言简练,篇幅精悍,格式规范,符合招领启事的写作要求。

(四)开业启事

 **例文六**

××书屋开业启事

本书屋装修已毕,定于本月20日上午8时正式开业接待读者。

本书屋规模虽小,但存书丰富,举凡中外文学名著,最新科技图书,理工、文史工具书,大中小学生学习资料等齐全。为庆贺开业,15天内所有书籍均按定价的8折优惠读者。

欢迎光顾,欢迎指导!

××书屋
××××年××月××日

简析 本则启事采用了"营业单位+启事"的标题方式,正文简要介绍了经营内容和优惠信息,以起到加深顾客印象或者吸引顾客的作用,同时在启事中增加了一些喜庆色彩。

(五)招租启事

 **例文七**

招租启事

本房位于文化路20号1号楼2单元,一室一厅,有独立厨房、卫生间,房内配有空调、电视、洗衣机,有简单家具,可以上网,房租1 600元/月。

QQ:××××××××

联系电话:×××××××××

××××年××月××日

简析 这是一则招租启事,写明招租地点的地址、房型、家具情况等,强调房间内可以上网,以增加吸引力。

(六)征友启事

寻觅笔友

　　黄××,女,17岁,高二学生,身高1.68米,人不胖,既不漂亮,也不难看。性格开朗,喜欢读书、摄影、游泳,看球赛、听音乐、下围棋、打网球,最爱交笔友。现有的笔友,有的在云南西双版纳,也有的在新疆天山脚下、内蒙古大草原,甚至还有远在凯旋门下的法籍华人少女。衷心希望性格相近、年龄相仿的同性或异性的新笔友给我来信。

　　来信可寄至上海沪川路××号黄××收,邮政编码:××××××,电话:021—××××××。

黄××
××××年××月××日

简析 以笔会友,以笔寻友,这则征友启事有一定的创意。正文部分先对自己的性别、外貌和爱好做了简要交代,接着表达了征笔友的心愿,最后公布了自己的联络方式。整篇启事目的明确,言简意赅。

第三节　书　　信

学习要点
　1.书信的种类和写作注意事项
　2.家书和情书的写作要领

能力要求
　能通过家书或情书的写作和自己的亲人、爱人保持良好的沟通

一、书信概述

(一)书信的作用

作为日常生活应用文的书信,又叫私人书信、普通书信,它是人们在生活、工作、学习中,相互沟通、交流信息、交换思想、联络感情的一种最普遍、最常用的应用文体。

(二)书信的种类

书信从其性质来分,可分为公务书信(又叫专有书信)和私人书信(又叫普通书信)两种。

我们这里论述的只是私人书信。私人书信就其内容和目的来分,可以分为日常书信和特殊书信两种。

日常书信是日常生活中亲朋好友、同事、师生等人之间最为常用的一种书信类别,从体式上来分,可以分为常用书信、明信片书信和电报等。

特殊书信是在生活、工作、学习中遇到特殊情况时使用的一种书信类别,从内容上加以区分,可分为求职信、自荐信、通联信、联谊信、求助信等。

(三)书信的写作

书信的正文一般由称呼、正文、结语、落款四部分组成。

1. 称呼

称呼是书信开头对收信人的称谓,它从信纸的第一行顶格写起,之后用冒号以引起下文。怎样称呼收信人,应视写、收信人之间的关系而定。收信者是有亲缘关系的,收信人是长辈的,按辈分称呼;收信人是平辈中年长的,宜用平时的称呼,如哥哥、嫂子、姐姐、姐夫等;收信人是平辈中年幼的,可直呼其名,也可按排行呼其"小弟""二妹"等;收信人是晚辈的,可直呼其名,亦可称作"吾儿××""孙女××""贤侄×"等。收信者是无亲缘关系的,密切者可直呼其名,关系较好者可在名字后写清关系,如"××同学""××友""××先生""×女士"等;长者以姓为首称为"×老师""×先生""×老先生""×老前辈"等,有的也可以其职位、职务、职称来称呼,如"×院长""×主任""×教授""×经理""×厂长"等。收信人是情侣的,一般多采用昵称、爱称,如称王文娟为"娟",称向小丽为"丽丽",称刘亚茹为"小茹"等,有的则只写"亲爱的"。有时为了加强感情的程度,有必要的话也可沿用一些传统用语,如"阁下""足下""同窗"等,这些都需要根据情况而定。

2. 正文

书信的正文可以分为开头和主体两部分。

开头可以多种多样,并无固定的模式,常见的一般有表示问候和增进感情两种方式,有时两种内容并用。不管采用怎样的方式开头,都要言辞恳切,真诚自然,切不可语气生硬,弄巧成拙。

主体部分是书信的重点内容。内容单一、事情简单的可不分段,如果要说的事情多,或者要谈的问题比较复杂,就要考虑分段来写。写事的书信,要求每段一事,先说重要的,后说次要的,这样不但眉目清楚,便于收信人了解,同时也能够做到全面周详;论理的书信,要围绕一个中心,层层阐述,步步深入,做到条理清楚,论理充分,才能具有说服力;说明的书信,要抓住被说明事物的概貌、特征,有序地进行介绍;抒情的书信,要围绕中心感情,写出情感的起伏变化,层层递进,真挚感人。

3. 结语

结语一般应在正文写完之后另起一行空两格写"此致""祝"等,后再另起,顶格写"敬礼""平安""健康"一类的祝福语。

祝福语多种多样,应根据收信人的职业、学识、近况,以及自己与收信人之间的关系,写信时的时令、节气、节日等来措辞,切不可生搬硬套。

常用的祝福语有:顺祝、安好、健康、生活愉快、阖家幸福、一帆风顺、事业有成、万事如意、早日康复、春节愉快、新年快乐、学习进步、心想事成、生意兴隆、财源广进等。

古雅的祝福语有：大安、春祺、冬安、安泰、时绥、编安(对编辑)、撰安(对从事文字写作者)等。

祝福语后一般不用标点符号。

4.落款

书信的落款包括了署名和写信日期两项内容。署名和日期应写在书信全部内容之后的右下方。署名时，收信人为一般关系的，则直写姓名；关系较为密切的，只写名不写姓；关系是师生，多写为"学生：×××""老师：×××"；收信人是长辈的，一般在名字前冠以表明身份的词，如"您的儿子：×××""晚辈：××"；收信人是晚辈的，有时只表明对方对自己的称呼再加一个"字"字，如"父字""叔父字""舅父字"等；关系为情侣的，可写为"你的×"或"×(姓名中的一个字)"。日期一般要写清年、月、日，有时也只写月和日，位置在署名之下。

(四)注意事项

书信作为一种常用工具，要特别注意以下几点：

(1)主旨鲜明，目的明确。只有中心明确了，书信的目的才能突现出来。

(2)推敲语句，把握分寸。书信用语，无论称呼、正文，还是结语、署名，务要语言得体，总的原则是对人多用敬语，对己多用谦辞，同时还要根据不同的对象措辞。给友人的书信用语应亲切、自然、朴实、活泼；社交书信用语应平实、庄重、礼貌；给长辈的书信用语应恭敬、严谨、谦虚；求办事情的书信用语应客气、恳切、和缓；商讨问题的书信用语应字斟句酌、表意恰当、留有余地；驳斥性的书信用语应旗帜鲜明、义正词严。

本节重点介绍家书和情书的写作。

二、家书

(一)家书的概念

家书，一般指有血缘关系的亲属之间的来往书信。家书的内容非常丰富。从日常生活的琐碎小事，到个人理想、前途，以至国家大事，都可以在家书中表现出来。它是家庭乃至社会生活不可缺少的文字工具。

(二)家书的作用

家书的主要作用在于家庭成员之间交流感情。通过书信，或向家庭成员讲述自己的生活、工作，以免家人牵挂；或表达对家的思念之情，维系家庭关系；或询问家庭成员的生活和工作境况，嘱托或要求等。"鸿雁传书，千里咫尺"，家书起着互通情况、交流信息、增强情感的作用。

(三)家书的特点

(1)内容轻松亲切。一般来说家书是两心相照，以家庭生活中的事情为主，很少谈公事，虽然家事国事难免会互为联系，但它不像公文那样是为处理公务实际而制发的，因而轻松自如，想说什么就写什么。

(2)主要目的是以传递交流感情为主。

(3)形式相对较自由，但也不可漫无边际，信口开河。

(四)家书写作注意事项

(1)写对方最关心、最挂念、最不放心的事。
(2)写自己必须向对方说明白的事。
(3)写对方最感兴趣、最感欣慰的事情。
(4)写最能表达对收信人亲情的事。

在以上的前提下,一般来说以详细为好。衣、食、住、行、身体状况、学习、生活、工作、社交、居住环境、社会环境、社会新闻、自然环境等,可以无所不说。只要是对方关心的、感兴趣的、爱听的,可不怕烦琐,越详细生动越好。

 例文一

傅雷家书

亲爱的孩子:

　　八月二十日报告的喜讯使我们心中说不出的欢喜和兴奋。你在人生的旅途中踏上一个新的阶段,开始负起新的责任来,我们要祝贺你、祝福你、鼓励你。希望你拿出像对待音乐艺术一样的毅力、信心、虔诚,来学习人生艺术中最高深的一课。但愿你将来在这一门艺术中得到像你在音乐艺术中一样的成功!发生什么疑难或苦闷,随时向一两个正直而有经验的中老年人讨教,(你在伦敦已有一年八个月,也该有这样的老成的朋友吧?)深思熟虑,然后决定,切勿单凭一时冲动。只要你能做到这几点,我们也就放心了。

　　对终身伴侣的要求,正如对人生一切的要求一样不能太苛。事情总有正反两面:追得你太迫切了,你觉得负担重;追得不紧了,又觉得不够热烈。温柔的人有时会显得懦弱,刚强了又近乎专制。幻想多了未免不切实际,能干的管家太太又觉得俗气。只有长处没有短处的人在哪儿呢?世界上究竟有没有十全十美的人或事物呢?抚躬自问,自己又完美到什么程度呢?这一类的问题想必你考虑过不止一次。我觉得最主要的还是本质的善良,天性的温厚,开阔的胸襟。有了这三样,其他都可以逐渐培养;而且有了这三样,将来即使遇到大大小小的风波也不致变成悲剧。做艺术家的妻子比做任何人的妻子都难,你要不预先明白这一点,即使你知道"责人太严,责己太宽",也不容易学会明哲、体贴、容忍。只要能代你解决生活琐事,同时对你的事业感兴趣就行,对学问的钻研等等暂时不必期望过奢,还得看你们婚后的生活如何。眼前双方先学习相互的尊重、谅解、宽容。

　　对方把你作为她整个的世界固然很危险,但也很宝贵!你既已发觉,一定会慢慢点醒她;最好旁敲侧击而勿正面提出,还要使她感到那是为了维护她的人格独立,扩大她的世界观。倘若你已经想到奥里维①的故事,不妨就把那部书叫她细读一二遍,特别要她注意那一段插曲。像雅葛丽纳②那样只知道 love,love,love![爱,爱,爱!]的人只是童话中人物,在现实世界中非但得不到 love,连日子都会过不下去,因为她

---

① 奥里维,罗曼·罗兰《约翰.克里斯多夫》中的人物。原编者注。
② 雅葛丽纳,罗曼·罗兰《约翰·克里斯多夫》中的人物。原编者注。

除了 love 一无所知,一无所有,一无所爱。这样狭窄的天地哪像一个天地!这样片面的人生观哪会得到幸福!无论男女,只有把兴趣集中在事业上,学问上,艺术上,尽量抛开渺小的自我(ego),才有快活的可能,才觉得活得有意义。未经世事的少女往往会存一个荒诞的梦想,以为恋爱时期的感情的高潮也能在婚后维持下去。这是违反自然规律的妄想。古语说,"君子之交淡如水";又有一句话说,"夫妇相敬如宾"。可见只有平静、含蓄、温和的感情方能持久;另外一句的意义是说,夫妇到后来完全是一种知己朋友的关系,也即是我们所谓的终身伴侣。未婚之前双方能深切领会到这一点,就为将来打定了最可靠的基础,免除了多少不必要的误会与痛苦。

你是以艺术为生命的人,也是把真理、正义、人格等等看作高于一切的人,也是以工作为乐生的人;我用不着唠叨,想你早已把这些信念表白过,而且竭力灌输给对方的了。我只想提醒你几点:第一,世界上最有力的论证莫如实际行动,最有效的教育莫如以身作则;自己做不到的事千万勿要求别人;自己也要犯的毛病先批评自己,先改自己的。第二,永远不要忘了我教育你的时候犯的许多过严的毛病。我过去的错误要是能使你避免同样的错误,我的罪过也可以减轻几分;你受过的痛苦不再施之于他人,你也不算白白吃苦。总的来说,尽管指点别人,可不要给人"好为人师"的感觉。奥诺丽纳(你还记得巴尔扎克那个中篇吗?)的不幸一大半是咎由自取,一小部分也因为丈夫教育她的态度伤了她的自尊心。凡是童年不快乐的人都特别脆弱(也有训练得格外坚强的,但只是少数),特别敏感,你回想一下自己,就会知道对付你的爱人要如何 delicate[温柔],如何 discreet[谨慎]了。

我相信你对爱情问题看得比以前更郑重更严肃了;就在这考验时期,希望你更加用严肃的态度对待一切,尤其要对婚后的责任先培养一种忠诚、庄严、虔敬的心情!

你既要家中存一份节目单的全部记录,为什么不在家中留一份唱片的完整记录呢?那不是更实在而具体的纪念吗?捷克灌的正式片始终没有,一套样片早就唱旧了。波兰灌的更是连节目都不知道。你一定能想法给我们罗致得来,这是你所能给我们最大快乐之一……

Saga 灌的片子,你自己不满意,批评却甚好。我们一定要的。你不妨切实再追问一下,何月何日寄出的,公司有账可查。还有,每次寄出唱片,包外都要写明 GIFF[礼品]字样,此与付税多少有关。

莫扎特的歌剧太美了。舒伯特的那个四重奏比 Death & the Maiden Quartet[《死神与少女四重奏》]一支难接受,也许是只听一次之故。巴赫的 Cantata[《康塔塔》]只听了女低音的一张,其余还来不及听。

Oistrach[奥伊斯特拉赫]的莫扎特 style[风格]如何?我无法评价,望告知。Cantelli[坎泰利]①指挥的 Unfinished Symphony[《未完成交响曲》]第一句特别轻,觉得很怪,你认为怎样?

问了你四回关于勃隆斯丹太太的情形及地址,你一字不提,下次不能再忘了。妈妈前信问你中国指挥的成绩,也盼见告。

此信中写错了几个字:"酝酿"误作"愠攘"(第二个字竟是创造),"培养"之"培"误

---

① Cantelli·Guido(1920 — 1956),意大利指挥家。原编者注。

作"土吉"(两次都如此)。英文 She was never allowed 误作 allow。

　　转达我对 Zamira 的祝福,我很愿意和她通信。(她通法文否,望告我。因我写法文比英文方便。)也望转致我们对她父亲的敬意和仰慕。

　　愿你诸事顺利,一切保重!

爸爸
一九六○年八月二十九日

　　二十日的信(瑞士邮戳是二十二)昨日收到,我立即丢开工作写回信,怕你搬家收不着。

　　　　(傅雷著,《傅雷全集(19卷)》,辽宁教育出版社,2002年,第214—217页)

简析　　这里选录的一封家书,是傅雷[①]1960年8月29日写给傅聪的。傅聪于1954年赴波兰参加第五届肖邦国际钢琴比赛,并在那里留学,从此傅雷给儿子写了数百封饱含真挚感情的家书。这些家书不是普普通通的家信,正如傅雷告诉傅聪的:"长篇累牍的给你写信,不是空唠叨,不是莫名其妙的 gossip,而是有好几种作用。第一,我的确把你当作一个讨论艺术,讨论音乐的对手;第二,极想激出你一些青年人的感想,让我做父亲的得些新鲜的养料,同时也可以间接传布给别的青年;第三,借通信训练你的——不但是文笔,而尤其是你的思想;第四,我想时时刻刻,随处给你做个警钟,做面'忠实的镜子',不论在做人方面,在生活细节方面,在艺术修养方面,在演奏姿态方面。"因此,贯穿整部《傅雷家书》的情意,是他要傅聪知道国家的荣辱、艺术的尊严,能够用严肃的态度对待一切,做一个"德艺具备、人格卓越的艺术家"。关于《傅雷家书》,傅雷生前好友楼适夷认为:"这是一部最好的艺术学徒修养读物,这也是一部充满着父爱的苦心孤诣、呕心沥血的教子篇。……在这儿所透露的,不仅仅是傅雷对艺术的高深的造诣,而是一颗更崇高的父亲的心,和一位有所成就的艺术家,在走向成才的道路中,所受过的陶冶与教养,在他才智技艺中所积累的成因。[②]"

三、情书

(一)情书的定义

　　情书是恋人之间交流思想,介绍生活情况,倾吐爱慕之情的书信。情书在恋人、夫妻之间起着传情达意的重要作用。

(二)情书的格式

　　情书的写作格式与一般书信的写法基本相同,均包括称呼、问候语、正文、祝颂语、落款及日期。其具体写法与家书相同。

　　情书的内容贵在情真,语言要真挚、诚恳、朴实,寄予无限深情,不能矫揉造作、庸俗低级、无病呻吟。

(三)情书的写作要求

　　(1)要真诚地向对方表达自己的好感和爱慕之情,从内心深处出发,感情真挚,语言朴实,

[①] 傅雷(1908—1966),上海南汇人,翻译家。现有《傅雷全集》(共19卷)传世。
[②] 傅雷.傅雷全集[M]//楼适夷.读家书,想傅雷.天津:天津社会科学出版社,2014.

尊重对方,不卖弄,不轻浮,给对方以愉悦和美感,以唤起对方的激情。

(2)要抓住对方心理,摸准脉搏,做到通情达理。可以根据对方的文化程度、爱好、情趣,提出一个或两个彼此都关心的、简单而有趣的问题来探讨,力求产生共鸣,是大有裨益的。

(3)语言表达流畅,尽量朴实自然。情书是同对方不见面的"会面",应当尽量写得条理清晰,恰到好处,自然得体。

(4)注意称呼及署名的礼节规矩,含蓄而得体。若想做到这一点,就应该根据双方感情的进展程度来决定称呼和署名。

(四)情书的形式

1. 纸条式

只要用一张小纸条,写上两句话,及时表达愿望便可。当爱上对方,而不知道对方是否爱自己时,可以用这种形式来做试探性地表示。如:五一节放假,我想和你到中山公园游玩,你愿意去吗?今晚我们一起去跳舞吧!措辞要有礼貌,要用征求意见的口气,而不要强迫对方。

2. 卡片式

这种形式富于诗情画意,初恋、热恋和婚后都可以用。用一张小小的书签或色彩艳丽的小卡片,写上本人的某个愿望或共勉的话,让恋人、妻子或丈夫作为永久的留念。语言必须简洁,富于感情色彩和哲理性。卡片或书签也要制作得漂亮、美观,让人喜爱。

3. 通信式

书信是人们交流思想感情的一种普遍形式,恋人或夫妻都可以用这种形式来表达自己的感情、愿望或见解。它不受篇幅限制,在信中可以含蓄地向对方求爱,也可以让热烈的爱情在信纸上燃烧。

4. 日记式

日记体情书是近来才发展起来的一种情书形式。有些夫妇虽然是同住在一起,但由于双方的工作流动性大而不能经常见面,地址不定又很难投寄情书,夫妻间的感情难以交流,日记情书便适时地发展起来。日记体情书有两种:一种是每人一本日记本,双方在各自的日记本上记下自己的生活情况和思想感情。日记本放在一个固定的地方,双方可以随时翻看对方的日记;一种是"夫妻日记",即夫妻同记一个日记本,彼此交流内心感受,了解对方的心理动态。

(五)例文简析

 例文二

尊敬的××:
　　冒昧地给您写信,您该不会红颜大怒吧!
　　很久了,很久了,我一直在默默地观察着您!您是个极有特色的好女孩儿,在我的心目中,您格外神圣,格外圣洁。自然,也正是因为您格外庄重、格外严谨,我才不敢放肆失礼——请恕我暂不公开我的姓名,但我肯定会天天关注着您,在得到您的认可之前,就让我,在一个遥远的地方——小心翼翼地、满怀希冀地看着您吧!
　　我坚信,在未来的期末考试中,您将凯歌高奏!

到了那时,请准许我真诚地为您高兴!您那灿烂的天使般的笑容,将使我变得格外欢欣鼓舞!

一个盼望着得到您的青睐的极善良的男同胞
××××年××月××日

例文三

蕾:

你好!见信快乐!

很冒昧地给你写信,并不是没有勇气面对你,而是因为我这个人不善言辞,不会哄女孩子开心,很多话我当着你的面根本说不出来,不得已,我只好写信,借以表达自己。

或许到今天,你仍不知道我是谁,我只是财经系一个名不见经传的小人物,是一个不够帅、不够优秀却不知道天高地厚的男孩儿。但是,我并不认为丑男追靓女是一件多么丢人的事,它至少证明了一个男孩儿的勇气和一个女孩儿的不凡。我想得到自己的幸福,所以我敢去赌,哪怕面对的是决然的失败。

不知道什么时候开始注意你,似乎很久以前,又似乎就在昨天,但第一次牢牢将你锁在我的脑海中是那次院春季运动会。你是你们系的领队。当你的身影飘过我的眼前,你知道我在想什么?我居然在想你有男朋友吗?是谁这么幸福?当听到身旁两个男孩儿对你评头论足,我的心里泛起的竟然是强烈的醋意,甚至想将他们一脚踹开。我不知道自己当时为何那么冲动,我只知道,那时的我心中只有一个想法:我想你成为我的唯一。从那以后,我开始有意无意地在校园中搜寻你的身影。幸运的是,你们教室在我们班的侧对面,我想见你,只需要早上早到半个小时,然后在门口静静等待就行了,你会很快出现在我的视线之内。见你一面,成为我每日的必修课。

我看得出来,你是一个很高傲的女孩儿,优秀得令人耀眼。照常理,既不帅、又没风度、又没钱的我似乎不应该生出这种追你的念头的。的确,我们之间差距很大,但我真的控制不了自己,有谁规定不优秀的男孩儿就不能拥有幸福?假如是天命,我必逆天而行!

我知道要你骤然接受我很难,毕竟我们之间没有任何感情基础,我们根本不了解对方,我只知道你的班级、姓名,其他一无所知,而你,甚至连我这个人的存在都未注意。这样让你接受一个陌生人对你实在不公平,我不强人所难,但我希望你给我机会,让我们从朋友开始,我会让你了解我的一切。

凯
××××年××月××日

简析 上述两篇情书都属于求爱阶段写的,稍有不同的是,例文二的作者还害羞不敢透露自己的姓名,写这篇情书是属于试探性的。而例文三的作者则大胆些,一吐为快。两篇情书都真实地反映了处于青春期的男生对于追求爱慕的异性的冲动,情感真实,语言表达热烈,是两篇不错的情书。

第四节 日　　记

学习要点
1. 日记的特点和应用范围
2. 写日记的目的和意义

能力要求
学会三种主要的日记写法,并运用到实际生活之中

一、日记概述

（一）日记的概念及性质特点

日记是有关个人生活、工作、学习、所见所闻、所感所想等方面的真实记录。在日常生活应用文中,它是一种可以不向别人公开的文体,所以写作上自由灵活,不拘一格。常写日记,不仅能给自己的生活增添一份意义,日后还能赋予以往岁月无穷的回忆。

（二）日记的种类

日记从不同角度,有不同的分类。

按表达的方式来分,可以分为速写式日记、备忘式日记和杂感式日记三种。

按内容的侧重来分,一般有生活日记、工作日记、学习日记、爱情日记等。

按应用的行业来分,常见的有航海日记、航天日记、军旅日记等。

由于后两种分法中的各种日记在写作时也要应用到表达方式,所以我们仅就第一种分法中的三种样式做以简要介绍。

（1）速写式日记是日记中最基本、最简单的形式,它是一种按时间顺序将一天中发生的有意义的事情简要记写下来的写作方式。这种日记样式在具体操作时,有时也可以采用夹叙夹议的方式。

（2）备忘式日记一般是用三言两语记录当天发生的主要事情,以备日后查对的一种日记形式,航海日记、航天日记、军旅日记常采用这种形式记写。

（3）杂感式日记主要是记写个人对生活中一些人物、事件或问题的某种体会、感受、认识、评价或见解的日记形式。

（三）日记的写作

日记的格式较为简单,一般在第一行正中或顶格写出年、月、日、星期及天气情况。正文则无特殊的要求,可长可短,无事则三言两语,内容较多则可以洋洋洒洒,不限篇幅。

日记的写作需注意以下三个方面：

（1）不同日记的形式不同,要求不同。如要写"工作日记",则专门只就工作中所发生的事件、所出现的问题、所做出的成绩、所总结的教训等进行记录;而"学习日记"则只就学习中的情况、问题、感受、心得进行记录。至于航海日记、航天日记、军旅日记、备忘日记等专门性日记,

就更有着自己特殊的要求,不了解它们的要求和要点,就会记非所需,失去意义。

(2)要善于观察,勇于思考,留心身边所发生的事物,注意从中发现有记录价值的内容。日记并不像流水账簿那样事无巨细,全盘照录,它要求记录一天中有价值、有意义的事情或感想。所以要写出好的日记,就要做一个有心人。密切关注生活中的人事,认真思考,这样才会有较为深刻独到的感悟和见解。

(3)认真选择,去粗取精,有所"记",有所不"记"。应该有所选择,将那些重要的、比较有意义的、较为深刻的事情或感受记下来。

(四)日记的写作要求

1. 勤写勤记

日记者,日日记也,它是靠日积月累练出来的。"笔勤能使手快,多练能使手巧。"只要勤观察,勤动笔,记得多了,记得久了,就能从中受益。

2. 提高日记的质量

坚持写日记当然可贵,但内容单调、浅薄的日记无任何意义,应该写一些对自己思想、学习、工作有帮助的事情。

3. 要时时翻阅

我们常说"学以致用",记日记也是如此。日记里常常记有我们思想、学习、工作上存在的问题及解决的办法。如果记后便扔在一边,不去查考,那么所记的问题及解决的办法就毫无意义。经常翻阅工作或学习日记,能不断提高思想认识和工作能力。

(五)例文简析

鲁迅日记一则
1935 年 8 月 30 日   晴

上午往生日书店付译稿,并买《表》15 本,共泉(泉,钱的别称)四元二角。至北新书局访李小锋。至商务印书馆访三弟,同往冠生园午饭。午后得何白涛信。下午青曲来并赠果四盒。回赠以书看四种。

简析　鲁迅先生的这则日记可称为记写式体,精短而紧凑,从中可看出鲁迅先生一天中的主要活动日程,体现出他工作的繁忙、对同志的真诚和友爱。

1996 年 8 月 16 日   星期五   阴转晴

今天意外地收到了一封寄自天山深处××部队的来信,心里很纳闷,打开一看,却原来是好久失去联系了的高中同学×××写的,信中说他已参军五年,现在部队任连级干部,不由生发出来好多感慨。

×××原是我们班上最调皮的学生之一,蓄长发,穿异服,说话油腔滑调,对什么都无所用心,是出了名的"混混兵"。

有一次全班同学联欢。大家在一起说自己对未来的憧憬，什么"科学家""文学家""音乐家""数学家""化学家""物理学家"的，一个个意气风发，壮志满怀。可他呢，却头枕着胳膊呼呼大睡起来，竟至于鼾声如雷。班主任吴老师捅醒他，问他有什么理想，他揉着眼睛，望着哈哈大笑的几十位同学，抓耳挠腮大半天，说："我……我嘛，能做个美食家最好不过了。"

吴老师盯着他看了半天，脸都气青了，末了，恨恨地一跺脚："无可救药！孺子不可教也！"

后来，我们班五十多位同学，上大学的上大学，入商界的入商界，进工厂的进工厂，一个个都走上了不同的工作岗位。逢年过节，大家都会相约了一起去看望班主任吴老师，攀谈之下，有时就会打听起一些同学的情况来，却唯独总没有听到有关×××的消息。每每这时，吴老师总会感慨地说："稀泥抹不成光墙。他算是我教过的最没有出息的学生了。"

万万没有想到，六七年之后的今天，×××却终于有了这样大的变化。可见，人也并不是一成不变的。生活中，那些曾胸怀大志、满腹经纶的人，不是有很多在各式各样的磨难面前失去斗志、放弃追求了吗？像×××这样能在人生之旅中反省过去，抛弃陋习，把持自己，积极进取，从而取得可喜成绩的人，实在才是难能可贵的了。

谨记之，以自勉！

简析 这是一篇杂感式日记，由当天收到的一封同学来信，想到了一些往事，生发出一种人生感想，并进而用以自警。有叙有议，语言流畅，格式得体，是篇不错的日记。

 例文三

雷锋日记一则
1962年5月20日

今天下午我在保养汽车，突然天下大雨。我正在盖车的时候，见到路上有一位妇女。左手抱着一个小孩儿，右手拉着一个五六岁的孩子，左肩上还背着两个行李包，走起路来真是很吃力。我急忙跑上前，问她从哪儿来？到哪儿去？她说："从哈尔滨来，到樟子沟去。"她还告诉我说："兄弟呀！我今天遭老罪了，带两个孩子，还背一些东西，天又下雨，现在天快黑了，还要走十多里路才能到家，现在我都累迷糊了，我哭也哭不到家呀……"我听她这么说，心里很过意不去。我想，毛主席说过，我们的同志无论到什么地方，都要关心群众，帮他们解决困难。想起毛主席的教导，我浑身有了力量，我跑回部队驻地，拿着自己的雨衣给那位妇女，我又抱着她的孩子，冒着风雨送她们回家。在路上，我看那小孩儿冷得发抖，我立即脱下自己的衣裳给他穿上。走了1小时40分钟，终于把她们送到了家，那妇女激动地对我说："兄弟呀，你帮了我，我一辈子也忘不了啊……"

我对她说："军民一家嘛，何必说这个啦……"我离开她家的时候，风雨仍然没停。他们都留我住下，我想，刮风、下雨、天黑，算得了什么？一定要赶回部队，明天照常出车。我一边走一边想着：我是人民的勤务员，自己辛苦点，多帮人民做点好事，这就是

我最大的快乐和幸福……

(本社编,《雷锋日记》,吉林文史出版社,2005)

简析 把生活中有意义的人物、事件和场景较为详细地记录下来,这种日记就是速写体。《雷锋日记》中类似的写法较为常见。其特点有:(1)形象思维贯穿其中。作者表现的是经过精心剪裁的一系列形象画面,如人物的行动、景物的特色等;(2)寓思想于形象之中。

第五节 对 联

学习要点
1. 对联与日常生活的关系
2. 对联的写作方法

能力要求
1. 能学会欣赏对联的文化意义
2. 能在日常生活之中运用对联的写作方法

一、对联概述

(一)对联的概念及性质特点

对联俗称对子,也叫门联、楹联等。与一般的应用文不同,对联是一种以文学手段为表达方式的应用文体。它一般是用来张贴、悬挂或宣传的,其中以张贴的最多。对联具有一种别样的欣赏价值和教育作用,应用范围极其广泛,举凡婚丧嫁娶、祝寿庆典、铭心励志、广告宣传、美景胜境、亭台楼阁等一般都少不了。所以,学会写作对联很有必要。

(二)对联的种类

对联划分的方法有多样。根据内容的性质和适用的范围来分,主要可以分为如下几种:

春联(用于欢庆我国的传统节日春节的对联)、婚嫁联(用于结婚时庆喜的对联)、堂联(用于装饰客厅的对联)、景点联(用于美化和装点风景名胜的对联)、挽联(用于对逝者进行祭奠或悼念的对联)、寿联(用于对某人进行祝寿的对联)、明志联(亦称座右铭联,用于抒发个人情怀、志向或寓以教育意义的对联)、行业联(用于特定行业进行宣传的对联)、题赠联(用于亲友之间、同志之间、上下级之间题写寄赠的对联)、广告联(用于进行广告宣传的对联)等。

按对偶形式分为言对、事对、正对、反对、工对、宽对、流水对、回文对、顶针对等;按修辞手法分为比喻对、夸张对、反诘对、双关对、设问对、谐音对等;按用字技巧分为嵌字对、隐字对、复字对、叠字对、偏旁对、析字对、数字对等;按逻辑关系分为并列对、转折对、选择对、因果对等。

(三)对联的特点

所谓"对联",就是两个句子既要相对,又要相关联。上下两句相对偶,是对联最重要的特点。而对偶主要是从以下四个方面来实现。

1. 字数相等

上下联字数相等是对联的基本特点。

2. 句式相同

句式相同首先要词类相当。上下联对应的词,要做到名词对名词、动词对动词、形容词对形容词等。其次,上下联的结构要相应,要做到主谓结构对主谓结构、动宾结构对动宾结构、并列结构对并列结构、偏正结构对偏正结构等。做到了句式上的相同,对联形式上就有一种匀称和整齐的美。

3. 平仄和谐

对联讲究声律节奏,具有音乐美。平仄是汉字声调的两大类型。古代汉语的四声是平、上、去、入。平声列为"平",上、去、入归纳为"仄"。现代汉语普通话里没有入声,四声是阴平、阳平、上声和去声。其中阴平、阳平为平声,上声、去声为仄声。平仄和谐要求上下联相应处的词平仄相对。对联严格规定上联末字用仄声,下联末字用平声。

对联的起句有仄起和平起两种规则。上联的第二个字为仄声称仄起,若第二个字为平声则称平起。起句规则,如:

五言联仄起式为:仄仄平平仄　平平仄仄平

五言联平起式为:平平仄仄平　仄仄仄平平

六言联仄起式为:仄仄平平仄仄　平平仄仄平平

六言联平起式为:仄平仄平平仄　平平仄仄平平

…………

4. 语意相关

语意相关要求上下联在内容上密切关联,是一个有机整体。任何一种对偶形式的对联,其语意必须是相通的,是一个和谐统一的整体。

二、对联写作的要求

(一)要了解和掌握一定的对联知识。对联是一种要求对仗工整的艺术性应用文。它有一些特殊的写作要求。

(1)上下两联字数相等。大致来说。对联有四字至九字的,也有十个字乃至几十字、几百字的。如果有横联(也叫横批),一般是四个字,意思也应与上下联相关。起"点睛"作用。如北宋丞相吕蒙正年轻时题写的用来讥讽社会现实的对联,上联是"二三四五"、下联是"六七八九",其横批是"南北"。"少东西"与上下联"缺一(衣)少十(食)",揭示了全联的主旨,不可谓不妙。

(2)词性、词义、平仄相对。对联要求实词对实词,虚词对虚词。更严格的,则要求词义上的相对,如天文对天文,人名对人名,颜色对颜色,数字对数字,季节对季节等;甚至词组的结构也要求相对,如主谓对主谓,动宾对动宾等。平仄相对,指的是字词的读音要对仗工整,其法则是:上联是平声的地方,下联就要用仄声与之相对。古汉语中,汉字的读音分为平、上、去、入四声,其中"平"是平声,"仄"是"上、去、入"三声。而现代汉语中,阴平、阳平为"平"声,上声、去声为"仄"声。有时候为表意确切,平仄对仗也并不那么固定不变,不是必须字字相对,但也不能毫无原则,仍有一定的规矩。可总结为一句话就是"一三五不论,二四六分明",即一三五字的平仄可以不刻意追求,但二四六字的平仄却不可马虎,而且韵脚务必讲究平仄对仗。

(3)一定的文学性和艺术性。可运用多种修辞手法,诸如夸张、比喻、重叠、象征、隐喻、借代等,以增强对联的表现力和欣赏价值。

(二)要考虑对联的用途、对象特点、环境、背景等各种特点,以期写出更切合实际、更具神韵、更有欣赏价值的佳作来。如徐兰沅题赠梅兰芳先生的对联:

看我非我,我看我,我也非我

装谁像谁,谁装谁,谁就像谁

全联不仅抓住了题赠对象的职业特点和神韵,恰当确切,还具有一定的哲理意味。

(三)要考虑接受对象的层次,写出人们喜闻乐见的对联来。如一家大众茶馆的对联:

为名忙,为利忙,忙里偷闲,且喝二杯茶去

劳心苦,劳力苦,苦中作乐,再倒一杯酒来

由于这家茶馆是面对大众的,对联的接受对象是一些生活在社会下层的平民百姓,所以全联采用了更贴近寻常百姓的语气撰写,并紧紧抓住人们的心理进行慰藉式的诱导,具有非常暖心的效果。

三、对联的写作方法

对联的写作方法很多,常用的有如下几种:

1. 正义对法

即上下联内容互为关联补充,互相说明,互相印证。如"山势危峨,翩鸟不能越过;崖壁峻峭,飞猿亦苦攀登"。它是对联中应用量最大、最基本的方法。

2. 反义对法

即上下两联内容、意思相反,但又相辅相成。如"未许田文轻策马,愿闻老子再骑牛"。

3. 流水对法

又称串对,即下联的意思是上联意思的延续和补充,上下联意思顺承,连贯而下,如行云流水,自然而下,故称"流水对"。如长沙岳麓山联"直登云麓三千丈,来看长沙百万家"。

4. 嵌字法

即在对联中嵌入人名、物名、景点名或一句主旨。它可以分为嵌首(鹤顶格)、嵌尾和嵌中三种。嵌首,是将对象名称拆开后分别嵌在上下两联之首的方法。如彭玉麟撰湖南岳阳君山二妃墓联:"君妃二魄芳千古,山竹诸斑泪一人。"二妃墓在洞庭湖中的君山上,又称湘妃墓。

再如:

胡复何言,当年假设太大胆

适可而止,来生求证要小心

上为挽胡适联。胡适,我国现代著名学者,五四运动先驱。联首嵌胡适名,并以胡适"大胆地假设,小心地求证"的格言挽其人,贴切得体。语言朴实,感情充沛。

嵌尾,是将人物、景点名称拆开后分别嵌在上下两联之尾的方法。如武汉市一家名叫"首家服装店"的缝纫铺,店内挂的是一副以店名"嵌尾"的对联:

裁剪入妙称魁首

式样翻新数此家

嵌中,是将人物、景点名称或一句主旨拆开后分别嵌在上下两联之中的方法。如沈定庵悼秋瑾联：

　　悲哉，秋之为气
　　惨矣，瑾其可怀

作为悼联，联家抓住秋瑾的事迹为联意，借助典故的集句提升联意。上句是集句于宋玉《九辩》，正好有一个"秋"字，下联在对应的位置上嵌进了"瑾"字。

再如湖南王闿运撰写用以揭露和嘲骂袁世凯的对联：

　　民犹是也，国犹是也，何分南北
　　总而言之，统而言之，不是东西

联中暗含"民国总统，不是东西"之意，令人拍案叫绝。

5. 回文对法

即上下两联各从头至尾和从尾至头都能读通。这是对联中较难写作的一种方法。如"雾锁山头山锁雾，天连水尾水连天"，从头至尾读和从尾至头读内容不变。

四、注意事项

拟写对联时应注意以下几个方面的问题：

（1）要根据对联的种类及其所适用的场合拟写，不能混用。

（2）张贴性、悬挂性对联，其字数的多少、内容的繁简，应视具体情况而定。一般用来张贴在家门上的对联不宜过长，而用在高大建筑物上的对联则宜长。

（3）要能体现出时代精神和风尚，内容健康正确，具有教育和启迪意义。

（4）要对仗工整、讲究平仄、朗朗上口、易于传播，具有一定的欣赏价值。

五、例文评析

　　除夕焰火映千家户户流光溢彩
　　新年爆竹响万户人人吉祥如意

【简析】这是一则13字相对的春联，"除夕"与"新年"相对，点明时间，"焰火"与"爆竹"相对，"流光溢彩"与"吉祥如意"相对，全联对仗工整，极富喜庆色彩。

　　红树青山斜阳古道
　　桃花流水福地洞天

【简析】这是湖南省桃源县胜景"桃花源"处的一则景点联。全联选取了"红树""青山""斜阳""古道""桃花""流水""福地""洞天"八种景物，两两相对，描绘出一幅绚丽多姿的景致，构想巧妙，笔法独特，给该景点增添了极具神韵的风采。

 例文三

白玉犹有瑕,求人十全十美哪里遇
青春岂无限,择偶千挑百挑几时休

简析　这是一则用于婚姻介绍所的行业联。联句采用规劝的口气,实词对实词,虚词对虚词,对仗工整,语重心长,富有很强的教育意义。

第六节　读书笔记

学习要点
1. 读书笔记的特点和应用范围
2. 掌握读书笔记的几种主要方法

能力要求
1. 将掌握的读书笔记方法用于自己的学习活动之中
2. 通过学习先进的读书方法来提升自己的学习能力

一、读书笔记概述

(一)读书笔记的概念及性质特点

读书笔记,又称读书随笔、读书札记等,指人们在阅读书籍或文章时,根据各自的理解和需要,为记录读书心得或整理文中的精彩部分而做的笔记,一般都要载明材料出处。读书笔记在我国出现很早,魏晋南北朝时就有此类的专书,唐宋以后,更有发展。写读书笔记可以促进理解、锻炼思维、加强记忆、积累资料,提高人们的综合分析能力和写作能力,是一种良好的读书方法和研究学问的有效工具。读书笔记内容广泛、形式多样、篇幅随意,包括读书心得、体会、感想、摘录、质疑、考证等,凡是感兴趣的或认为能够派上用场的,都可以写成笔记。

(二)读书笔记的种类

读书笔记有三种类型:摘录式笔记,评注式笔记,心得式笔记。

1. 摘录式笔记

在阅读过程中,把一些重要观点、精彩的描写以及一些与自己学习、工作、研究的问题有关的语句、段落或数字、公式等,按原文准确无误地抄录下来。可分为:

(1)索引式笔记,只记录书刊名称、论文题目以及详细出处。

(2)抄录式笔记,把读物的内容一字不漏地抄录下来。

(3)摘要式笔记,把读物的要点和主旨,用简明扼要的话写下来,就是摘要。

(4)提纲式笔记,用纲要的形式把一篇文章或一部著作的论点或基本内容提纲挈领地依次记载下来。

2. 评注式笔记

是指既有某些摘录，又有对这些摘录内容的看法、心得的笔记。可分为：

(1)提要式笔记，用自己的话综合出全书或全文的梗概。

(2)批注式笔记，可以直接在书上做记号(圈点或画线)，也可以在"天头""地脚"上写出简单的心得、体会、评语或疑问等。

(3)补充式笔记，读完全书或全文之后，可以加以补充，使原文更加完善。

3. 心得式笔记

就是读完一篇文章或一本书之后，把自己的领会、认识、感想以及所受到的启发和收获写下来的一种笔记形式。可分为：

(1)札记式笔记，指把读书的心得、体会和要点随时记录下来而形成的一种笔记形式。

(2)心得式笔记，也叫读后感。即读完一本书或一篇文章后，经过认真思考，有得于心，联系社会或个人的实际，以自己的话为主，把阅读后的体会、收获或感想写下来。

(3)综述式笔记，读了几本或几篇同一问题的著作或文章之后，经过分析、归纳、整理、概括而写成的综述。

除了上述三种读书笔记类型，随着互联网时代的到来，电脑存储式笔记应运而生。电脑存储式笔记是将要记录的东西直接储存进电脑里，其显著的特点是检索、整理、使用起来非常方便。随着电脑的普及，这种类型的读书笔记越来越受到人们的欢迎。

二、读书笔记的写作

(一)读书笔记写作的基本步骤

写读书笔记时，先要根据现有的条件和不同的目的选择记录的类型。"处处留心皆学问"，读书笔记并不是只有在进入图书馆或专门坐下来学习的时候才写作的，往往在任何地方，任何时间，只要看到了自己感兴趣、对自己有用的知识，就可以随时将它记录下来。日积月累，你的知识储备就会越来越丰富，知识面就会越来越广。一般情况下，外出时的读书笔记可采用卡片笔记的方式进行记录，因为卡片体积小，不受知识门类等条件的限制，携带方便，写法灵活。如果所读的书是自己的，就可以考虑采用眉批式的笔记类型，对重要的、新颖的或不懂的地方，做出不同的符号，如果有所感想，可以记录在书眉的空白处。如果是针对某一门类的知识进行专门性或阶段性的积累和占有，要阅读较为丰富的资料，就可以考虑采用专门的笔记本来进行记录。如果有条件的话，则可以考虑采用电脑储存或复印的笔记类型。

然后，根据不同的内容选择不同的记写方法。读书笔记大致有两个方面的内容：一是阅读者的感想、认识、看法、心得和不同的见解等；二是原书中的原始资料，如重要的观点、新的见解、生动的事例、精彩的片段等。前一个方面的内容一般是读者自己的主观感受和认识，记写时可繁可简，既可具体论述，也可只写下要点供以后深入思考；后一方面的内容一般要实录原文，不能断章取义，并注明出处。

最后，要经常对所记写的读书笔记进行整理。这里所谓的整理，不是进行归类、装订，然后束之高阁不闻不问，而是指要对所做的笔记进行重新阅读、重新思考、重新修正甚至补写，只有这样才能使获取的知识不至于被遗忘，才能使所记录的个人感想得到再深化，或者使有价值的知识得到应有的应用。否则，读书笔记就失去了它应有的价值。

(二)读书笔记的主要写法

读书笔记的写法并没有什么格式上的特殊要求。就其写作的方法而言,大体上有下面这几种:

1. 提纲挈领

提纲挈领,就是抓住网的总绳,拎住衣服的领子,比喻要抓住问题的要点和关键环节。在读书学习和写笔记中,这是一个把厚书读薄的方法,是一个宏观把控的方法,也是一个从总体上把握所学知识的主旨、思路、特点、过程的方法。提纲挈领写读书笔记,可分为两类记法:

第一类是抄目录、记要点。一本几十万字的书,内容很丰厚,对于学习者来说,钻进去如潜深海,如入迷宫,如坠五里云雾,往往会有种找不到自己位置的感觉。但是,如果把一本书的大小标题抄录下来,把各部分的重要概念、观点、事例和主要问题摘录下来,就会眉目清晰,一目了然。

第二类是提纲挈领的笔记方法。用自己的语言综合叙述所读文章或书籍的主题、思路、要点等,也就是把全篇文章或全书内容,用自己的话精简扼要地概括出来。这种笔记方法比记提纲详细,比记原文简要。

2. 择其精要

择其精要就是把书中自己最为欣赏、感悟最深的重要观点、材料和名言警句等记录下来,以供复习和运用。这种抄录更多的是着眼于运用,所以可根据自己的需要摘录原文,注明出处,不改动任何字句、标点。

摘录原文,最好摘录在卡片上,前面冠以题目,可以用书上题目,也可以自拟题目,以便整理、分类、翻检、保存,避免"一锅粥"似的记在笔记本上,时间一长,资料摘录得多了,显得杂乱无章,使用不便。做资料卡片,一定要把原文作者的姓名、书名以及篇名、页码、出版单位、出版时间等标明在卡片上,以便使用时查找原文。摘录的卡片最好能够根据自己的需要分门别类地储存,这样,需要什么就可以信手拈来。如果只是为记而记,即使记得再多,也很难派上用场,没有什么实际意义。

3. 融会贯通

融会贯通是在读书的过程中,或在综合各方面知识的基础上,写下某种领悟和感受的笔记。这种读书笔记其实就是写读书心得体会,短则可以是眉批、旁注,长则可以是妙语、高论。

眉批多是对某一处文章的评论,旁注则侧重解释字词句或内容,也可以是写简单的心得、体会、评语、疑问或是内容提要等。不论是眉批旁注,还是妙语高论,心得体会类的读书笔记,都应该努力抓住原作的要点、要害和精髓,或针对现实和个人思想实际引发议论,以对现实工作、事业、生活乃至大的形势有所助益。北宋著名的政治家、文学家王安石的《读孟尝君传》一文,只有八十八个字,他读的是司马迁《史记》的《孟尝君列传》。这篇短文只有四句,第一句说出他人的论点:"世皆称孟尝君能得士,士以故归之,而卒赖其力以脱于虎豹之秦。"然后以下三句把这个论点一一击破:"嗟乎!孟尝君特鸡鸣狗盗之雄耳,岂足以言得士?""不然,擅齐之强,得一士焉,宜可以南面而制秦,尚何取鸡鸣狗盗之力哉?""夫鸡鸣狗盗之出其门,此士之所以不至也。"三句话步步紧逼,把书上和世人千百年来流传的说法彻底驳倒,堪称千古奇文,也是读书笔记中的"稀世珍宝"。

例文

《坟》前的仰望[①]

读鲁迅杂文,每将注意力集中于后期作品,近读几位学者研究鲁迅的论著,才对《坟》——这本最早的杂文集引起了重视。他的后期杂文,多是论战性的即兴批判,是"匕首与投枪",他称之为杂感。这本《坟》,则以随笔为主,他称之为杂文,一般篇幅较长,有着系统阐述其思想之原生态面目的特色,为理解先生思想的源流,提供了十分重要的线索。

鲁迅那一代人,处于中国贫弱落后的时段,作为思想先驱的知识精英,孜孜以求的是国家民族赶上世界发展潮流的道路。鲁迅通过对东西方文化思想深入的探讨钻研,形成了自己独特而坚定的做人与救国的思想信念。《坟》中的《文化偏至论》等文章,可推为代表。

在《文化偏至论》中,鲁迅将他推崇的"神思新宗"的新理想主义,归结为两件事:"曰非物质,曰重个人"。我以为这是洞察先生思想的一副"双目齐明"的"镜片",我们可以从这里找到进入的通衢。

"非物质"当然不是不要物质,离开物质人是无法生存的。所谓"非物质",是对西方资本主义已然发展后出现的物质至上之偏的一种反驳。他对之做了淋漓尽致的揭示:

递夫十九世纪后叶,而其弊果益昭,诸凡事物,无不质化,灵明日以亏蚀,旨趣流于平庸,人惟客观之物质世界是趋,而主观之内面精神,乃舍置不之一省。重其外,放其内,取其质,遗其神,芸芸众生,物欲来蔽,社会憔悴,进步以停,于是一切诈伪罪恶,蔑弗乘之而萌,使性灵之光,愈益就于黯淡;十九世纪文明一面之通弊,盖如此矣。

....

"重个人"的思想,一方面来自西方人文、人本主义影响,是对人的个性、人的尊严的强调和尊重,更重要的一方面,则来自对中国封建文化尤其是儒家思想对个人的忽视、侵害的批判与反抗。他在《狂人日记》里对"吃人"礼教的愤激声讨,"救救孩子"的呼声至今仍在我们耳边回荡,《坟》中的《我之节烈观》《我们现在怎样做父亲》《论雷峰塔的倒掉》等名篇,从不同角度控诉了封建文化对妇女、儿童的残害以至虐杀。而在《灯下漫笔》中,他再次发出声震寰宇的呐喊:"这人肉的宴席现在还排着,有许多人还想一直排下去。扫荡这些食人者,掀掉这筵席,毁坏这厨房,则是现在的青年的使命!"先生在《文化偏至论》的结尾,忧心忡忡地写道:"夫中国在昔,本尚物质而疾天才矣……而辁才小慧之徒,则又号召张皇,重杀之以物质而围之以多数,个人之性,剥夺无余。往者为本体自发之偏枯,今则获以交通传来之新疫,二患交伐,而中国之沉沦遂以益速矣。"从这些引述,从鲁迅一生倾心致力的事业,从他所写的全部作品中,都贯穿着"重个人"的思想,其出发点和归趋,不是"个人主义",而是他忧国忧民思想之核的所在。正是从这一思想出发,他提出建设性的"立人思想"。

一个多世纪以来,思想家们寻求中国救亡图强之途,提出了形形色色的"药方",鲁迅在《文化偏至论》中列举了若干,他的主张则为"立人"。"生存两间,角逐立国",欲求生存和发展,"其

[①] 周明,王宗仁.2016中国散文排行榜[M]//耿林莽.读书札记三题.北京:北京工业大学出版社,2017:43-44.

首在立人,人立而后事举"。他把人的解放、觉悟和素质的全面提高,放在高于一切的位置,是基于对长期封建集权和以儒家为代表的封建文化对人的奴役与毒害这一国情的痛切感受。愚昧落后奴隶精神状态的国民,怎能建设现代化的民主国家?他写道:"国人之自觉至,个性张,沙聚之邦,由是转为人国。"他提出"沙聚之邦"的"沙",不仅有一盘散沙之喻,而且恰与"人"对应。沙是物,是无思想无个性的,是人的工具,或奴隶。所谓"沙聚之邦",还是封建统治者视人民为可供驱使的奴役对象而非独立人格的人这一本质的揭示,只有将人视为人、主人,赋以尊重,授以权力,才能有人民当家做主的现代化国家之稳固建立和久盛不衰。从这一角度理解"立人思想",我觉得是符合鲁迅精神及其作品的思想脉络的。他的人道主义,"改造国民性"努力,他对"精神奴役的创伤"的关怀,诸多小说中"哀其不幸,怒其不争"的描述,以及杂文中反复出现使用频率最多的词是"奴隶",凡此种种,无不与"立人思想"相联系。可以说,先生一生,尽瘁于此矣。然而,"立人"的事业还远未完成,作为后人的我们,是否应从先生的教诲中,感悟到肩上负荷之分量呢?

简析　这是一篇读书札记。作者主要以《坟》为阅读对象,围绕鲁迅的"立人"思想展开论述,成为一篇较有深度的读书杂感随笔。

一、思考题
1. 日常生活应用文的主要特点是什么?你觉得学习这些文体的写作对自己有什么意义?
2. 有人认为现在和家人交流都用手机了,写家书完全没有必要,你是怎么认识的?
3. 日记主要有哪几种写作方式?你最喜欢哪种?
4. 大家现在都在看电子书了,复制粘贴就是最好的读书笔记。你怎么认识这个问题?

二、指出下列对联的方法
1. 大烹以养
　小住为佳
2. 四面荷花三面柳
　一城山色半城湖
3. 有山皆图画
　无水不文章
4. 万里河山披锦绣
　千秋功业耀光华
5. 明知落凤存先帝
　甘让卧龙作老臣
6. 四面湖山来眼底
　万家忧乐到心头

三、作文题
1. 根据你学过的写作要领,试着给你的父母写一封家书。
2. 根据你这段时间的学习情况,写一篇读书笔记。
3. 读下面这首诗,从应用文写作的角度写一则"寻友启事"或一篇情书。

寻人启事[①]

此生余下的事,就是印广告和贴广告
首先,要去胜利桥,那是我们初恋的地方
其次,要去坡子街,一根电杆一张
撕了又贴,反复地贴。我是在那里丢失她的

天安门上贴一张,埃菲尔铁塔上贴一张
卢浮宫里,蒙娜丽莎旁,要贴一张
还要去冈仁波齐,一路贴,她说过
要和我转山转水,羚羊一样,不考虑三天以后的事
风,会像阅读经幡一样,传送她的名字

最后,要去奈何桥贴一张,和胜利桥一样
也贴在第三个桥墩处

[①] 刘年.为何生命苍凉如水[M].北京:中国青年出版社,2015:81.

第八章　新闻类文书

第一节　概　述

学习要点：
1. 新闻写作的基本方法
2. 新闻写作的基本要求
3. 新闻写作的语言风格

能力要求
1. 理解并掌握"用事实说话"的方法
2. 领会新闻写作的基本要求
3. 领会新闻语言的特性

一、概述

在不同的国家,不同的研究者对"新闻"有不同的定义。比如,在西方,对"新闻"的严肃定义有:"新闻就是变迁的记录。"(英国《泰晤士报》)"新闻就是新鲜报道。"(英国《牛津字典》)在国外对新闻的幽默定义也有许多,如"狗咬人不是新闻,人咬狗才是新闻"(美国《纽约太阳报》记者博加特)。我国学者对新闻也有一些定义,如"新闻就是广大群众欲知、应知而未知的很重要事实"(范长江),"新闻的定义,就是新近发生的事实的报道"(陆定一)。

我们一般所说的"新闻"可以理解为:新闻是对新近发生或正在发生或者早已发生却是新近发现的有价值的事实的及时报道。这一定义体现了三个要点:新闻必须是新近发生或新近发现的事实,新闻所报道的事实必须是有价值的,新闻必须是对事件的报道。

而新闻写作是把采访中搜集的材料、信息,通过文字写作制成一定体裁的新闻作品的过程。新闻写作必须以采访为基础和前提,采访决定写作,未经采访无从写作。具体表现为:只有认识事实,才能反映事实,而认识事实的任务基本在新闻采访的过程中完成;抓住新闻就是抓住事实,写新闻就是写事实,新闻写作有赖于对事实的采访;采访的深度与广度直接影响新闻写作的深度与广度;内容决定形式,形式服从于内容,写作的体裁和篇幅以及如何表达等,都要依据采访所获得的事实来决定。

新闻写作同时可以反过来作用于新闻采访。一个记者掌握了新闻写作的规律和技巧,反过来可以指导他的采访活动,有利于增强他的采访意识,提高采访能力。因为他熟悉新闻写作的各种体裁,了解新闻写作的基本方法,能够判断哪些素材对写作有用,从而提高采访的针对性和采访效率。

二、新闻写作的基本方法:用事实说话

用事实说话,就是通过客观叙述新闻事实及其背景来体现观点,发表意见。

新闻是有力的宣传武器。既然是宣传,那就必定要表达宣传者的思想、观点和意见。怎样表达上述思想、观点和意见才是最好的呢?长期的新闻实践证明,最好的办法就是通过客观地叙述新闻事实及其背景,也就是让事实本身讲话,而不是作者自己站出来直接地说。用事实说话是新闻写作的基本方法,不是一般方法,更不是可用可不用的方法。

既然用事实说话这么重要,那么,在写消息或者通讯的时候怎样用事实说话并且善于用事实说话呢?

(一)选准事实

筛选事实必须注意两个标准:一个标准叫"新闻价值",另一个标准叫"宣传价值"。

什么是新闻价值呢?

简要地说,新闻价值就是事实本身所包含的能引起社会公众共同兴趣的要素。

1. 时新性

时新性,也就是时间近、内容新。

2. 重要性

所谓"重要性",就是具有重大的意义、作用和影响。具体来说,重要的事情表现在:第一,重大。如重要人事的变动、政治经济的决策、党风建设、改革开放的新精神和新动向、重要的发明、重大的灾害等。第二,迫切。当前群众生活中急需解决的事情,而且都是紧迫的大事情。

3. 接近性

被选择报道的事实,跟公众越接近,就越能引起公众的共同兴趣,新闻价值也就越大。这种接近性,包括地理上的接近和心理上的接近两个方面。一般来说,人们对自己周围的事情总是比较关心,因为跟自己的工作、生活有直接关系。

4. 显著性

名人、名胜、著名团体和单位等的动态,往往为众人所瞩目,因此这方面的事实也具有新闻价值。

5. 趣味性

奇珍异闻,富有人情味和高尚生活情趣的事情,既是公众感兴趣的,也具有新闻价值。

上面所说的是新闻价值的"五要素"。如果一件事情、一个事实同时具备五个要素,新闻价值最高,但这种情况很少。所以,一般来说,一个事实具备一两个或两三个要素就值得去写。通常情况,时新性和重要性是记者们普遍重视的选择标准。

例文一

诸城农民迈进3公里社区服务圈
(第18届中国新闻奖消息类一等奖)

本报诸城讯 在农村集中连片兴建社区,让农民享受到跟城里人一样便捷、周到的公共服务。眼下,一场意义深远的基层组织结构创新正在诸城市顺利推行。从今年7月在18个社区先期试点,短短两个多月时间,全市已设立65个农村社区,涉及573个村,占全市行政村总数的46%。

据了解,以县市为单位连片推行农村社区化服务,在全国尚属首创。

舜王街道金鸡埠村的董福兰老人切身感受到社区化服务带来的便利。今年80岁的她6年前患了胆囊炎,打针输液要到13公里外的舜王医院,一住院就是一周多。7月底,松园社区建成,社区卫生室离家不到2公里,儿子用三轮车推着董福兰去,输完液就回家,啥事都不耽误。

9月12日,在松园社区服务大厅,记者看到,这里设有文教、社保、环卫、计生、治保等服务窗口,负责为周围2公里内6个行政村的5667名群众服务。优抚救助室主任乔冒军原在街道民政所工作,是20个村的"网长"。他说,以前坐等群众上门办事,很多久拖不决,现在离服务对象近了,接到救助申请马上就能到现场查看,有的当天就能办结。

农村社区,一般按服务半径2至3公里、居住户不超过3000户的原则设立。中心村设公共服务机构,即社区服务中心、社区警务室、卫生室、建设环卫室、计生服务室、优抚救助室、纠纷调处室等,由镇政府从现职干部职工或乡镇撤并后的富余人员中选派工作人员,为整个社区提供近距离、全方位的公共服务。这种"3公里服务圈"的建设,为打破公共服务产品供给上的城乡二元结构搭建了有效平台。据市委、市政府9月7日公布的《农村社区建设考核奖励办法》,到2008年年底,各乡镇、街道100%的村都要纳入社区化服务范畴。规划中,这样的农村社区有156个,涵盖全市1257个村庄70多万农民。

今年年初,诸城市委在调研中发现:随着农业税费的取消和农村市场机制的完善,农村基层组织的管理职能越来越弱化,而面对群众越来越多的公共服务需求,却缺乏有效的服务平台,不少群众反映"想办的事不好办、办不好"。同时由于乡镇撤并,镇域面积扩大,有的偏远村庄距镇驻地几十公里,到镇上办事成了村民的一件头疼事。经反复研究论证,市委、市政府做出建设农村社区的部署。

"建设农村社区,就是通过创新农村组织结构,实现基层组织由管理农民向服务农民的转变。今后诸城人提起农村社区,想到的不是它管几个村,而是有哪些服务机构和项目,我们的改革就算成功了。"诸城市委书记邹庆忠这样总结。

(《大众日报》2007年9月15日)

(二)再现场景

所谓"再现场景",就是把新闻事实的某些现场情景具体地描写出来。这不但可以使新闻

的内容生动活泼,也是用事实说话的一种好方法,它使人仿佛亲眼所见,更具有可信性和说服力。为了再现场景,我们强调要多进行感官描写,用感官描写达到"再现场景"的目的。就是通过描述的方法,把新闻事实产生的某些具体场景形象、生动地加以展现。一个好的环境描写包括了视觉感受、听觉感受、嗅觉感受、触觉感受、味觉感受五个部分。

 例文二

七台河"11·27"矿难周年祭

李毅中质疑:为何还没人被究刑责?

本报哈尔滨11月22日电(记者王冬梅) 国家安全生产监督管理总局局长李毅中今天再次质疑:"11·27"事故发生快两年了,移送司法机关的10多名责任人,为何还没有得到处理?按照有关规定,移送司法机关、如何判刑等都应该向社会公布,希望早点把处理结果透明地公布。

黑龙江省省长张左己表态:一定要记住"11·27"事故的教训,事故中该处理的干部已经处理,但造成矿难的主要责任人移交检察院后却还没有得到处理,逍遥法外,怎么得了?不能睁只眼闭只眼,要好好查!

2005年11月27日,龙煤集团七台河分公司东风煤矿发生特别重大煤尘爆炸事故,死亡171人,伤48人。国务院调查组认定:这是一起重大责任事故。

2006年7月,经国务院常务会议研究,同意对东风煤矿矿长马金光、龙煤集团七台河分公司调度室主任杨俊生等11人移送司法机关追究刑事责任;同意对龙煤矿业集团有限责任公司总经理侯仁等21人给予相应的党纪、政纪处分。

今天再次提起那次事故,李毅中的眼圈红了。11月21日,李毅中特意率领督查组到东风煤矿走访,在曾经发生事故的井口,他声音略显颤抖地说:"当年我就站在这里等待救护队的人员救出死难的矿工,心情非常沉痛。"

当李毅中了解到"11·27"事故中包括矿长在内的11名事故责任人还没有得到处理,他气愤地说:"我是事故调查组组长,有权力责问事故责任追究。事故发生快两年了,为什么还没有处理结果?"李毅中当即请黑龙江省副省长刘海生了解此事。随后,当地有关方面反馈的信息是:大家都觉得很奇怪,谁都不清楚怎么回事。

在今天督查组与黑龙江省政府交换意见时,李毅中指出黑龙江省安全生产工作存在"死角漏洞"等问题。比如,七台河市在"回头看"过程中,对小企业还没有进行补课;城子河瓦斯发电机组现场查看中,发现没有瓦斯浓度监控设施;东风煤矿瓦斯抽检率只有17%,远低于全省平均水平。

(《工人日报》2007年11月23日第1版)

简析 通过场景描写,用现场展示、人物对话、细节描写等鲜活的方式,做到了"有形可模"。例如对李毅中的描写:今天再次提起那次事故,李毅中的眼圈红了。11月21日,李毅中特意率领督查组到东风煤矿走访,在曾经发生事故的井口,他声音略显颤抖地说:"当年我就站在这里等待救护队的人员救出死难的矿工,心情非常沉痛。""眼圈红了""声音略显颤抖地说",以及他坚定的话语:"我是事故调查组组长,有权力责问事故责任追究。事故发生快两年

了,为什么还没有处理结果?"这一系列细节的展示,将事件清晰真实地呈现在读者面前,仿佛走入事件发生的现场。

（三）运用背景材料说话

新闻背景常被称为"新闻背后的新闻",是"用来说明新事实的旧事实"。通过背景材料表达记者的倾向是客观报道的主要手法之一。

怎样运用背景呢?要多运用联想与对比。

 例文三

诸暨珍珠登上《纽约时报》头版:中国让美国工薪阶层戴上了高档珍珠
诸暨的珠与玑

"中国诸暨—— 一位开法拉利的40岁肌肉男,交出了一份令人难以置信的成绩单,令全世界的珍珠行业这些天来谈之色变:他培育出了堪称最高品质的珍珠,且物美价廉,让美国中产阶级消费者可以眉开眼笑收入囊中。"

8月2日,《纽约时报》在头版大篇幅报道了诸暨研发培育出新品珍珠。在这篇题为《来自中国的物美价廉的珍珠》的报道中,该报香港分社社长柏凯斯如此提笔。

小小的诸暨珍珠缘何登上《纽约时报》头版?诸暨的新品珍珠到底有什么奇特之处?世界奢侈品珍珠大佬又为何hold不住了?

诸暨珍珠引起美国媒体关注的消息不胫而走。当地一名官员表示,美国主流报纸如此关注诸暨,尚属首次。

诸暨的珠:诸暨珍珠缘何登上《纽约时报》?

出产珍珠的诸暨,与"珠玑"天生谐音。"珠",是珍珠的简称,指的是圆润的成品;而"玑"则特指不是很圆的珍珠。诸暨的珍珠产业,也是"珠玑并存"。

"肌肉男"名叫詹伟建,是诸暨市山下湖镇一家珍珠首饰公司董事长。令其自豪的是,4万多亩近收获期的大珍珠还在水面下,名声却已在国外打响。

引来《纽约时报》关注的是詹伟建公司研发培育的一款取名为"爱迪生"的珍珠,它拥有鲜紫、粉红、青铜的色彩,而以前除了染色珍珠,看不到色彩如此丰富的珍珠。珍珠业内有句行话,叫"七珠八宝",意思是说,直径7毫米的只是一般的珍珠,而直径达到8毫米以上就是珠宝了。在世界奢侈品市场上独占鳌头的"大溪地珍珠"来自南海法属波利尼亚的海水珍珠养殖场,用于养殖黑珍珠的黑碟贝类的个体相当大,因而养殖出的珍珠颗粒大,一般在10毫米以上。来自太平洋上的海水珍珠一直以来把来自稻米之乡的诸暨珍珠打入中低端市场。

而这款"爱迪生"珍珠的直径达到四分之三英寸(19.05毫米)。难怪世界珍珠行业标准制定者之一罗伯特·王对《纽约时报》说:"毫无疑问,来自中国的竞争很具杀伤力。"

真正令《纽约时报》与罗伯特·王关注的是来自中国的淡水珍珠成本远低于海水珍珠。一粒半英寸(约12.7毫米)的中国珍珠目前的批发价在4到8美元之间,而一粒同样大小的大溪地珍珠的批发价则达到25至35美元。

詹伟建成功研发的大珍珠,养殖成本只有国外的几十分之一,震惊了全球珍珠业界。"可能引发全球珍珠业界商业秩序的重塑。"中国使工薪阶层妇女都可以消费得起高档珍珠,美国珍珠业大佬们不禁直呼狼来了。

诸暨的玑:"米粒之珠"如何放出光芒

在中国珍珠之都诸暨山下湖镇,这片弹丸之地产出了全球七成以上的淡水珍珠,但其中大直径高档珠仅占总产量的10%左右。

业内人士称,当地养殖的珍珠主要用作珠宝、首饰与珍珠粉,而百分之八十的珍珠则被低价批发到国内外市场。即便是这颗全新登场的"爱迪生",竞争的砝码仍压在价格战上。

对于《纽约时报》带来的聚焦效应,当地表现出两种截然不同的反应。有的业内人士将之看作一次似乎是天赐的"救市"之举。"这是一个机会,世界的关注对于中国珍珠产业来说是一剂强心针,对整个良莠不齐的市场也会带来更多冲击。"长生鸟珍珠粉公司副总罗中模说。

但更多的珍珠企业主却对此讳莫如深,三缄其口,珍珠产业协会秘书长也在等待诸暨市统一对外发布的新闻通稿。外界想象中趁热打铁式的营销和宣传并未出现,"大珍珠"走红纽约在其老家引起的反应似乎成了一个谜。

诸暨的珠玑:"大珍珠"经济做强产业

早在去年5月,诸暨珍珠已开始动脑筋如何告别低端市场,一份《珍珠文化创意产业发展规划》为珍珠衍生产品的开发、营销网络建设和文化内涵发掘指明了方向。

当地政府提出了"大珍珠经济"。山下湖镇宣副镇长说,"大珍珠"既是指"爱迪生"这类有别于颗粒小无缘高端市场的大型珍珠,也是指把终端市场做大做强的方式,同时也是指延伸产业链的举措。

诸暨市副市长何鸿成认为,诸暨在珍珠产业上不仅要做大硬件,软件上也要给力,投资4 000万元的珍珠产业技术创新服务平台,使当地不少企业延伸产业链成为可能。

(《杭州日报》2011年8月19日B4版,记者:周璐彦、王猛)

上述报道对于我国浙江诸暨新品珍珠产业的崛起做了较为全面的背景诠释和说明——可让国内的读者理解和明白诸暨的珍珠产业事件上《纽约时报》头条的新闻价值。

(四)借助"直接引语"说话

借助"直接引语"说话,就是记者借用别人口里讲的话来表达自己观点。"记者的舌头是缩在后面的",让别人充当代言人。这样写,从表面上看,是被采访对象和新闻事实中的人物谈的话,表现得很客观,实际上是记者在幕后操纵,因为说话的人及其说话内容是经过记者挑选的,与记者看法合拍。这样就用第三人称来表述。其表现形式为"引述",又称为引述法、引语法。

引述法有两种情况:一是假托,二是实引。假托,就是记者不显露自己身份,假借他人发话,如"此间观察家认为""消息灵通人士说""分析家认为"等;实引,就是实实在在引述别人的话。实引又分引原话和引大意两种。引原话时,必须加"引号",有说话人真实身份、姓名;引大意时,不加引号,一般也都有说话人真实身份和姓名。

 **例文四**

为奥运投保

　　美联社伦敦4月27日电　国际奥委会为雅典奥运会投保1.7亿美元,以应对奥运会因战争、恐怖主义活动或其他原因被迫取消的风险。

　　国际奥委会主席罗格今天对本社说,国际奥委会已与伦敦一家保险公司签署保险协议,一旦定于8月举行的雅典夏季奥运会被迫部分或全部取消,该保险公司将负责赔偿损失。

　　这是国际奥委会有史以来第一次为奥运会可能被迫取消而投保。

　　罗格说该保险单将对"包括恐怖主义、地震、洪灾、塌方及其他类似因素引起的",运动会被迫取消所造成的损失进行理赔。他说,此举只是"标准的谨慎做法",并不表明对雅典奥运会缺乏信心。

　　罗格说:"我们从2001年8月就开始讨论这个问题。对未来的奥运会我们也打算采取同样的做法。"此保险不包括因奥运会举办方未做好准备,或是运动队未出席造成运动会被迫取消的情况。

(《参考消息》2004年4月28日)

　　根据行文的需要,这则消息第二、四、五自然段,全是引用国际奥委会主席罗格的话来报道。

(五)善于对比

　　俗话说,不怕不识货,就怕货比货。意思是说,把两件东西放在一起对比,往往就能认识事物,发现问题。因此,新闻在用事实说话时,也常常采用把两个或者更多的事实放在一起对比的方法,以体现观点,发表意见,使人感到仍是在做客观的报道。正反并举,对比衬托,有比较才能有鉴别,有时,新闻记者只需将今昔、正反等不同的事实组织在一起,读者自己就会通过比较得出结论。

　　如2007年,新华社刊发的《欧阳自远院士澄清:嫦娥首幅月照并非抄袭美国》一文导语中,把新闻事实同一个既有联系又有区别的内容放在一起叙述,通过纵横比较,相互衬托,相互映照,突出新闻事实的意义。

　　据新华社电　中国探月工程首席科学家、中国科学院院士欧阳自远2日做客上海"文汇讲堂",针对最近一些网友关于"嫦娥首幅月球图像抄袭美国"的传言做出澄清:嫦娥传回的图像确实是真实的,是经过非常复杂的拍摄、传输、接收、处理过程后得到的,并且与美国所拍的图像有细微差别。

(《武汉晚报》2007年11月2日)

(六)注明消息来源

　　"消息来源"又称新闻来源,是新闻学一个专门术语。消息来源有广义和狭义之分。广义的消息来源指供应新闻的媒介,如通讯社供稿、读者来信、记者采访、通讯员来稿、各种文件资料及宣传品,新闻事件的参与者、新闻事件的目击者、新闻事件的知情者、权威人士、消息灵通人士等。狭义的消息来源指消息的出处,是新闻第一手材料的提供者。消息来源可以是人,也可以是物,如文件材料、宣传品等。

注明消息来源的情况有:

(1)对那些阐明事件的原因、预示事件发展的趋势、揭示事物之间内在联系的事实,一般要注明消息来源。特别是内幕新闻,不写明消息来源,无法使受众相信。

(2)对于重要的事实,一般要注明消息来源,它可以增加新闻的分量。

(3)对于有争议的、容易引起怀疑的事实,注明消息来源可增强新闻的可信性,同时也利于受众对这些事实进行分析、判断。

(4)对于那些一时得不到官方证实,又十分重要的事实,几乎每句话都应注明消息来源。

三、新闻写作的基本要求

(一)时效性

新鲜。最好是当天发生的事件。某件事情发生后,如果是你首先把它送到读者、听众、观众那里,那别人再写来的东西就很难引起人们的兴趣。前者是"雪中送炭",后者,再好也只能算是"锦上添花"。有些事实很重要,应该报道,但是由于没有及时抓到手,或是由于其他原因没有及时进行报道,如果这些事属于非报不可的,就要注意寻找适当的报道机会,这就叫新闻契机或称新闻由头、新闻根据。

简短。如何做到新鲜又迅捷?方法如下:一事一报;化整为零,对复杂事件可用组合报道或连续报道;挤掉水分,只讲主要事实;语言精简。

 例文五

1984年在美国洛杉矶举行的第23届奥运会,我国运动员许海峰以566环荣获男子自选手枪冠军,夺得那届奥运会的第一块金牌,同时这也是我国体育运动史上第一块奥运金牌。新华社记者高殿民在赛事结束后10分钟左右就发出了这样一条消息:

我国选手获得奥运会第一块金牌

新华社洛杉矶1984年7月29日电(记者高殿民) 中国在奥运会历史上"零的记录"的局面在今天11时(北京时间30日凌晨2时10分)被中国射击选手许海峰突破。许海峰以566环的成绩获得男子自选手枪冠军,夺得了本届奥运会的第一块金牌。

中国体育代表团副团长陈先在许海峰获得金牌后对新华社记者发表谈话时说,这对中国运动员是极大的鼓舞。这是中国在奥运会历史上得到的第一块金牌,实现了"零"的突破,在中国体育史上具有深远的意义。他表示感谢运动员和教练做出的艰苦努力。

许海峰今年27岁,是安徽省供销社的职员。他在获得金牌后对新华社记者说,这还不是他最好的成绩,只不过是正常发挥了水平,他最好的成绩是583环。他表示要不骄不躁,继续努力,争取今后取得更大成绩。

(《新闻记者》1985年第6期)

据说这篇消息的发布比东道主美联社快20分钟,比英国的路透社快15分钟,被誉为"新华社在奥运会上也夺了一块金牌"。当然并不是所有的新闻都要求这样快,都要去争分夺秒,但迅速及时是所有新闻的准则,这是毫无疑问的。

(二)可读性

具体:选题角度小,报道内容要具体,报道的叙述及情节、细节也要具体。

生动:新闻报道一定要生动、可感,报道能否生动,与结构也有很大关系。

通俗:忌新闻官腔,多解释,少晦涩,巧妙处理报道中的数字。

例文六

我省交通图五年七变
(第13届中国新闻奖消息类一等奖)

祖籍沧州的郑先生在沪经商数年,前不久他从上海返乡,连遇两个"没想到"。

第一个没想到是石家庄到沧州的高速公路通车了。舒适、快捷、干净的旅途让他连说:"没想到过去要走六七个小时的路,现在只用3个小时。"

第二个没想到就是他离家前买的1996年版的《河北省地图册》已失去作用,因为里面的河北交通图上,只标有京石和石太两条高速公路,而现在连沧州这个号称"交通死角"的地方都有两条高速公路穿过。

(《河北日报》2002年7月11日)

例文七

没有留下豪言壮语,只有拼尽全力的执着,记海军某舰载航空兵部队一级飞行员张超烈士。

折翼海天,用生命为航母事业铺路

4.4秒,生死一瞬,他毅然选择"推挡"挽救飞机,放弃了第一时间跳伞。2016年4月27日,海军歼—15舰载机飞行员张超因飞机机械故障,在陆基模拟着舰训练中壮烈牺牲。没有留下豪言壮语,只有拼尽全力的执着,他最终倒在离梦想咫尺之遥的地方——只剩下最后7个飞行架次,他就能飞"上"航母辽宁舰。这一天,年仅29岁的他,来不及给年迈的父母、亲爱的妻子、2岁的女儿留下一句话,便匆匆走了。

"他是我选来的,也是我送走的,他是个天生的优秀飞行员。"海军某舰载航空兵部队部队长戴明盟动情地说。张超,海军少校,一级飞行员,飞过8个机型。他驾驶歼—8巡逻西沙,驾驶歼—11B在南海战备值班。从陆基转为舰基,他的飞行技能有口皆碑。着舰指挥官王亮说:"他最后一个飞行架次表现依旧出色,面对特情,他的处置冷静而准确。"

国之利器,以命铸之。舰载机上舰飞行,喻为"刀尖上的舞蹈",是航母形成战斗力的关键。为国担当,他到舰载航空兵部队报到时与妻子张亚约定:"未来一年别来探亲,等我驾战机从航母上凯旋,再与你相拥!"凭着拼命三郎的劲头,张超和战友克服前所未有的风险和挑战,在一年之内完成歼教—9、歼—15两型战机改装。"他用自身的实践,为海军舰载战斗机飞行员快速成长探索出了一条路。"参谋长张叶说。

"无论何时,他的脸上都挂着灿烂的微笑。"这是张超留给战友最深刻的记忆。篮球场上,满场飞奔、笑声爽朗的是他;饭桌上,讲笑话逗大家乐的是他;训练中,面对风险笑容依旧的是他。最后一次飞行,他还是微笑着登上战机……张超走了,战友们才意识到:这微笑的背后,是如山的坚强。海军某舰载航空兵部队政委赵云峰说:"他用自己的牺牲换来战友们的飞行安全,用年轻的生命为航母事业铺路。"

暴雨如泣,英雄回家。他的老师不愿相信"那个品质淳朴、学习认真的阳光男孩儿"就这样走了;他的同学不愿相信"那个帅气逼人、有情有义的哥儿们"就这样走了。妻子张亚喃喃道:"超,醒一醒,你给我买的新裙子,我还没穿给你看呢。"女儿的哭声,让送行的人们泪流满面,却没能叫醒"睡着了的爸爸"。看完飞行事故视频,老父亲抹干眼泪:"崽,你尽力了,跟爸回家吧。"

(中国海军网2016年7月31日 记者:徐双喜、陈国全)

(三)针对性

针对性就是要注重新闻写作的信息、知识和思想。在进行新闻写作时心中要有对象感,了解传播对象,明白这则报道是写给谁看的;明确传播目的,清楚报道是针对什么问题而发的,通过它要引导或影响读者到什么目标上去。

例文八

老郭脱贫记
政府兜了底　致富靠自己

贫困户吃低保,别人争得面红耳赤,老郭却总想让出去:"脱贫靠劳动,不能躺在'政策温床'上!"

老郭叫郭祖彬,今年56岁,是河南封丘县王村乡小城村农民。年轻时的老郭并不穷,开四轮,拉红砖,日子过得去。没承想,儿子3岁患病,摘除脾脏,手术费花了1万元。老郭把积蓄拿出来,勉强渡过难关。10年后,儿子再次病发,做心脏搭桥手术花了6万多元。这回,老郭借遍"村里一条街",才凑够医药费。为了还钱,他到天津打工六七年,窟窿没补上,还落下脑梗病。乡邻们忧心地说:"老郭脱贫——猴年马月的事!"

封丘是国家级扶贫开发重点县,建档立卡贫困户1.86万户,5.8万人。该县对因病、因残等7种致贫原因分门别类,采取"1+2+N"帮扶模式,即每户1名帮扶责任人,2项以上扶持政策,家庭成员每人1条帮扶措施。拿老郭来说,安排公益岗位,每月挣400元;孙子享受教育补助,每年1 000元;儿媳转移就业卖手机,每月工资1 500元。全家享受人身意外险、医疗补充险,阻断"因病致贫"。

政府"兜了底",致富靠自己。封丘县实施产业扶贫项目81个,户均可享产业扶贫资金8 000元。村支书郭祖良选定种植中药材,请来中医药大学教授,测土、配方。老郭一听,第一个报名。

4月,是种地黄的最佳季节。可这时麦子已长到腿窝,首批报名的50户农民看不到效益,谁也舍不得铲麦子。

老郭的老伴儿着急了:"万一出不来苗,地黄收不着,麦子也毁了。"

"村支书一心为咱,能把你带到沟里?"老郭坚持己见,并辞去公益岗,专心种药。

第一批10户,种了50亩,老郭种4.5亩。半月后,地黄没出芽。村民议论,老伴儿数落。老郭一天到地头转几遍,悉心照料。40天,地黄出齐,一地绿色。老郭长出一口气:"心里石头落了地,我瘦了18斤。"

村支书郭祖良压力更大:"万一种不成,咋有脸见乡亲?"他请专家"把脉"指导,成立种植合作社,与安徽企业达成协议,以优惠价回收药材,让农民吃上定心丸。

12月,地黄叶枯,眼看就到收获的季节。为解销路之忧,村党支部组织贫困户到安徽找市场。见中药材需求旺盛,更多贫困户以土地入股,加入合作社。如今,合作社种3种药材,共计400多亩,明年将扩至1 000亩。依托中药材产业,村里将建中药材展馆,开设中医疗养一条街,发展"养生小城"特色游。

挖出一根弯弯的地黄,老郭算了笔账:4.5亩药材,纯收入1.8万元。自己在合作社干工,月工资1 500元;老伴儿在合作社除草、浇地,可挣500元;儿子开车耕地,也能收入3 600元,加上养猪,全家年收入5.6万多元,家里6口人年人均纯收入9 300多元。

(《人民日报》2016年12月25日 作者:马跃峰)

四、新闻写作的语言

新闻语言是通过媒介向受众报道新近发生的事实,传播具有新闻价值的信息时所使用的文字语言。

1. 白描是新闻语言的主要特征

例如:一位性情粗犷的建筑工人在劳动中挥汗如雨,不时用手背擦擦额头的汗珠。

2. 准确、客观、公正、简洁——新闻本质的要求

多用中性词,少用褒贬词;多用动词,少用形容词;多用陈述口气,少用感叹口气。

我们看同一篇新闻的两种版本。复杂版:不但在播种的时候,他天天在地边转,嘱咐年轻人播匀播齐;而且在麦苗出土后,他照样天天在地边转,见有缺行断垄的,就用随身带的种子一一补齐。简洁版:播种时,他天天在地边转,嘱咐年轻人播匀播齐;出苗了,他又带着种子来到田头,把缺苗的地方补齐。

3. 具体、通俗——新闻可读性的要求

具体:就是写出事物的具体情况,不抽象、不空洞,如实地记叙新闻要素,把抽象的事物转化为具体可感的事物和形象,少用模糊语言,慎用形容词、副词。

例如:表示"天气很热"——气温高达39摄氏度;

表示"受到了热烈欢迎"——掌声持续达十分钟之久;

表示"欣喜若狂"——他跳离了座位,冲向了场地中央;

表示"天气极度寒冷"——人们的鼻涕稀拉,汽车不能发动;

表示"神情紧张"——在一次40分钟的飞行中间,他嚼了21块口香糖。他洗了一副牌,数了数,又洗了一遍。他看了看头上和脚下的云彩,系紧安全带,又把它松开了。

通俗:少用生僻的术语和行语。注意时代和地区差异,慎用方言、网络用语、外来语。

例如:比起"厄尔尼诺"来,"拉尼娜"的知名度要低得多。但专家们认为,"厄尔尼诺"确实有一个"孪生妹妹"叫"拉尼娜"。而且"尼诺"之后"尼娜"会紧随而来。他们说,1998年也许将是"拉尼娜"大显"神威"的一年,而比起"厄尔尼诺"来,亚洲人对"拉尼娜"应保持更高的警觉。

如果不了解"厄尔尼诺""拉尼娜"等这些气象学术语,读者将完全不知所云。所以,在进行此类新闻写作时,记者的解释是非常必要的。

4. 新闻语言六忌

（1）忌空洞

××××会议胜利闭幕

本报讯 ××××会议圆满完成各项议程,×月×日上午在××胜利闭幕。

省党政军领导×××、×××、×××、×××……到会祝贺。×××在会上做了重要讲话。×××指出……

（2）忌混乱

说话和写文章都要注意语法、逻辑、修辞。这里所说的混乱,主要是指违背逻辑。逻辑混乱的文章,读者很难看得明白。

下面就是一段逻辑混乱的文字：

为达到赚钱目的,竟然私刻杂技团公章,从濮阳市少林武术培训中心带走6名少年到南方"走穴",谁知原定返校期限成了一纸空文。

1月底,记者从濮阳市区公安分局了解到,6名被当成"摇钱树"的武校少年终于被救了回来。

这是一篇消息的导语。第一句话就漏掉了主语,让人搞不明白事件的行为主体是谁。这两段文字的主要问题是叙事角度的混乱。在一句话中,作者一会儿站在犯罪嫌疑人的视角上说话："为了达到赚钱的目的",一会儿又站在武校的视角上说话："谁知原定返校期限成了一纸空文"。因此,读者找不到观察事物的立足点。另外"期限成为一纸空文"的说法也欠斟酌。

（3）忌语病

或许是由于新闻写作讲究出手成章,在语言的推敲上无暇过细的原因,目前在报刊电视中出现的病句较多,应该引起新闻界的注意。

例如下面这些句子：

××国艺术家的演出,博得了各界观众热烈的欢迎,对这次成功的演出给予很高的评价。

……像一阵春风吹遍了全县的每一个乡镇,开遍了每一个村庄。

他们在全厂推广了技术革新。

"演出"可以博得欢迎,但不能对自己给予评价,因此可见第一个例子犯了句子成分残缺的毛病,它的后一个分句缺了主语；第二个例句中的"春风",可以"吹遍"但不能"开遍",主语和谓语明显搭配不当；第三个例句中的谓语"推广",只能带名词性宾语,而"技术革新"是主谓词组,带有动词性,属于动宾搭配不当。

（4）忌含糊

语言含糊笼统,让人不得要领,这也是新闻语言的大忌。

"妇女文字"是当地瑶族妇女都会写的一种奇特文字,属表音文字,有600多个字形,有些与甲骨文、篆书相似,有些与楷书相似。它记录的是当地瑶族群众使用的一种"土话"。由于这种文字只在妇女中流行,当地称为"妇女文字",简称"女书"。一些学者认为,这是一个惊人的发现,将引起人类学家和语言学家的关注。

发现了一种只有女性使用的文字,这一新闻确有惊人之处。也正因为它的惊人之处,人们便有更多地了解它的愿望。根据文中介绍,这种文字记录的是当地的一种土话,那么这种土话不可能只在妇女之间使用,为什么只有妇女会书写它们呢?男人们对它究竟是不得习用还是不愿习用?这其中必定有一些传统文化或习俗上的原因。另外,作为一种人类文化史上罕见的独特发现,它的发现过程也是读者关心的。

(5)忌堆砌

在阅读新闻时,有时能见到这样一些句子:傍晚的彩霞映照得天空格外通红。其中"格外"和"通"都是强调程度的副词,语意重复了;"胜利凯旋归来",其中"凯"就是胜利,"旋"就是归来,等于把相同的意思说了两遍。

除这样简单的语意重复之外,有的新闻报道还会有不厌其烦地罗列细节和数字的现象,同样也是语言的堆砌。

(6)忌矫饰

一篇人物特写,这样描写一个女诗人:

所以,熟悉或不熟悉××的人,都感觉到××身上那种早晨般的清新和傍晚般的浑浊。这,正是诗人在自我和世界之间构筑的最佳对应关系,有识之士预言,××的世界是一片晨雾,一片永远不会散尽的晨雾。……××是从人的本质构成,准确地说是从一个女人感觉的深处,去对生命原动力的把握和体验。……她以恬淡而优美的诗篇,使自己的灵魂挣脱肉体的躯壳而获得了独立的存在方式,她以定向不定量、内涵十分丰厚的诗的语言为媒介,再塑了自己傲然独立,超群脱俗的"内在生命"……

文章堆砌过多华丽的辞藻,新闻事实杳无踪迹,抽象的概念也被朦胧的文字掩盖,让人"不识庐山真面目"。

第二节 消息写作

学习要点
1. 消息的含义
2. 消息的基本构成
3. 消息的标题
4. 消息导语的制作
5. 消息写作的新闻背景

能力要求
1. 掌握消息的构成要素
2. 理解并掌握标题的特点及种类
3. 理解并掌握导语的制作技巧
4. 娴熟地运用新闻背景材料

一、消息的含义

消息是新闻报道的主要体裁。它是用概括叙述的方式,以简明扼要的文字,迅速、及时地报道最新事实的短篇新闻。

二、消息的构成要素

（一）标题

1. 特点

一语中的：点出新闻的核心价值；

一目了然：受众一看就基本明白文章内容；

一见钟情：新颖、奇特、有趣，抓住受众；

变化多端：如结构较为复杂的多行题等。

2. 种类

（1）单行题：单单一个"主标题"，它必须实标（实题），即以叙事为主，点明必要的新闻要素，使人一见标题，就知道这篇消息报道的是什么事情。例如：

新一批学习习近平新时代中国特色社会主义思想重点数字图书上线

新华社北京7月1日电 为配合"不忘初心、牢记使命"主题教育，更好满足广大干部群众对学习习近平新时代中国特色社会主义思想图书的阅读需求，人民出版社、中央文献出版社、学习出版社、外文出版社等11家出版单位出版的30种学习习近平新时代中国特色社会主义思想重点图书，7月1日在学习强国、新华书店网上商城、易阅通、咪咕、掌阅等14家网络传播平台上线。

30种重点数字图书包括习近平总书记著作、讲话单行本，以及权威部门等编写的论述摘编、学习读本、思想研究、用语解读、描写习近平总书记工作生活经历的作品，涵盖经济、政治、文化、社会、党建、外交等领域。14家网络传播平台设置了"新时代新经典——学习习近平新时代中国特色社会主义思想重点数字图书专栏"，人民网等7家中央重点新闻网站设置了专栏链接，着力通过互联网推动习近平新时代中国特色社会主义思想深入人心、落地生根，帮助广大干部群众实现理论学习有收获，思想政治受洗礼。

去年9月有关部门组织集中上线第一批学习习近平新时代中国特色社会主义思想重点数字图书以来，读者访问量、点击量、下载量不断攀升，利用互联网学习习近平新时代中国特色社会主义思想成为阅读新风尚。

（2）引题＋主标题。例如：

中非经贸博览会期间，交通精准化管控，市民主动让行

当好东道主，共保长沙畅安

长沙晚报全媒体记者 张洋子 通讯员 肖强

6月27日至29日，第一届中非经贸博览会在长沙成功举行。这场规格高、规模大、活动多的中非"湘约"，对长沙交通安保畅提出挑战：如何在完成交通安保工作的同时，降低对群众出行的影响？

市民配合支持，主动让行；社会积极参与，优化出行方式；交警精准管控，力保道路畅安……高德数据显示，博览会期间，全市没有出现大范围的拥堵，长沙作为东道主，热情欢迎各方来宾，展现出新一线城市的开放和担当。

多管齐下：精细化交通组织管控，尽量不扰民

中非经贸博览会是湖南首个国际性、国家级、常态化的经贸平台，此次总计有122个代表团参会，入住全市24家酒店，各类安保牵引任务近600趟次，交通安全保畅工作难度可想而知。

"其他城市举办类似级别的活动，多采用单双号限行、限制外籍车辆入城或者放假等方式。"市公安局交警支队支队长李军龙介绍，为贯彻"为民不扰民"的指示，交警支队全警出动，将交通管控与城市道路精细化管理相结合，加强研判、多次预演，最终以中非经贸博览会主体活动现场为核心，打造了"远端引流、外围分流、中层控流、核心卡流"的四道"防护圈"，精准管控交通流量。

博览会期间，长沙交警全警出动，并实时对管控方案不断实施"微调"：指挥中心每小时刷新交通流量和拥堵指数，依据交通大数据灵活调整管控命令；全市重点选出万家丽高架、三一大道、长沙大道、晚报大道等路段，最大限度整合安保车队线路，

▶ 下转3版

(3) 主标题＋副题。例如：

言传身教诠释工匠精神

"大国工匠进校园"走进大中小学首场示范活动在湘潭举行

本报讯（记者 商艳鑫）6月10日，"大国工匠进校园"走进大中小学首场示范活动在湘潭举行，为广大师生献上了一场精彩的大国工匠先进事迹报告会。工匠大师分别以现场实操演示和交流访谈形式与湘潭大学及湘潭3所高职院校近千名师生代表面对面交流，诠释和传递工匠精神。

当天上午，在湘潭大学大礼堂，共有4名工匠大师参加了报告会。他们分别是大国工匠、中航工业沈阳飞机工业（集团）有限公司14厂钳工、中航工业首席技能专家方文墨，大国工匠、中车青岛四方机车车辆股份有限公司车辆钳工高级技师、中车技能专家宁允展，大国工匠、中国电子科技集团第二十九研究所高级技师潘玉华，湖湘工匠、全国劳动模范、中国兵器江南工业（集团）有限公司首席技师杨芳。

方文墨拥有"多功能测量表架"加钛合金专用丝锥"等11项专利，并以他的名字命名了手工0.003毫米加工精度的"文墨精度"，他讲述了自己如何打造梦想，成为一名中国好钳工的故事；被称为"高铁首席研磨师"的宁允展，是国内最早从事高铁列车转向架"定位臂"精细研磨的蓝领工人，所制造产品11年无次品，他讲述了自己如何凭着追求极致和完美的大国工匠心绣就绝活；"军工绣娘"潘玉华，踏实肯干、刻苦钻研，20多年如一日专注于微波集成制造的无线电装接手工焊接工作，她讲述了自己如何从一名普通的操作工人成长为一名优秀的女技师；"数控湘女第一人"杨芳，讲述了自己一步一个脚印，从16岁上铁工岗位，通过匠心打磨，精益求精成长为中国兵器集团关键技能带头人的奋斗历程。

来自江麓机电集团有限公司的职工代表和湘潭大学、湖南城建职业技术学院、湖南软件职业学院等7所高校的学员代表近千人聆听了报告会。

当天下午，潘玉华、方文墨、宁允展分别来到湖南软件职业学院、湘潭市工贸中专学校和湘潭技师学院，参观了职业院校实训基地，并进行了实际操作演示。三位大国工匠现场与师生代表访谈互动，诠释工匠艺经历，解答学生关心的问题，激励学生刻苦求学、勤勉做人。大国工匠的精湛技艺和执著专注、精益求精、一丝不苟、追求卓越的精神赢得了师生们的阵阵掌声。活动现场，这3所高职院校还分别聘请潘玉华、方文墨、宁允展为客座教授，并颁发聘书。

据了解，"大国工匠进校园"活动以"弘扬工匠精神提升职业素养"为主题，将大国工匠请进校园，与学生面对面交流，传授做人学艺的道理和技艺，立体展示工匠精神，助力职教育人。自2016年10月起在全国开展了近20场走进职业院校的示范性活动，各省、区、市总工会和教育厅关工委组织了百余场活动，在全国各地取得了良好的反响。

此次"大国工匠进校园"走进大中小学首场示范活动由全国总工会宣教部、教育部关心下一代工作委员会、湖南省总工会联合主办，湘潭市总工会、湘潭大学工会、市教育局承办，旨在贯彻落实习近平总书记关于"要在学生中弘扬劳动精神，教育引导学生崇尚劳动、尊重劳动，加强劳动教育"的指示精神，大力弘扬劳模精神、劳动精神、工匠精神，在全社会营造劳动光荣的社会风尚和精益求精的敬业风采。

全国总工会宣教部副部长阳万娥，国家教育部关工委副秘书长郝春开出席活动并讲话，省总工会副主席、党组成员彭瓊月主持活动，湘潭市副市长傅军和湘潭大学副校长刘赤建分别致辞。

（相关报道见2版）

(4) 三行题：引题＋主标题＋副题。其中有一个必须实标，其余的可以虚标，但副题一般是实标的，引题虚标居多，主标题可虚可实。例如：

《经济日报》头版推介智能制造"长沙经验"

高"智"量发展的生动样本

——湖南长沙市以智能制造引领新旧动能转换纪实（上）

经济日报记者 朱磊 刘麟 胡达闻

滔滔湘江水、巍巍岳麓山，孕育了长沙人"敢为天下先"的优秀品质。在新时代发展征程中，以制造业为基础的长沙，却出人意料唱出一曲"敢为天下智"的大戏，发展质量之高、动能转换之快令人眼前一亮！

2018年，700多万长沙人民创造了1.1万亿元的地区生产总值，人均产值超过13万元！一个不沿海、不沿边的中部城市，遵循和把握发展规律、依靠创新的战略思维和极为强劲的行动力，打造一份高"智"量发展的长沙样本，彻底改变了人们对中部地区发展模式和发展高度的固有认知。

以"智"造统领制造

"要把推动制造业高质量发展作为稳增长的重要依托。"不久前召开的中央政治局会议的这一重要论述，深刻表明实现经济高质量发展关键在制造业、重点在制造业。

━━━━━━━━ ▶ 下转3版

（二）消息头

消息头的形式有"本报讯记者××报道""本报讯（记者××）""本报长沙6月24日电（记者××）""新华社长沙6月24日电（记者××）""据新华社长沙6月24日电"等。

（三）导语

导语是以简洁生动的语言，引出全篇精华和主题的开头句子或段落。导语有三项使命：反映新闻要点；确立新闻基调；唤起受众注意。

 例文一

上海：当好改革开放排头兵

3.27万亿元

2018年，上海GDP为3.27万亿元，按常住人口计算，人均GDP达到13.5万元。

8.2平方米

人均绿化面积从1949年的0.132平方米提高到目前的8.2平方米。

704.9千米

2018年,轨道交通运营线路长度达到704.9千米。

7月2日,在国务院新闻办举行的新中国成立70周年省(区、市)系列主题新闻发布会上,上海市委副书记、上海市人民政府市长应勇,上海市委常委、上海市人民政府常务副市长陈寅,上海市人民政府副秘书长、上海市发展改革委主任马春雷围绕"深化改革扩大开放——全面提升上海城市能级和核心竞争力"进行介绍,并答记者问。

"新中国成立70年来,特别是改革开放40年来,上海发生了天翻地覆的变化,探索走出了一条具有中国特色、时代特征、上海特点的超大城市发展新路,已成为中国改革开放的重要窗口和发展成就的生动缩影。"应勇介绍。

(《人民日报》2019年7月3日07版)

1. 导语的分类

(1)从表达方式和表现手法上讲,可以分为:

概括式导语。例如:白云山风景区周围和广汕、广深、广从公路两侧的山林,被近300个采石场爆破不止!毁容不止!

描写式导语。例如:深受青年喜爱的著名作曲家施光南,正弹着钢琴创作大型歌剧《屈原》,突发大面积脑溢血,倒在了钢琴上。路漫漫其修远兮,他却再也不能走"在希望的田野上"。5月2日,这位正值盛年的作曲家的心脏停止了跳动,终年仅49岁。

评论式导语。例如:建筑是凝固的历史,历史的巨变常常记录在长存于世的建筑上。作为上海标志的外滩建筑群正以三年时间超过百年巨变,于无声处记录一场伟大的变革。

对比式导语。例如:24岁的冈萨雷斯去年在马德里获得了法学博士学位,现在却在做零工,其中最好的工作是遛狗。

引语式导语。例如:"我现在不是资本家,你最好把我说成是一个商人,"荣毅仁说,"人们称我为资本家是因为我引进了资本主义的经济管理方式。"

提问式导语。例如:狠心的年轻父母,你是否想知道被你遗弃的小生命的近况?

(2)导语还可分为直接导语和间接导语。

直接导语。导语能够立刻告知读者或听众报道中最重要的内容,例如:

昨天行政当局有关人士说,引起争议的驻联合国大使丹尼尔·莫伊尼汉已向福特总统递交了辞呈,他可能寻求在纽约担当民主党参议员的候选人。

丹尼尔·莫伊尼汉今天辞去了美国常驻联合国代表的职务。

间接导语。导语通过暗示报道的内容,引导读者或听众走进报道,例如:

直到最后一刻,丹尼尔·莫伊尼汉还在说,他不知道是否应该辞去美国驻联合国大使的职务。他说:"我下了30次决心,就像马克·吐温讲的'戒烟容易得很,我已经戒了一千次'"。上周,莫伊尼汉最后下了决心:辞职。

(美国《时代》杂志1975年2月2日)

空军一号欢快地飞越中西部,午餐在途中进行。总统刚刚在他的座位上坐稳,麻烦事来了。"总统先生,有个不好的消息报告你,"白官办公室主任理查德·查理报告说,"丹尼尔·莫伊尼汉辞职了。"福特抬起头来吃惊地问:"为什么?"

(美国《新闻周刊》1975 年 2 月 2 日)

直接导语适用于时效性强的新闻和硬新闻;间接导语适用于时效性较弱的新闻和软新闻。直接导语适用于广播、日报等快捷的媒体;间接导语适用于周刊、杂志等出版周期较长的刊物。

2. 导语的设计技巧

导语设计技巧有"四个突出"和"六个变"。

(1)四个突出:突出重点、突出特点、突出新意、突出阅读兴奋点。

突出重点:

今天上午 11 时 20 分左右,西安市一家商场楼内发生爆炸。这家名为"炭市街鲜鑫水特产副食品蔬菜综合市场",是一座三层大楼,地处市内较繁华的西一路中段的北侧。爆炸发生时,一声巨响,血肉横飞,惨状目不忍睹。警方闻讯后,迅速封锁了现场,展开侦查工作。

突出特点:

85 秒!拳王泰森击败挑战者。85 秒!历史上最短的拳王卫冕战。85 秒!1 300 万美元尽入腰包。

突出新意:

参加 12 月 27 日召开的全省发展和改革工作会议,记者发现了一个与往年大不一样的情况:主席台上没有一位省领导。

突出阅读兴奋点:

光荣的代价是什么?两只眼睛,两条腿,一只胳膊——每月 12 美元。

(2)六个变。

变抽象为具体:

上海今日发布 2016 年经济运行情况,面对复杂严峻的经济形势,当 2016 年结束时,上海全市生产总值呈现总体平稳、稳中有变的局面。因受到经济转型的影响,上海作为发达开放型经济地区,虽然经济增速在下滑,但回落幅度在不断缩小,经济增长速度也逐渐趋稳。变为:上海今日发布 2016 年经济运行数据,显示全市完成生产总值 27 466.15 亿元。按可比价格计算,比上年增长 6.8%。与全国 2016 年 6.7%的数字相比,上海的经济增速提高了 0.1 个百分点;与上海 2015 年的 6.9%相比,上海的经济增速回落了 0.1 个百分点。

变静态为动态:

最近,"秦始皇兵马俑"到达布鲁塞尔展出。变为:有一支中国军队到达了布鲁塞尔。威武的士兵身穿紧身盔甲,随后行进的是军乐队和骑兵,最引人注目的是他们的身材。

变繁缛为简要:

不要因为连年丰收,就以为农业已经过关了;不要因为加快二、三产业发展,就对农业不那么重视了;不要认为发展市场经济、让农民走向市场,就可以对农民和农业不管了。这是江西省委、省政府学习总书记在六省农业和农村工作座谈会讲话后的统一认识。最近江西省委、省政府对农业和农村工作进行了部署,制订了在 1993 年 1 月 12 日之前全部兑现收购农副产品的欠账、彻底解决打"白条"问题等 9 项措施,作为送给农民的"新年礼物"。9 条加强农业和农村工作的措施是……变为:江西省委、省政府决定,在春节前 10 天,完全兑现在收购农副产品时给农民打的"白条"。

变难懂为通俗:

科学家经过实验证实,在核酸长链中,各种核苷酸的不同排列组合,决定蛋白质的合成,进一步决定了生物的各种性状。变为:美国、英国和德国的一批科学家分别通过实验,初步确定了生物中决定蛋白质合成的密码是什么。

变呆板为生动:

有 40 户人家的板桥村与熊猫"相亲相爱",相处非常融洽。变为:熊猫娇娇又生了个漂亮娃,忙得王文树天天往"她"栖息的山洞跑。望着他那细心劲,家里的妻子吃醋地说:"我坐月子时,也没见他这么忙乎。"

变会议为行动:

北京市政府今天就城市规划和外来流动人口展开讨论。变为:北京市政府今天决定把外来人口就业数量限制在 100 万。

三、消息写作的结构

1. 倒金字塔

 例文二

北约野蛮轰炸我驻南使馆

1999 年北京时间 8 日早 5 时 45 分,以美国为首的北约至少使用 3 枚导弹悍然袭击我驻南斯拉夫大使馆。到目前为止,至少造成 3 人死亡,1 人失踪,20 多人受伤,馆舍严重毁坏。

当地时间 7 日晚,北约对南斯拉夫首都贝尔格莱德市区,进行了空袭以来最为猛烈的一次轰炸。晚 9 时始,贝尔格莱德市区全部停电。子夜时分,至少 3 枚导弹从不同方位直接命中我使馆大楼。导弹从主楼五层楼顶一直穿入地下室,使馆内浓烟滚滚,主楼附近的大使官邸的房顶也被掀落。

当时,我大使馆内约有 30 名使馆工作人员和我驻南记者。新华社女记者邵云环、光明日报记者许杏虎和夫人朱颖不幸遇难。据悉,这是外国驻南外交机构第一次被炸。

爆炸发生后,中国驻南联盟大使潘占林一直在现场指挥抢救。许多华侨对使馆给予了极大帮助。潘大使在被炸毁的使馆废墟前,愤怒地指出:"这是对中华人民共和国的攻击。"

南联盟外长约万诺维奇说:"使馆是中华人民共和国的领土,北约炸弹是对外交的轰炸。"

当地时间 8 日下午,中国在贝尔格莱德的数百名华人举行抗议游行,数千南斯拉夫人参加了游行。

（人民网1999年5月8日　作者：吕岩松）

2. 金字塔

美国大兵比卡尼克和他的妻子成了住房短缺的牺牲品

32岁美国大兵柯尼斯·比卡尼克和他30岁的妻子艾琳成了住房短缺的牺牲品。

他们一家住在凑合着搭起来的房子里。昨天大雨倾盆,比卡尼克家旁边的一株12米高的树倒了。紧接着,被水泡松了的山坡塌了下来。泥土压在他们的房子上,结果两个孩子——12岁的艾利森和他3岁半的小妹妹朱迪安被活埋在3米多厚的废墟下面。

他们的邻居查利·福特夫妇听到轰然一声响,赶快从家里跑了出来,只见比卡尼克像发了疯似的用手扒又湿又重的泥土。后来发现,在土堆的重压之下,孩子们的卧室塌陷到地下室里去了。

比卡尼克在嚎叫:"孩子啊,孩子啊,快出来吧!"福特费了好大力气才把另一个房间的门挖开,进去后,他发现比卡尼克夫人木然地站在那里,瞧着孩子房间塌陷下去的大洞发呆,她目瞪口呆,絮絮叨叨地说:"孩子们能支持多久?多久?多久?有人来救他们吗?"

消防队和铁路抢险队闻讯赶到,他们动用推土机干了12小时,才把废墟和泥土清除干净,找到了孩子们的尸体。

在被砸坏的床上,两个孩子并排睡在一起,男孩子用胳膊护着小妹妹。两个孩子的头上盖着床单,看来,他们在生命的最后一刻想用这床单挡住不断落下来的泥土。

（胡欣,《新闻写作学》(修订版),武汉大学出版社,1998年,第63—64页）

四、消息写作的主体和结尾

1. 主体的三大基本任务

一是对导语中提到的各个事实加以阐述,使事实更加清晰,并深化主题。

二是补充导语中没有提到的新的或次要材料,随着新闻的展开,使各项新闻要素更明确,交代更清楚,新闻根据更确凿。

三是解释证明导语中提出的观点,导语中提出来的观点,要在主体中得到充分的证明。导语中可能引起疑问的地方,在主体中要有充分的解释。

 **例文四**

日本宣布无条件投降

美联社 1945 年 8 月 14 日电 日本投降了！

杜鲁门总统今晚 7 时宣布，日本已无条件投降，造成历史上空前巨大破坏的战争随之结束。盟国陆、海军已停止攻势。

总统说，日本是遵照 7 月 26 日三强致日本的最后通牒所规定的条款无条件投降的。这项最后通牒，是三强柏林会议期间发出的。

8 天以前，日本遭到有史以来第一颗原子弹——一种威力最大的炸弹——的轰炸；两天以前，苏联宣布对日作战。在这种情况下，日本被迫于本星期五宣布接受最后通牒中包括的全部条款，但要求继续保留天皇制。

次日，美、英、苏、中四国对此做出答复，声称如天皇接受盟军最高司令部的命令，则可继续在位。

杜鲁门总统今天还宣布，道格拉斯·麦克阿瑟将军已被任命为占领日本的盟军武装部队总司令。

杜鲁门总统说："现在正在做出安排，以便尽早举行接受日本投降的正式签字仪式。"

他说，英国、苏联和中华民国也将派出高级将领，代表各自的国家在受降书上签字。

（李大卫，《美联社百年新闻佳作》，陕西师范大学出版社，2002，第 75 页）

2. 消息主体的写作要求

（1）材料集中、观点突出。主体选材必须紧扣新闻主旨，与导语保持一致；主体选材要精当，要选择典型的、有说服力的材料。

（2）层次分明、分段恰当。文章各层意思划分清楚，既避免纠缠不清，又要使它们连贯；写作中掌握事情发展的脉络和主线；划分段落以思想内容为主，每段应有且只有一个中心思想。

（3）过渡自然、注意照应。前面说的内容后面有补充和说明，后面说的内容前面有交代和伏笔。

 例文五

台胞临潼遭劫遇害案告破 6 名犯罪嫌疑人落网

新华社 5 月 7 日讯 一起台湾同胞遭劫遇害案近日告破，6 名犯罪嫌疑人已落入法网。

据西安警方介绍，5 月 13 日下午 4 时左右，在天津一家企业投资的台湾商人周和田一人登上临潼骊山，当他在红土沟附近的森林游玩时，遇到了歹徒的抢劫，当场被打成重伤，被人发现后报警。警方在接到报案后，立即和卫生救护等部门赶到现场，迅速将其送往附近医院进行抢救，并组织力量进行侦查。14 日下午，周和田因伤势过重，抢救无效死亡。

据了解，被害台胞周和田今年 57 岁，5 月 12 日从天津乘火车到西安，13 日早上前往临潼旅游。从目前掌握的情况看,这起案件属于一起抢劫案。

(《陕西日报》2000年5月18日)

3. 消息结尾的写作

消息的结尾要紧扣主题;新闻结尾切忌空泛;力求简洁,不重复;要自然,忌生硬。

五、消息写作的新闻背景

新闻背景指新闻事实之外,对新闻事实或新闻事实的某一部分进行解释、补充、烘托的材料。

1. 新闻背景的作用

(1)突出主题,阐述意义;

(2)补充情况,事实充分;

(3)提供知识,引发兴趣;

(4)借用背景,表明观点。

2. 背景材料的种类

(1)对比性背景材料。

 例文六

长江汉口水位站昨 21 时定时提供的水位记录显示,江汉关水位此时达 26.94 米。据历史记录,60 年前的 1931 年,江汉关水位在 26.94 米时,汉口溃堤。眼下,武汉三镇 308 公里的沿江大堤牢牢护卫着面临长江大汛的这座城市。

(2)说明性背景材料。

 例文七

拉美社北京 11 月 1 日电　北京人餐桌上的当家菜——2.8 亿公斤大白菜本周内将运进北京,其中第一批今天开始在 3 000 多个农贸市场上市。

熬白菜是冬季的传统食品,现在购买力大大提高了,国家经济也发展了,可是老百姓喜食大白菜的习惯没有变。北京人一般都要买很多大白菜,在家里找个地方储存起来,冬天蔬菜少的时候就吃冬储大白菜了。

大街上可以看到满载绿色大白菜的卡车在奔驰。在销售点附近,路旁和人行道上的大白菜堆成了金字塔形。市政府人士说,今年的供应量与去年差不多。科研人员则介绍说,大白菜含有丰富的胡萝卜素和维生素。

(《参考消息》1995年11月3日)

(3)注释性背景材料。

 例文八

"狗不理"的历史可谓久矣。它的创始人高贵友开办此店是在 140 年前。由于手艺独到,袁世凯曾将他做的包子进贡给慈禧太后并使得"龙颜大悦"。当初店铺的字号"德聚"也逐渐被掌柜的小名"狗不理"所代替了。

(《人民日报》1990年10月30日)

3. 背景材料的运用

(1)不是每条消息都要用背景材料,以免画蛇添足;
(2)不要形成固定的背景位置和背景段落,以免行文生硬;
(3)不要过多运用背景材料,以免喧宾夺主;
(4)不要随意运用背景材料,以免文不对题;
(5)不要失真,以免新闻失实;
(6)不要艰涩难懂,以免失去受众。

 例文九

本报巴黎8月30日电 记者郑圆圆报道:现代奥林匹克运动的诞生地——巴黎,昨天隆重举行国际奥委会成立百年庆典。

昨天……随后,34名各国的奥运冠军开始进行长达12公里的火炬接力。

火炬接力有一站是索邦大学。1894年6月23日,国际奥委会在这里正式宣告成立,现代奥林匹克运动的历史由此揭开。法国人皮埃尔·顾拜旦男爵是国际奥委会的奠基人,被称为"现代奥运之父"。他的一系列体育思想,至今仍是指导体育竞赛的原则。

(《人民日报》1994年8月31日)

第三节 通讯写作

学习要点

1. 通讯的含义
2. 通讯主题的提炼
3. 通讯的选材
4. 通讯的结构

能力要求

1. 理解通讯的含义
2. 掌握消息与通讯的核心区别
3. 领悟通讯的主题要求
4. 领会通讯选材的特点与类型
5. 掌握通讯的结构模式

一、通讯的含义

通讯是对新闻事件、人物和各种见闻比较详尽而生动的报道。不仅交代什么事，而且交代事情的来龙去脉，以及情节、细节和有关环境气氛。

同题消息和通讯的比较

项目	消息	通讯
内容	简单、概括	详细、完整、有情节
形式	程式性强	自由、创造性强
表达手法	叙述、描写	叙述、描写、议论、抒情
文学性	弱	强
时效	强	较弱
风格	朴实	有文采
篇幅	简短	较长

 例文一

消息：刘翔打破男子110米栏世界纪录

新华社洛桑2006年7月11日电 在11日晚举行的男子110米栏比赛中，刘翔以12秒88勇夺冠军，沉睡了将近13年之久、由英国名将科林·杰克逊保持的12秒91的世界纪录就此作古！前几天刘翔在法国巴黎比赛的成绩并不理想。当地时间11日晚8时50分，瑞士洛桑田径大奖赛赛场上，男子110米栏比赛的发令枪声响起，第二道的刘翔如箭离弦，跑过一半赛程时，已经明显领先。随着全场观众的欢呼声，刘翔第一个冲过终点，计时牌最终定格在12秒88，一个新的世界纪录产生了。

洛桑是刘翔的福地。2002年，正是在洛桑，刘翔打破世界青年纪录，成绩是13秒12。

在随后举行的记者招待会上，刘翔说："过去田径赛跑一直是美国人第一，我在奥运会上证明了黄皮肤的中国人可以跑出优秀成绩，今天又证明了这一点。我是中国人！"

美国选手阿诺德以12秒90第二个冲过终点，也打破了原世界纪录。

刘翔的世界纪录当场得到大奖赛组委会的确认。在赛后通过尿检后，国际田联将再次确认刘翔的世界纪录。

（中国政府网 2006年7月12日）

注：本文原标题为《刘翔以12秒88勇夺冠军 打破男子110米栏世界纪录》

 例文二

通讯：刘翔，"红色闪电"惊劈世界纪录

脱下比赛服抛向看台，刘翔忘情地喊着："太好了！太爽了！"

这个曾在雅典奥运会横空出世的"红色闪电"11日再次在瑞士洛桑一路狂飙,冲向一个崭新的世界纪录——12秒88!

当地时间11日晚8时50分,瑞士洛桑田径大奖赛赛场上,男子110米栏比赛的发令枪声响起,第二道的刘翔如箭离弦,跑过一半赛程时,已经明显领先。随着全场观众的欢呼声,刘翔第一个冲过终点,计时牌最终定格在12秒88,一个新的世界纪录产生了!沉睡了将近13年、由英国名将科林·杰克逊保持的12秒91的世界纪录就此作古!

刘翔冲到电子计时牌前,纵身一跃坐了上去,向围拢过来的摄影记者们挥手,随后跳下计时牌,手撑计时牌让记者照相。他不停地说:"太好了!太兴奋了!"

全场掌声不断,赛场组织人员上前邀请刘翔绕场一周与观众见面,刘翔边跑边向观众挥手,所到之处观众报以更加热烈的掌声、欢呼声。

刘翔连说:"我都没想到能跑出12秒88。洛桑是我的福地,2002年我在这里打破世界青年纪录,成绩是13秒12。今天又在这里打破世界纪录。看来是天注定!"

在随后举行的记者招待会上,刘翔说:"今天的表现证明一切,真正有实力用不着说大话。"他充满信心地说:"今天我是最好的,明天会更好!今天发生的一切将被记入历史。"

由于兴奋、激动和赛后的疲劳,刘翔在记者招待会上时而伏在桌面上,时而顽皮地做出各种兴奋的动作,他突然站起身大声说:"过去田径赛跑一直是美国人第一,我在奥运会上证明了黄皮肤的中国人可以跑出优秀成绩,今天又证明了这一点。我是中国人!"

他最后高兴地对在场记者说:"今天的成绩是我送给自己23岁生日的最好礼物,我后天将过一个美妙的生日,虽然到时我在回国的飞机上!"

刘翔的教练孙海平在接受新华社记者专访时说:"前几天刘翔在法国巴黎比赛的成绩不理想,原因一是时差问题,二是休息问题。今天刘翔状况很好,休息得好,感觉好,昨天训练就看出他状态很好。另外,我们也憋了一口气。"

孙教练提到刘翔今年2月的脚伤,说:"脚伤是坏事,但也是好事,我们利用这段时间调整、休息后强化训练,整个状态好。"对于刘翔破世界纪录,孙教练平静地说:"只要进入13秒以内,保持住这种状态就很好。"记者问他,刘翔的成绩是否还有提高的可能,孙教练回答:"成绩的提高有一个过程,是起伏的,不可能连续突破,但要保持好13秒以内的成绩。"

刘翔破世界纪录后,赛场还出现了一个小插曲。在刘翔飞身而过之后,电子计时牌上显示12秒90,比原世界纪录快0.01秒,在场观众立即为刘翔破世界纪录鼓掌。过了一会儿,计时牌又显示出12秒88,观众的掌声更加响亮。原来第一次显示出的是第二名阿诺德的成绩。

刘翔的世界纪录当场得到大奖赛组委会的确认。在赛后通过尿检后,国际田联将再次确认刘翔的世界纪录。

(中国政府网 2006年7月12日)

注:本文原标题为《特写:"红色闪电"精劈世界纪录》

二、通讯写作的主题

1. 通讯主题的要求

（1）符合客观事物的本质特征；

（2）通讯的主题要深刻；

（3）通讯的主题更强调社会人文意义上的针对性。

2. 通讯提炼主题的方法

（1）依据事实，提炼主题。

 例文三

不倒的玉树　奋进的力量

新华社青海玉树5月13日电

　　一个月前，当玉树高原被地震撕扯得满目疮痍时，那片土地还是草木枯黄的季节。

　　一个月后，废墟间的白杨已生出了铜钱般大小的绿叶。春天，以不可阻挡之势在高原的山水中涂彩；春意，在安置点的帐篷间涌动。

　　在应对大考中大悟。震后一个月，我们深切地感受到，历经磨难和考验的中华民族，从这次灾难中汲取到的新的力量、勇气和智慧，正和玉树的春天一起顽强生长。

　　这是人类历史上首次在高海拔地区展开的大规模救援。从救援、安置到秩序恢复和启动灾后重建，社会主义制度优越性在灾难面前再次彰显。

　　2010年4月14日7时49分，10岁的玉树第三小学学生嘎松求珍正走在上学路上，地面突然开始剧烈晃动，路边的房屋陆续倒塌，惊慌的人们奔走呼号。嘎松求珍吓坏了，双手紧紧抱住路边的电线杆，连声疾呼"妈妈！妈妈！"

　　就在小嘎松呼唤妈妈的那一刻，玉树的灾情通过电波，穿越万水千山，揪紧了全国人民的心。

　　获悉灾难，胡锦涛总书记、温家宝总理等中央领导在第一时间做出重要指示。国务院抗震救灾总指挥部立即成立，下设的8个工作组马上开展工作，一条条紧急救援的指令和部署迅速发出——救援，向着玉树！

　　经历汶川地震后逐步完善起来的抗震救灾应急机制，此刻高速运转——8时20分起，中国地震局、民政部、公安部、卫生部、交通运输部、铁道部、中国民航局……应急响应立刻启动。

　　北京—玉树、西宁—玉树、四川—玉树、西藏—玉树……

　　以玉树为中心，地震救援队、公安消防队、地震专家等专业救援队伍从四面八方迅速开进。

　　飞机、火车、汽车、徒步强行军……不管多么遥远，无论什么方式，火速出发，奔向玉树！

　　这是人类历史上首次在高海拔地区开展的大规模救援行动，这是难度超乎想象的生命大救援——玉树，青藏高原的腹地，4 000多米的海拔，含氧量只有平原地区六成,距省会西宁820公里,距成都1 200公里。

前进,每一步都是那样艰难。救援,每一个动作都那样吃力。"不少官兵在高强度的救援行动中出现了头痛、胸闷、恶心,但对于救援来说,每一分钟都异常宝贵,没人舍得离开岗位……"济南公安消防支队参谋丁林海在日记里记录了当时的情景。

再恶劣的条件也阻挡不了抢救生命的脚步。只要有一丝希望,就要尽百倍的努力!

——10小时、20小时、30小时……奋战在一片片废墟上的救援人员似乎忘记了时间;

——72小时黄金救援期过去了,救援没有停止,而是加快节奏。一直到第7天,又有22名幸存者被成功救出;

——7天以后,再次集结兵力,进行3天拉网式排查,直至确认再无幸存者……

这是以人为本的生动诠释——从汶川到玉树,生命的尊严再次彰显,人性的光辉在古老的青藏高原闪耀。

在科学有序的决策部署下,一个个生命被救出,一个个群众被安置,一批批物资被送达。

"我看到了国家的力量!"玉树结古寺佛学院教授昂噶感慨地说:"我没有想到,行动这么快!"

在一个月气壮山河、撼人心魄的抗震救灾斗争中,所有瞩目玉树的人们无不和昂噶有同样的感受。

——这一个月,各种救援力量最多时超过1.7万人,从废墟下救活1 455人。

——这一个月,有效救治伤员5.22万人次。转移到外地治疗的3 164名重伤员中,直接死于地震的仅4人,重伤致残率极低。

——这一个月,组织调运帐篷近7万顶、棉被22万多套、棉衣12万多件。方便面、火炉、折叠床、移动厕所、课桌椅等物资保证了所有受灾群众有吃、有喝、有住、有医、有学上。

——这一个月,灾区干线公路全部畅通,通信完全恢复,油品供给得到有效保障。群众临时集中安置点每建好一处,水电配套设施立即跟进一处。

——这一个月,邮政、银行等网点恢复服务,灾区商业企业、个体户陆续营业,结古镇街头几乎能买到所有生活必需品。

——这一个月,地震废墟清理过半,垃圾做到日产日清。地质灾害评估、环境调查全方位推进,灾后重建工作在科学规划中启动。

这是维护受灾群众利益的又一壮举,再次宣示了中国共产党全心全意为人民服务的宗旨。

这是国家动员力量的全面展示,再次彰显了中国共产党强大的执政能力。

这是令世界赞叹的救援奇迹,再次昭示了中国特色社会主义制度的巨大力量。

仿佛一种象征,更是一种昭示:地震中屹立不倒的文成公主庙和格萨尔王雕像,见证着各民族相濡以沫的情感,见证着一方有难、八方支援的人间大爱。灾难中凸显

的民族凝聚力和向心力，是中华民族伟大复兴历史进程的重要基础和强大动力。

高原的阳光洒落在结古镇中心的格萨尔王雕像上，与之相距十几公里的唐蕃古道边，酥油灯的清香在文成公主庙的佛堂弥漫。

一个月来，这两座地震中屹立不倒的建筑，见证了中华民族一方有难、八方支援的人间大爱，见证了汉、藏、回等各民族相濡以沫的情感。

震后十几分钟，身单体薄的玉树县回族女民警马玉芳不顾余震危险，带领6名汉族和藏族民警奋战12个小时，从废墟中挖出12名幸存者，藏族群众亲切地称她为"阿达"（藏语中对女性的敬称）。而令马玉芳感动落泪的是：救援中，一名藏族小伙和一名汉族中年人开来了自家的小型吊车；满脸皱纹的藏族老阿妈、身穿红色僧袍的僧人、出租车司机……都自发加入救援队伍中来。

灾难来临时，像这样自发组成的多民族救援队伍，四处可见。灾区各族群众自救互救、共度时艰，谱写了一曲曲催人泪下的生命赞歌。

玉树，青藏腹地，三江之源。在这片离天最近的地方，居住着藏族、汉族、回族、蒙古族、土族等15个民族。他们长期共同生活、相互依存、水乳交融。历史和现实早已把各民族紧紧凝聚在一起。

虽然信仰不同，但人们守望相助；尽管语言不通，但大家同气连枝。地震摧毁了美丽的家园，却让生活在这块土地上的同胞情谊更加牢固。

在玉树经商的甘肃临夏回族兄弟陕国林、陕国雄从废墟中救出3名藏族同胞，并向受灾藏族同胞免费提供了价值30多万元的饮用水和方便食品。邻居卓玛说："地震以后，我们两家就成一家人了。"

玉树之殇，华夏之痛。在许多人心里，遥远的玉树，此刻变得如此亲近。

一个月来，党和国家领导人多次赶赴灾区一线指挥抗震救灾，党心凝聚起强大的民心。

一个月来，全国各地纷纷捐款、捐物，许多人千里跋涉援助灾区。

"他们的苦难就是我的苦难。"78岁的老红军张忠贵从成都龙泉驿出发，徒步、搭车来到玉树搬运救灾物资。"来了灾区，心里才能真正踏实。"

"我们是农民工，没有钱，却有力气。"6名四川彭州的打工农民带着铁锹等简单工具，花了550元钱租了一辆三轮摩托车，连夜从玉树藏族自治州囊谦县赶到结古镇。看到地震的惨状，他们边落泪边开始抢挖废墟下的群众，一直到天亮。"汶川地震，全国各地都帮助了我们，这次大灾难，我们是带着感恩的心来的。"

民族作为一个整体的巨大向心力，必然激发个体对国家和民族的责任与担当。

"代青巴毛""晋美索南""汤立勇""鲍成林""扎西旦周"……在玉树藏族自治州体育场内一处不起眼的角落，两张木桌、几把椅子、几十缕红布条，加上写在包装纸板上几个歪歪扭扭的字——"志愿者报名处"，就成了数百名志愿者在震区的集结地。他们有来自西安的"父子兵"，有来自汉、藏、回多民族的老兵救援队。吉林、陕西、四川、广东、香港、澳门……众多志愿者民族各异、身份各别，"但他们带来了同样浓浓的爱。"共青团玉树藏族自治州委的扎西达杰说。

亲历抗震救灾每个日日夜夜的玉树藏族自治州州长王玉虎感慨地说:"这次灾难中,不分民族、不分地域,大家齐心协力、众志成城,真正体现了中华民族大家庭的凝聚力。"

一个月来,所有直接和间接参与抗震救灾的人们,所有关注灾区的人们,内心无不涌动这样沉甸甸的感受:民族团结的精神在这次抗震救灾中得到升华,建立在深厚历史文化传统上的民族政策,各民族长期以来和睦相处孕育的血肉联系,在抗震救灾中迸发出强大的力量。

水珠汇入大海,力量就会无限;各民族紧密团结,就能勇往直前——这是中华民族发展史一再证明的真理。

从废墟里刨出农具,在春雨中播种希望,店铺陆续开张,商贸逐渐流通……写在灾区人民脸上自强不息的神情,是中华民族愈挫愈勇、百折不挠的精神传承,昭示着生生不息的强大力量。

"我不小了,我有力气,我能给家里挣钱。"13岁的藏族男孩儿美朗松保在记者面前尽力挺直身板。

地震中,美朗松保所在的玉树县上拉秀乡加吉娘村化为废墟,爸爸和哥哥受了重伤,妈妈要长时间留在医院里照料他们。

玉树,这个全国著名的"虫草之乡",即将到虫草采挖季节,这让美朗松保充满了期待。在今年的"虫草假期"里,他要带着弟弟妹妹、跟着叔叔去挖虫草。"我们不能仅靠救济来生活"。

坚强,写在这名少年的脸上,更印在灾区群众的心里。

地震发生时,24岁的罗松措西正在山上放牛,幸免于难,但丈夫腰部受了重伤,被送往山下接受治疗。如今,罗松措西依旧在山上边带孩子边放牛,只是让家里的年轻人间或下山领一些救助物资。罗松措西说:"有牛,就能卖牛粪、挤牛奶,一年可以赚两千块钱。"

震后一个月,尽管大地依然疮痍,但帐篷里、街道上、村落中,那一张张或稚嫩或年轻或沧桑的面孔上,悲伤渐远,自强和希望重新在人们心里升腾。

"能刨一点是一点,能做多少是多少。"扎西大同村66岁老人白玛多杰家的房子在地震中全部倒塌。在帐篷里安顿下来后,他们从废墟下刨出了还没有损坏的自行车、碗筷、青稞、柜子、农具……白玛多杰谋划着重建家园:"马上要把青稞种上,儿子们还年轻,可以去挖虫草,家里不用担心,我守着……"

在废墟里刨出农具,在春雨中播种希望。经历地震磨难的玉树人开始了新的劳作。

结古镇红卫村绿色食品蔬菜基地没有倒塌的温室大棚里,青青的油菜长势正旺。蔬菜经营户朱双连一边清理废墟,一边告诉记者,如果能够尽快把其他倒塌的大棚重建起来,损失会补回来一些。

朱双连的希望即将变成现实。目前,青海省农牧厅正从大通、湟中、乐都等县抽调农业科技骨干赶赴灾区,对结古镇及周边地区近2 000个损毁倒塌的大棚进行重建指导。

青稞、豌豆、洋芋的种子也正源源不断地运到灾区。5月中旬,玉树藏族自治州的大田作物将播种完毕。

"能开工的企业都开了,能开张的商店也都开了。"玉树藏族自治州经贸委主任索南多杰说。走在结古镇临街的道路上,农业银行、农村信用社、邮政储蓄银行等金融机构的帐篷营业点人来人往。"帐篷超市""帐篷饭店""帐篷理发店"随处可见。人们开始挑选自己喜欢的礼帽,小孩子开始购买自己喜欢吃的糖果……震后一个月的灾区正在显现它特有的生机和活力。

"国家帮一把,老百姓自己努力一把,用不了三五年,玉树一定会更好!"71岁的藏族音乐人代尕劫后余生,饱经沧桑的面庞上透着坚定与自信。

自力更生、自强不息——这是中华民族愈挫愈勇、百折不挠的精神在传承着生生不息的力量,是我们中华民族不断的根、不灭的魂!

启示提升认识,认识推动实践。重建一个美好的新玉树,答卷刚刚开始书写,困难和挑战依然严峻。秉持科学发展的理念,玉树的明天一定更美好。

……

(新浪网 2010年5月14日)

(2)直述主题,事实印证。

例文四

药价追踪:过度竞争致药企提高药价"通关"

"一个电影院如果只有10个座位,放进去100个人,必然有人站着有人坐着。"一名药品销售行业的业内人士近日披露,在眼下布局不尽合理的医药领域,为了争得市场上有限的"座位",一些企业不惜成本打通各种"关节",而这一过程无疑是通过提高药价来实现的,最终"埋单"的还是广大患者。

国内一名在医药行业经营了近20年代理业务的人士表示,由于药品分类十分复杂,因此对药品价格问题很难一言蔽之。对于药品出厂价与零售价相差较大的问题,他认为重要原因之一是行业布局不合理,产品原料重复生产,产能过剩,"产品生产批准文号批给若干家生产单位,必然产生激烈的市场竞争"。

以药品市场上常见的注射用头孢哌酮钠舒巴坦钠为例,这是一种抗生素针剂。头孢哌酮钠舒巴坦钠是药品的化学名,上市销售的则是被生产厂家包装成不同商品名、不同剂量的药品。

记者向一名业内人士询问哪里有药厂生产这种药,他回答说:"那可太多了,全国到处都有,市场竞争很激烈。"

果然,记者在网上搜索"头孢哌酮钠舒巴坦钠"发现,国内河南、湖北、四川、海南、江苏等很多地方均有厂家供应这种药品,其剂量也分为0.75克、1克、1.5克、2克、2.5克、3克、4克等数种规格。

记者对此进行了实地走访。记者首先来到位于哈尔滨市中山路的一家医药连锁店,以12元每支的价格买到了一支剂量为1克的头孢哌酮钠舒巴坦钠,这是山东一家药业公司生产的。随后,记者拿着这支药来到邻近的黑龙江省医院,向三楼药局工作人员询问这种药,一位男性工作人员看了看药品包装盒说:"我们的药不叫这个名,规格也不一样,是4克的,40.4元每支。"

对于这种现象,这名不愿被披露姓名的业内人士说,国外一般会限制同类药品生产企业的数量以控制行业规模,合理布局,而目前在我国的药品生产领域,产品生产批准文号会批给若干家生产单位,使得企业陷入重复投入产能过剩的局面,恶性竞争的结果必然导致一些涉及药品准入、流通环节的腐败。

一位业内人士说,在医药行业的恶性竞争中,为了让自己的药品到达临床终端使用者——患者,拥有开方权的医生成为关键环节,必然会导致医药行业的零售、批发企业与医生产生利益关系。

他透露说,在业内,医生处方提成通常被称为"提单",也就是处方费用。在出厂价与零售价相差悬殊的药品品种上,医生处方提成一般在零售价的30%～40%,高的能达到50%,医药代表也就是销售人员的提成在3%～5%。

其实,除被人们所熟知的药品回扣以外,一些药品价格距离真实价格存在差距,也与药品审批、招投标、定价等环节密不可分,但这些往往是包括普通患者在内的"圈外人"难以确切了解的"非透明"环节,对拉高药价具有重要作用。而企业为打通这些环节所投入的成本,必然要加在药价中,最终承受的还是患者。

哈尔滨医科大学卫生管理学院卫生经济教研室主任刘国祥教授表示,近期各地暴露出的药价问题在医药行业并非个案。举例来说,一种成本只有5元的药品,最终定价为40元,进入医院又按国家规定加价15%,最终到患者手中的价格为46元。从5元到46元,经历生产、定价、招投标、销售等多个中间环节,其中哪个环节提价都会导致药品价格提高,最终引起"药价虚高"这一现象产生。

此外,探讨"药价虚高"离不开医院环节,其深层次原因在于药品对医院发展所起到的重要作用。目前,医院的主要收入来源分为政府投入和自身收入两部分。政府投入不足导致医院生存发展主要依赖自身收入,而药品收入又是医院收入的重要组成部分,医院对其具有严重的依赖性。

专家建议,根治"药价虚高"这个我国医改进程中的顽疾,就必须改革"以药养医"制度,完善医院的"补偿机制"和"激励机制",进一步加大政府投入力度,减少利益中间环节。目前,我国许多公立医院试点改革地区都在对这一难题开展积极有益的探索。

专家建议,我国应当对医药行业布局进行合理调整,进一步规范药品生产企业,提高市场准入门槛,避免药品行业产能过剩和低水平重复建设。同时,政府相关部门应当对药品进行合理定价,使药品价格符合药品生产成本以及市场经济规律,保障人民群众基本用药。

(中国经济网2010年6月6日)

三、通讯写作的选材

（一）通讯选材的特点

(1)材料真实；

(2)围绕主题选材；

(3)材料具有典型性；

(4)选材切忌重复；

(5)具体、完整、感人，具有生动性、情节性。

（二）通讯材料的类型

1. 骨干材料

事实发生过程比较完整，事实意义比较突出又有代表性，能够说明主题的材料。

2. 细节材料

骨干材料中事例的细节、现场画面，或者富有个性的对话和场景。细节材料的主要特点是"再现"。

3. 一般材料

对人物、事件、风貌的背景和现在的状态做概括性的介绍和解释，使人了解一个大致的事实框架，织出通讯的一个基本背景和舞台，让骨干事件和细节材料有赖以展现的舞台。

四、通讯写作的结构

（一）通讯结构的原则

(1)结构要服从主题的需要；

(2)以表现事实为基本原则；

(3)简洁清晰原则；

(4)均衡对称原则；

(5)跌宕起伏原则。

（二）通讯结构的表现形式

1. 纵式结构

按照新闻事实发生、发展的时间顺序组合和编排事实材料的结构形式。

2. 横式结构

按照新闻事实内在性质的区别和联系，以多侧面拼接的形式来安排新闻素材。

3. 纵横结合式结构

以事物发展的时间顺序为基本线索来展开事件过程的同时，描绘多个在同一时间发生的、不同空间方位的相关联的故事。

第四节　新闻评论写作

学习要点
1. 新闻评论的含义
2. 新闻评论的选题与立论
3. 新闻评论的谋篇与布局

能力要求
1. 理解并掌握新闻评论的含义
2. 掌握新闻评论选题的根据、来源与类型
3. 领会新闻评论立论的核心
4. 领会新闻评论立论的要求
5. 掌握新闻评论谋篇与布局的基本知识

一、新闻评论的含义

新闻评论,是公众针对现实生活中新近发生的、具有普遍意义的新闻事件或者迫切需要解决的问题而阐发议论,宣讲道理,直接发表意见的文体。

二、新闻评论的选题

对新闻评论来说,选题就是选择所要评价的事物或所要论述的问题,确定所要评论的对象和论述的范围。

(一)选择和确定选题的根据

(1)当前的政策精神、舆论动向和宣传任务,以及最近中央或地方政府发布的重要决定和工作部署。

(2)实际生活中层出不穷的新情况、新变革、新矛盾、新风尚,以及来自广大群众和社会基层的呼声和要求。

(3)重要的新闻事实、新闻事件和新闻典型。

这是社会舆论关注的热点,是结合实际引导舆论、发挥教育功能的好材料,也有助于评论选题富有针对性、新闻性和时代感。

(二)选题的来源

1. 政策文件的学习研究

新闻评论是一种政治性很强的文体。这种特性就决定了撰写者必须密切关注国家大政方针和各种政策的变化。大到带有纲领性的报告,小到平时国家部委出台的一系列政策法规,都是新闻评论的重点评论对象。例如,住建部"关于落实新建住房结构比例要求的若干意见",教育部关于"师范生免费教育"的文件,劳动和社会保障部关于建立完善的社会保障体系的相关政策和文件,中国人民银行关于加息、降息、公开市场业务等方面的政策动态等,都是新闻评论

的重要选题来源。

2. 作者自身的发现

发生在自己身边的、带有普遍性和现实针对性的题材,也是新闻评论写作者在选题时的一种良好选择。所谓"处处留心皆选题"。发生在自己身边的那些值得书写和评论的题材,往往因其生活化和接近性,而更容易成就一篇见解深刻、观点独到,广大人民群众喜闻乐见的好评论。因此,当我们举目四望却寻觅不到一个好的评论题材时,不妨多关注一下自己身边的那些具有评论价值的人与事。

3. 媒体的报道

应该说,目前新闻评论的选题,绝大部分都是直接取材于媒体。网络时代,新闻信息充斥各大网站,使得人们获得评论选题的成本几乎变为零,而且经过网络编辑的版面设置,所有的重要新闻都得以凸显,评论选题则在此基础上顺利脱颖而出。

另外,值得一提的是,现在的新闻评论文章,如果没有明确的出处,原则上媒体是不予刊登的,因为评论编辑和读者都很难判断评论选题是真实的还是作者自己臆造出来的。因此,媒体报道,成为新闻评论选题当仁不让的主体。

4. 受众的提供

在互联网时代,传媒与受众的互动成为寻常之事。受众资源成为媒体借以利用的重要资源。单个媒体的力量总是有限的,但受众的力量却是巨大的。在新闻评论选题方面,重视受众资源的利用,往往可以达到事半功倍的效果。

2000年5月24日中央电视台《焦点访谈》曾经做过一个报道:重庆市巫山县官阳区部分乡镇发生铲苗种烟、违法伤农事件。事情的起因是,当地政府好大喜功,为了有政绩,盲目地、强制地要求当地农民铲除当地所栽种的农作物,改为种植经济作物——烟草。眼看着自己辛辛苦苦种的粮食就被这么糟蹋了,当地农民就把这个消息提供给了《焦点访谈》,节目制作播出之后引起轰动。此事惊动了国务院,国务院专门为此下发文件《国务院办公厅关于重庆市巫山县部分乡镇铲苗种烟违法伤农事件的情况通报》。可见,受众资源的充分利用,是新闻评论选题的一大法宝。

5. 专门的策划

当在一段时间内,新闻评论的选题资源变得平淡的时候,或者某一事件相当重大,需要做出深度剖析的时候,专门策划某种评论选题,就变得顺理成章了。一般而言,专门策划的评论选题,都是针对具有历史性、重大性、现实迫切性、热烈关注性的重要事件或人物。2004年9月12日,中央电视台《世界周刊》推出的《五问"后'9·11'时代"》便是专门策划的优秀评论作品,引起强烈反响。

三、新闻评论的立论

立论就是一篇评论所形成和提出的主要论断或结论,是作者对所提出的论题的主要见解,是选择论据、实施论证和分析事物的指导思想,是整篇文章的"纲",起统率全文所有观点和材料的作用。

(一)立论的核心:判断

新闻评论立论的过程就是判断的过程,因为在大部分情况之下,新闻评论所讨论的问题,不外是真或伪的问题、是或非的问题、利或害的问题、善或恶的问题。

与立论相关的主要判断类型：
(1)事实判断(对事实真相的常识性、专业性判断)；
(2)价值判断(对事实的价值、意义、影响的判断)；
(3)因果判断(对事实与主客观原因之间内在联系的判断)；
(4)趋势判断(对事实的发展趋势与可能产生的结果的判断)。

(二)立论的基本要求

1. 针对性

所谓针对性，指的是立论能够针砭时弊，针对不良社会风气和倾向性矛盾、针对偏颇乃至错误的思想，运用正面引导或批评论辩的方式对症下药，以促使矛盾转化，帮助人们提高思想认识，产生积极的社会效应。

2. 新颖性

(1)论题新颖，且有独到见解；
(2)与错谬或片面观点的交锋中闪现真理的亮点；
(3)有新的论点或论据；
(4)选取新的立论角度；
(5)视角移向舆论的非热点；
(6)从容易被人们忽视或被掩盖的矛盾侧面选取角度。

3. 准确性

立论的准确性，包括下列几个方面：论点的准确，包括概念、论断、提法和分寸的准确，论据、引语的准确；语法逻辑的准确，完整、准确地阐明党和政府的方针政策和法规，坚持一切从实际出发，实事求是，力戒浮夸和武断等。

在写作实践中，违背准确性的表现是多方面的：
(1)概念、论断不准确；
(2)提法、分寸的片面和绝对；
(3)不合法律法规和政策；
(4)虚夸浮躁；
(5)不合逻辑。

4. 前瞻性

前瞻性指的是能够及时洞察矛盾和预察将会出现的矛盾，尽早地去探询事物的内在规律及其发展趋势，进而设想出解决矛盾的办法和途径，以便站在时代潮流的前头引导舆论，推动事物的发展。

(1)敏锐感；
(2)洞察力；
(3)预见性。

四、新闻评论的谋篇与布局

(一)"题好一半文"——精心制作标题

1. 提示论题型标题

《王韬为什么没有选择西式活字印刷技术？》，2018年8月15日《文汇报》。

《革命先辈的骨头为什么那么硬?》,2018年7月24日《解放军报》。
《再发事故 1人失踪 "网红沙滩"缘何成"杀人沙滩"?》,2018年8月10日《华西都市报》。
《险资发力海外投资 泰康人寿93亿元投资海外核电意欲何为?》,2018年7月2日,"人民网—国际金融报"。

2. 体现论点型标题

《景区"谢客令"是警钟也是契机》,2018年6月26日《工人日报》。
《把关键核心技术掌握在自己手中》,2018年6月25日,"人民网—人民日报"。
《跑步捡垃圾和世界一起变好》,2018年8月13日《北京青年报》。
《心中有他人,手中才无烟》,2018年8月10日《钱江晚报》。

3. 表明态度型标题

《不能任由黑培训无法无天》,2018年8月15日《法制日报》。
《公摊面积不能"难得糊涂"》,2018年8月10日《南方日报》。
《入侵式体验活动应及早叫停》,2018年8月7日《法制日报》。
《敢闯敢试就是我——南科大女生的创业路》,2018年7月24日"人民网—教育频道"。

4. 引发兴趣型标题

《国家级"非遗"万荣笑话:如何在新的时代"逗死你"》,2017年7月9日"人民网"。
《〈欢乐颂〉:披着现实主义外衣的成功学课堂》,2016年5月23日《光明日报》。
《个矮不能当老师?浓缩没准是精华》,2018年7月4日"人民网—观点频道"。
《求职女生被判情绪高风险 比歧视更糟》,2018年4月12日"人民网—观点频道"。

(二)"万事开头难"——悉心写好引论

新闻评论引论的写法有如下几种:
(1)开宗明义,点明题旨,提出作者的看法和主张;
(2)以新闻事件为缘由,在开头先将新闻事件的经过或特点概括叙述,为下文的分析论证做铺垫;
(3)说明原委,回溯来由,交代写作动机;
(4)摆出驳论的对象,亮出错误认识,使文章一开始就掀起了论战的高潮;
(5)用设问句直接点明论题,这些论题往往是国计民生的重大问题或人民群众普遍关心的问题;
(6)用引语、经典、比喻、故事开头,使文章显得生动活泼。

(三)"文似看山不喜平"——苦心经营正论

通常有六种段落结构安排:

1. 归纳论证结构

 例文一

特别感谢"未竣工便坍塌的大桥"

18日晚,辽宁抚顺市正在建设中的月牙岛公园西桥"因违章施工"发生局部坍塌事故。坍塌的大桥长416.4米,原计划7月竣工通车。月牙岛东西两座跨河桥工程,政府计划投资额达5 800万元,东、西两座桥各为2 900万元。

对此,笔者窃喜!认为应该特别感谢"未竣工便坍塌的大桥"。首先,早塌比晚塌社会危害小。假如通车后大桥再突然坍塌,将造成多少车毁人亡?桥未竣工便坍塌,没有造成潜在的车毁人亡悲剧,这是万幸。

其次,塌总比不塌好。这并非奇谈怪论。试想,假如这样的"豆腐渣"大桥不赶紧坍塌,立在那里也是危桥。届时,维修?劳民伤财,且恐怕也难根治桥身之"硬伤"。使用?大桥危机四伏,随时会坍塌,谁敢在上面行车?人工摧毁?恐怕没有人敢这样决策!如此,这座投资数千万的大桥,岂不成了烫手芋头?用不得,也弃不得。

第三,捅破了腐败那层纸。时下工程领域腐败多多,如招投标"暗箱操作",一些不具备资质的公司和个人承揽工程;工程层层转包,工程款被层层蚕食;工程偷工减料,以次充好……无疑,桥塌就是举报信,有关部门应该彻查,揪出腐败分子。否则,桥虽没塌,但成了危桥。腐败分子或许能潜伏一辈子不败露。

笔者在特别感谢"大桥未竣工便坍塌"的同时,也有些隐忧,即桥塌了,钱浪费了,而腐败者却逍遥法外,腐败的钱不吐出来,官还照当,这才是让公众感到最最悲哀的事了。这种担忧,不是没有可能。当今,动辄坍塌的楼、桥或是曝光的"豆腐渣"工程,几乎哪项都有腐败的魅影,真可谓是,豆腐渣工程,年年曝,年年曝不完;而工程腐败行为,却也是年年查,年年查不尽。嗟夫!月牙岛西跨河大桥未竣工便坍塌,纪检部门又能揪出几条腐败大鳄呢?

(《广州日报》2012年6月21日)

2. 归谬论证结构

 **例文二**

岂能规定太阳能属国有?

日前,黑龙江省发布了《黑龙江省气候资源探测与保护条例》,规定企业探测开发风能及太阳能资源必须经气象部门批准,且探测出来的资源属国家所有。据悉,这是我国首个规范气候资源利用的地方法规。

此消息既出,震骇国内。俗语云,上管天下管地,中间管空气。黑龙江省可谓为这句俗语做了最好的注脚。大自然中的轻风、温煦的阳光,乃天地造化之产物,它们带着无限的慷慨与悲悯,恩泽、施福于所有人类。如果非要论及"所有权",那所有权人只能是大象无形的"造物主"。黑龙江方面何德何能敢僭越无上的权力,贪天之"所有权"呢?

风变成风能,依然是风;太阳变成太阳能,也依然是太阳。在风和太阳面前,故作严肃地奢谈"所有权",实在是遗人耻笑、放诞之极。退一万步讲,即使在资源的意义上谈论"所有权",黑龙江省的单方面立法也是形迹可疑的。

按照《中华人民共和国立法法》第八条规定,像"所有权""物权"等民事基本制度,只能由全国人大及其常委会制定法律来实现。黑龙江省根本无权以地方性法规的形式,越俎代庖地去规定"所有权"。

此外,我国《宪法》第九条第一款规定:矿藏、水流、森林、山岭、草原、荒地、滩涂等自然资源,都属于国家所有,即全民所有;由法律规定属于集体所有的森林和山岭、草原、荒地、滩涂除外。毫无疑义,在本条款中,无一字提到气候资源,而黑龙江省却越过《宪法》去单独规制"气候资源",涉嫌违宪。目前来看,世界范围内,无论哪国法律,对气候资源的规制都是极其审慎的。视野之内,还真没看到,有哪个政府敢冒天下之大不韪,高调公然宣布风能、太阳能"属国家所有"。为什么?很简单的道理,某种意义上,风能、太阳能都是取之不尽、用之不竭的,它们和矿藏、水源、森林、草原等自然资源,有着本质上的差别。

只有当资源属于不可再生资源,面临枯竭,对人类生活构成重大挑战的时候,资源才有"属国家所有"的现实必要性。否则,一切都应是自由的、任运自在的。从此意义上讲,对风能、太阳能祭出"所有权"的行政大棒,是对宇宙秩序、对自然界自发演进逻辑、对人类普世权利的粗暴的近乎儿戏的冒犯。

(《都市时报》2012年6月21日)

3. 排列论证结构

例文三

名牌是"民牌"

"名牌"热起来了。叫人高兴,也叫人有几分担心。高兴的是大家都来重视名牌,中国名牌事业的崛起大有希望了,这对振兴民族经济将起很大的作用。担心的是如何实施名牌战略还缺少经验、缺少规范,更存在着假冒名牌和乱评名牌两大公害。

要健康发展中国名牌事业,需要在名牌意识、名牌理论、名牌战略、相关法制、实际操作几个方面推进。而观念处于先行地位。最重要的还是要弄清什么是名牌。

对此,本文不可能做理论上的阐述。我想,有一位企业家的话,最简明地说出了这个问题的实质——名牌是"民牌"。

名牌是"民定"的。哪个是名牌,哪个不是名牌,谁说了算?没有别人,只有广大消费者说了算。一句话,名牌是在长期的市场竞争中,由消费者的"金钱选票"选出来的。

名牌是"民创"的。从根本来说,名牌不是评出来的,甚至也不只是靠宣传吹出来的,名牌是创出来的。谁创出来的?企业的广大职工。凡是立得住的名牌,都是经营管理过硬的企业创出来的。

名牌是"民护"的。"民护"是两个方面,一个是保护,一个是爱护。名牌的生命之根必须扎在无限广阔的市场之中。而名牌效益又引得一些不法之徒变着花样地搞假冒。所以,保护名牌成为一个十分艰苦复杂的工作。

名牌是"民享"的。"名牌是国宝"。名牌给企业带来效益,名牌也会带动整个国民经济向高水平发展,名牌将会丰富我们中国的文化,中国名牌是中华民族的骄傲。名牌是企业的,也是社会的、国家的、民族的。每一个名牌都是为民享用,为民争光的,中国的名牌群体更是为全民享用,为全民争光。

名牌——"民定""民创""民护""民享",所以说它的实质是"名牌是'民牌'"。为了民族的振兴,让我们全民以全方位努力来发展中国的名牌事业吧!

(《人民日报》1995年10月9日)

4. 递进论证结构

 例文四

让网络扶贫催生脱贫新动能

当前,脱贫攻坚战已经进入"下半场",网络扶贫也将扮演越来越重要的角色。网络是间接帮助,通过网络不能立即让农民增收、脱贫,它需要其他配套的举措才能把脱贫攻坚的作用发挥出来。让贫困地区顺利地搭上互联网快车,也绝不是简单地搭搭桥、牵牵线,教会贫困户开网店这么简单。要激发互联网释放更多的扶贫"新动能",就需要进一步建立完善的多方参与的网络扶贫工作机制。地方政府不能只靠自身力量单打独斗,而是要以互联网思维弥补扶贫工作的现有不足,引导更多的社会人士参与脱贫攻坚,发挥他们在普及网络、电商扶贫、技能培训、教育、宣传、资金募集等方面的作用,让贫困问题走向协同治理、社会共治。同时,还要进一步发挥互联网在生产要素配置中的优化和集成作用,因地制宜地打造出既具当地特色又可持续发展的产业,将现代科技的创新成果更快、更好地融入贫困地区各领域中,彻底拔掉产业的"穷根"。此外,还要通过互联网推动扶贫工作由粗放管理转向精准管理。通过大数据让扶贫目标、扶贫措施、脱贫跟踪更加精准到位,为每个贫困户量身制订可量化、看得见、能落实的帮扶措施,实现"靶向治疗"。

(央广网,2018年10月30日 作者:方永磊)

5. 比较论证结构

 例文五

杭州:从"西子"到"弄潮儿"

若给杭州画像,你会画成怎样?

或许是用软毫黛墨,画出一位翩翩少年,长身玉立于桥上,湖面烟波荡漾。

又或许加上柳青鹅黄,画出一位纤纤女子,环绕于琴棋书画诗花茶,淡妆浓抹总相宜。

作为历史文化名城,杭州一直以来是精致、浪漫、闲适的代名词。近年来,杭州转变发展思路,向东部扩展,拥抱钱塘江,从"西湖时代"迈入"钱塘江时代"。作为城市东扩的桥头堡,杭州江干区连续三年举办钱塘江文化节,为杭州拥江发展战略注入文化基因。

今后,杭州的画像,也许除了"西子",还有"干在实处、走在前列、勇立潮头"的"弄潮儿"。

从"西湖时代"到"钱塘江时代",从环湖到拥江

西湖像地上的一颗星,千百年来,杭州围绕着这颗璀璨的"星"运转。但这是一颗"孤悬的星"——如果用芭蕉扇盖住西湖,杭州还有什么耀眼的名片?随着经济社会快速发展,"围着西湖转"还能不能满足城市发展空间?

杭州把目光从西湖向东投去。磅礴大气的钱塘江横贯大地,穿城而过。

早在五代十国时期,杭州一带就有"钱王射潮"的传说。面对"连岁潮头直打罗刹石",吴越王钱镠"俾张弓弩,候潮至,逆而射之"。过去,钱塘江总是和"水患"挂钩,而如今,随着人们改造自然能力的极大提升,钱塘江早已不再是狰狞的魔鬼,而是促进沿岸地区开放交流、人与自然和谐共生的"天使"。

思路一宽天地宽。杭州调整了以西湖为圆心的"圆规式发展",将钱塘江作为长期发展的永久性主线,确立了"城市东扩、旅游西进、沿江开发、拥江发展"的发展理念。通过打造钱江新城、规划建设沿岸景观,并坚决叫停本已上马却与新规划理念不相符的发电厂项目,杭州城市中心逐渐东移,实现了江北"腾笼换鸟"和江南高新区扩张,又整体上促进了杭州经济结构的转型升级。

"以前我们把江看成一种发展的障碍,现在拥江发展,江就变成一种财富和资源。"浙江省钱塘江文化研究会会长胡坚说,世界上许多著名城市都是因水而富有魅力,如巴黎拥有塞纳河,伦敦拥有泰晤士河。杭州定位为国际化大都市,也要做好水的文章,从西湖时代迈入钱塘江时代,迈出杭州发展的新的广阔空间。

从"西子"到"弄潮儿",从精致安逸到奋斗拼搏

"在西湖畔要轻轻走,一不小心,便可能惊动一位名人的灵魂。"杭州历史文化底蕴深厚,历代文人骚客留下太多故事。无论在古人还是今人的眼中,杭州,是粉墙黛瓦,是断桥长梦,是才子佳人,是诗词歌赋。

实际上,杭州历史上有项富于挑战、动感十足的民俗,那就是弄潮。手举红旗,凭借高超的技术,在江潮里踏浪翻波,这就是弄潮儿。"弄潮儿向涛头立,手把红旗旗不湿。"北宋文人潘阆《酒泉子》词如是说。

弄潮民俗,是杭州人民勇于战胜大自然精神的生动体现。而这种精神,从未被握笔抚琴的手所掩盖。

新中国成立后,杭州人筚路蓝缕以启"良田",围江造田数百平方公里,江干区沿江的大片土地靠围垦而来,被称为"人类造地史上的奇迹"。

改革开放以来,杭州人的弄潮精神更是淋漓尽致地展现,市场经济、民营经济走在全国前列,发展如火如荼。万向集团前掌门鲁冠球、娃哈哈创始人宗庆后、阿里巴巴创始人马云、"国礼"万事利丝绸的现掌门李建华、电梯巨头王水福……一批批"弄潮儿"从杭州走向世界。

"东南形胜,三吴都会,钱塘自古繁华。"北宋词人柳永曾如此感叹。如今,这里经济发达、文化繁荣、人才辈出、规划长远,相信今后,钱塘会一直繁华。

(中国经济网2019年7月3日)

6.正反论证结构

 **例文六**

法治诚实比公民诚实更重要

1月26日,香港高等法院退休法官、现年82岁的李柏俭被判处有期徒刑11个月,罪名是"诈骗公共福利"。据香港媒体报道,李柏俭一边过着豪华的生活,出入陆羽茶室及美国会进膳,多次到海外旅游,一边与曾任大律师的妻子冯闰禅隐瞒多个户口、海外物业及股票,申领综援及公屋。

一个是大法官,一个是大律师,李柏俭夫妇以穷人的名义诈骗公共福利、抢夺穷人钱财,即使到了80岁高龄,同样会受到追查甚至被判刑,香港如此彰显法治威严,难免令人心仪神往。

对比香港公屋政策的严格执行,内地有关经济适用房的实践则令人失望。难怪有人抱怨"民心工程"已经变成了"闹心工程"。我们常说"一粒老鼠屎,坏了一锅汤",然而,有钱有权有关系者骗取或者抢夺底层民众的福利何止是"一粒老鼠屎,坏了一锅汤"——在有些地方,"老鼠屎"早已经集体跳进汤锅,熙熙攘攘之间,甚至有了"鼠屎做成熟饭"的阵容与气象。

面对经济适用房户型面积过大、很多购房者不具备资格等现象,两年前有政协委员提议停建经济适用房。眼下确实有些地方开始停建经济适用房,逐步向货币化补贴过渡。然而,如果不从制度上杜绝这种冒充冒领与监守自盗,无论公共政策如何转型,都逃不了被异化的命运。在此意义上,一项公共政策如果因为不能严格被执行而难以为继,被迫改弦更张,其所见证的不是政府"又生一计",而是再次失职。

眼下最重要的是让每一项具体的公共政策不再失信于民,让法律的威严得到伸张。所以,当香港检方追查李柏俭的贫困是否属实时,我们更应该检讨的是,内地所标榜或追求的法治是否已经获得一种堪称"诚实"的品格。或者说,我们检讨法治是否诚实远比责备一位公民是否诚实要重要得多。

对于内地手忙脚乱、扶起东来西又倒的经适房政策来说,李柏俭案无疑是面镜子,它照见了人性的卑污,也照见了人类何以能够通过法治完成自我救赎。但凡愿意担起责任的政府,都应该坚守法治底线,将所有"老鼠屎"挡在"公共厨房"之外,以此维持"厨房"的清洁,而不是在"老鼠屎"的围剿或狙击下一次次另起炉灶,以"继续改革"或"深化改革"的名义掩盖"落荒而逃"的命运或"三心二意"的本质。

(《南方都市报》2007年2月1日)

(四)"不要蛇尾要豹尾"——用心撰写结论

评论的结尾一定要在总括全文的基础上有所提高和发挥,换句话说,既要总括全文,又要升华全文主旨,富有启发性和号召力。

1. 精辟概括式结尾

这类结尾较多,运用较普遍,起总括全文的作用。

例文七

百年大计,教育为本。习近平总书记关于教育的重要论述,为新时代中国特色社会主义教育提供了根本遵循,以凝聚人心、完善人格、开发人力、培育人才、造福人民为工作目标,培养德智体美劳全面发展的社会主义建设者和接班人。我们要立足新时代新征程,坚持改革创新,高度负责尽责,努力写好新时代教育改革发展的"奋进之笔"。

(节选自《中国教育报》,原标题为"深学笃行,建设教育强国——论深入学习习近平关于教育的重要论述",2019年6月13日)

2. 高昂激越式结尾
这类结尾须高屋建瓴，或展望前景，或揭示哲理，慷慨陈词，由衷抒怀。

 例文八

抵达文明要跨越千山万水，回归野蛮却只有一步之遥。当美好的道德愿景遮蔽了一切，当文明的火种变成了让人失明的万丈火光，其恶果势必如伏尔泰所警示的：人人手持心中圣旗，满面红光走向罪恶。是的，就此事来说，砸毁就是砸毁，不管它负载着多么高尚的道德前提，都绝对是非法的，就像纸里包不住火。

(《手持心中圣旗，满面红光走向罪恶》，《现代快报》2006年12月7日)

 例文九

"为世界讲文明，为人类造幸福，以青春之我，创建青春之家庭、青春之国家、青春之民族、青春之人类、青春之地球、青春之宇宙，资以乐其无涯之生。"李大钊畅想这一图景之时，中国还面临着亡国灭种的危机，而今天，中国已经在世界舞台的中央，中华民族已经巍然立于世界民族之林。

在构建人类命运共同体的时代背景下，中国青年主动融入世界全球化大格局、大趋势、大潮流中，更加自信、包容，更有担当，他们以实际行动书写人类命运共同体的青春篇章。中国思考、中国方案、中国行动，正跟随他们遍及全球的脚步在世界的各个角落掀起波澜。

在五四精神的感召之下，新时代中国青年正在放飞青年梦想，扛起使命担当，在实现中华民族伟大复兴的中国梦和构建人类命运共同体的大道上书写青春风采。我们相信，一代一代青年接力奋斗，中华民族伟大复兴的中国梦和构建人类命运共同体的美好愿景终将成为现实。新时代中国青年用爱国、奋斗书写的青春之歌，必将响彻寰宇。

(《中国教育报》，原标题为"爱国奋斗，书写新时代青春之歌"2019年6月5日 作者：钟曜平)

3. 余音绕梁式结尾
借助文学表现手法和修辞手法，隽永含蓄，耐人寻味，给读者以较多想象的空间和思考的余地。

 例文十

一个录影棚里，对面坐着三个神态各异的评委，参赛选手依次上场，每人只有30秒清唱时间。而参加节目只有一个条件：女人！参赛选手可谓"千奇百怪"，高的矮的胖的瘦的老的少的。戏服、礼服、旗袍，甚至还有穿着睡衣迷迷糊糊就上场的选手。那歌声就更不用过多形容，对于选手的表现，饱受精神折磨的评委也不积口德，骂得够个性。30秒，看一个女人出尽洋相足够了！而电视机前的观众，则尽享原生态"愚乐"，宛如狂欢。

(《娱乐电视愚乐无门槛》，《华商报》2005年5月12日)

例文十一

遗忘,是人类的天性,或者说是一种宿命。但正是因为如此,纪念才成为必要。或者可以说,人有遗忘的天性,纪念成为一种必要,人有不遗忘的努力,纪念才成为可能。今天,我们重新记忆1976年7月28日,既是一种必要,也必然成为可能。

(《7·28:不能忘却的纪念》,《三湘都市报》2006年7月28日)

要写好评论的结尾,还需要注意:首先,结尾与标题和开头一样,都是全文有机的组成部分,都是为主题服务的,要照应全文,要首尾呼应;其次,必须用心写作,不落俗套,避免空话、套话,尽可能写得生动一些;最后,要因文而异,有些评论言尽意止,就不必硬加个尾巴;有些评论开头提出了问题,结尾应有所交代;有些评论是驳论,结尾就不宜用号召式,应采用贬斥式。

一、请认真阅读下面两篇消息后回答问题。

2018年6月《一流本科教育宣言(成都宣言)》发表后,"澎湃新闻"和"经济观察报"先后对同一事件发布报道:

150所高校发布一流本科《成都宣言》:师德师风是第一标准

6月22日,教育部关于加快建设高水平本科教育新闻发布会在四川召开。会上,针对改进教师评价方式,如何落实坚持以师风师德作为第一评价的标准任务问题,复旦大学校长许宁生在回答澎湃新闻(www.thepaper.cn)提问时表示,师德师风的建设至关重要,相关建设的内容落地,谁来抓,抓到什么程度,需要通过一些重要机制,就复旦大学而言,师德师风是与党建结合的。

"教师具体的评价,党组织要发挥评价作用,要在考核晋升中能够体现,我们把这些(师德师风)列为必要审核的内容。"他表示,目前复旦大学在师德师风制度建设方面跟教育部的要求还有差距,正在顶层设计上加大力气,建立长效机制。

川大:一票否决踩师德"红线"教师

会上,四川大学党委书记王建国则补充表示,在他看来,师德师风的考核评价需要建立三个机制。其中,首先要明确评价的基本标准,分清合格、不合格、优秀之间的差别。"川大高一等的标准是三句话,叫品德高尚、学术卓越、教学优秀。低一点的标准在师德师风规范里面列了七个方面的内容,其中有的是'红线',不能踩,踩了'红线'就一票否决。"王建国说。

标准明确之后,四川大学建立和完善了师德师风考核评价机制。"我们有校领导、学院的领导以及系主任对教师考核评价,教师之间的评价,教师的自评。"王建国说,除此之外,四川大学还有两大考评"利器"——退休教师和学生。

"学校有一支庞大的督导员队伍,一些退休的教师、有经验的教师,他们不打招呼就去听课,可以反映各方面的情况。另外,每到期末,学生对任课老师要进行评价,优

秀的老师、出现一些问题的教师,都能通过这些考核评价机制比较充分地反映出来。"他介绍,在完成评价后,四川大学不但会重奖优秀和卓越的老师,对踩"红线"的极个别老师也会按规定处理。

高教司:要实现教授全员给本科生上课

一票否决"踩红线、破底线"的教师,教师评价体系露出利牙。但另一方面,评价体系更应展现出强大推动力,激励教师深度参与本科教育改革。对于如何调动教师积极性,许宁生用三句话简洁作答:"要让教师有激情、有使命感,还要被正确导向。"其中,激情来自给教师提供广阔的创新改革空间,使命感来自参与国际竞争,而学校的作用在于告知正确方向与底线。

会上,教育部高等教育司司长吴岩也着重强调,在加快建设高水平本科教育时,打造一支育人队伍必不可少。"百年大计,教育为本;教育大计,教师为本。"他表示,把高校现在的"教师教学发展中心"作为一项硬任务真正的建好,"要使老中青教师都在教师教学发展中心'充电''加油'"。

同时,他提出,要大力推动有崇高荣誉称号的名家,比如说院士、"千人"、"万人"、长江学者、"杰青"等高层次人才走上本科教学一线,实现教授全员给本科生上课。要给老师有"三个有",有奖励、有保障、有规范。有奖励就是对教学业绩突出的教师要加大奖励力度。有保障就是对主要从事教学工作的人员要提高基础性绩效工资额度。

150 所高校联合发出《成都宣言》

除了对教师队伍建设提出高要求,对于下一步本科建设工作,吴岩还指出,将坚持落实培养德智体美全面发展的社会主义建设者和接班人的根本任务,坚持把立德树人的成效作为检验学校一切工作的根本标准,突出本科教育在人才培养体系中占据的基础地位。另外,各高校要把建设一流本科专业作为加快推进一流大学和一流学科建设、实现内涵式发展的重要基础和根本抓手。

"本科教育专业建设,不是金字塔,而是五指山,也就是各类高校都有国家队,各类高校都有一流专业,要把各类专业放到各类高校里边。"吴岩形容道。

他坦言,学生的实践教育一直是突出的短板,接下来要致力于"四合作"和"四协同"。同时,持续推进现代信息技术与教育教学深度融合,抢抓新一轮世界科技革命和产业变革机遇的"先手棋"。落实本科专业教学质量国家标准,规范本科教学工作审核评估和合格评估,按照教育部颁布的新时代高等教育 40 条,开展保合格、上水平、追卓越的三级专业认证等举措。

会议最后,发布了《一流本科教育宣言(成都宣言)》,150 所全国高校汇聚成都共同承诺,培养堪当民族复兴大任的时代新人是高等教育的核心使命,将坚持"以本为本"、推进"四个回归"是高等教育改革发展的基本遵循,致力于立德树人、教书育人、提升内涵、领跑示范、变轨超车、公平协调、开放合作以及开拓创新。

(澎湃新闻 2018 年 6 月 22 日)

本科不牢,地动山摇!
150 所高校联合发出《成都宣言》,呼唤大学教育回归本质

"国以才立,业以才兴。"这是《成都宣言》的开篇第一句,也是时代对大学教育回归本质的呼唤。

6月21日,教育部在四川成都召开新时代全国高等学校本科教育工作会议,提出高校要以坚持"以本为本",加快建设高水平本科教育、全面提高人才培养能力。

在会议期间举行的"以本为本 四个回归 一流本科建设"论坛上,150所高校联合发出《一流本科教育宣言(成都宣言)》(以下简称《成都宣言》),做出"培养一流人才、建设一流本科教育"的承诺。

"以本为本"

"高教大计、本科为本,本科不牢、地动山摇。"在全国高等学校本科教育工作会议上,教育部部长陈宝生强调。

6月21日,新时代全国高等学校本科教育工作会议在四川成都举行,这是改革开放40年来第一次举办的全国本科教育大会,本科教育被放在了前所未有的战略高度。

人才培养是大学的本质职能,本科教育是大学的根和本。陈宝生在会议上表示,高等教育战线要树立"不抓本科教育的高校不是合格的高校""不重视本科教育的校长不是合格的校长""不参与本科教育的教授不是合格的教授"的理念,坚持"以本为本",把本科教育放在人才培养的核心地位。

陈宝生认为,高校领导注意力要首先在本科聚焦,教师精力要首先向本科集中,学校资源要首先在本科配置,教学条件要首先在本科使用,教学方法和激励机制要首先在本科创新,核心竞争力和教学质量要首先在本科显现。

在会议上,北京大学校长林建华认为,本科教育不仅是教学管理部门的事情,还涉及教师队伍和人事体制、学生评价体系、学科布局、管理服务体系、治理体系和资源配置等。在他看来,本科教育改革必须迎接挑战,面向未来,必须综合考量各种利益诉求。会议期间,全国150所高校联合发出《成都宣言》,表示将以培养一流人才、建设一流本科教育为学校的发展目标。

《成都宣言》的内容分为十条,包括建设高素质教师队伍,把师德师风作为教师素质评价的第一标准;适应新技术、新产业、新业态、新模式对新时代人才培养的新要求;深入推进"互联网+高等教育";深入推进产教融合、教科结合等。

回归大学教育本质

2017年10月,教育部高等教育教学评估中心曾发布中国首份专题性的本科教育质量报告(以下简称《质量报告》)。《质量报告》显示,截至2016年,中国普通高校达到2596所,普通本科高校达到1237所,本科院校成为高校增长最重要的主力军。全国普通本科高校招生规模405万,在校生规模突破1613万,普通本科毕业生规模突破374万,中国已成为名副其实的高等教育大国。

但同时,《质量报告》还表示,本科教育离人民群众要求接受越来越好的优质本科教育的需求仍存在差距,一流本科教育建设任重道远,需要继续发力。

西交利物浦大学执行校长席酉民向经济观察网表示:"地方层次的教学型高校没有根据自己的发展需要定位,导致本来可以教得好,反倒由于定位错误而教得不好。高层次的研究型大学本来有充足的教育资源,但是把'科研竞赛'作为首要的任务,而没有把教育作为核心,所以即使有资源也做不好教育。"

2017年9月,教育部公布双一流大学名单,共42所高校入选了一流大学名单,

95所入选一流学科建设高校,双一流建设正式拉开序幕。

由于教育难以被量化和度量,科研指标是遴选双一流高校主要的显性标准。例如,世界一流学科排名的基本评判指标是一流的科研生产力、一流的科研影响力、一流的科研创新力、一流的科研发展力等。

席酉民担忧,双一流显性指标与科研挂钩,潜在的负面影响是高校在追逐显性指标过程中,有意无意地轻视教育,特别是本科教育。过去20年,中国高等教育在各种工程的驱动下,论文数量和科研指标急剧发展,但整个高教届渐渐失去了对教育本质的思考和践行。

怎么样才能提升本科教育质量?席酉民认为,高校需要改变对教育的态度、理念与方法。"首先是教育态度的回归,教育不应是指标竞赛。第二是教育观念的改变,需要思考什么样才能算是好的教育。第三个是改变教育方法,我们现在很多的教育方法离社会的需要太遥远了。"

"我们必须要理解未来社会是什么样的,未来社会需要什么样的人,我们怎么样才能为未来的社会准备好这样的人。真正让中国教育走出去任重而道远,这是一个漫长的过程。"他说。

(《经济观察报》2018年6月24日　记者:吴秋婷)

【思考与问题】
1. 请对比分析两篇消息标题的特色。
2. 请对比分析两篇消息导语的特色。
3. 请对比分析两篇消息的行文结构。
4. 请概括指出两篇消息的语言特色。
5. 综合种种因素,你更喜欢哪篇消息?为什么?

二、请认真阅读下面一篇通讯,并回答问题。

全球竞争力:一百分
——写在香港回归十五周年之际

历史与未来交汇。香港15年的发展历程,此刻显得那样夺目。

1995年,距离香港回归祖国还有两年。美国《财富》杂志刊登了题为《香港已死》的封面文章,预言香港回归后将日渐衰落。

然而,回归10年后,同样是《财富》杂志,2007年发表了题为《哎呀,香港根本死不了》一文,坦承当年的预言完全错误。

到今年,香港已连续18年被评为全球最自由经济体;世界银行对183个经济体的营商环境排名中,香港排名第二;本月,在瑞士洛桑国际管理发展学院(IMD)刚刚公布的《2012年世界竞争力年报》中,香港连续第二年以满分100分荣登全球最具竞争力经济体榜首。

紫荆花开15载,香港不败。

究竟是怎样的缘由,令香港拥有如许的魅力与潜力?

15年,香港的变与不变

浅水湾的一处沙滩旁,香港市民陈女士经营着一家出租水上用品的小商店。阳光很好,沙滩上游客不少,陈女士的生意也很兴旺。当记者问起回归后15年来生活的改变时,她感到有些疑惑:"没感到什么啊,还是那样啊。"

对于陈女士来说,不变的生活,似乎很寻常。

的确如此。每逢赛马日,沙田和跑马地两个赛马场人流如织,人声鼎沸;而当夜幕低垂,兰桂坊霓虹闪烁,各种肤色的人们纷至沓来……香港人的传统生活方式依然如昨,依然是充满动感、引领潮流的国际都会。

社会制度不变,生活方式不变,基本法律不变。很多像陈女士一样的香港市民,也许很少会去思考"一国两制"给香港带来了什么,他们只是平静而自然地享受着这种多年一贯的生活。

"一国两制"15年,香港在不变之中,亦有巨变。

香港特首曾荫权在接受记者采访时,展示了这样一组数据:1997年,香港人均本地生产总值是2.7万美元,现在大约是3.5万美元;从2004年到2011年的8年间,香港GDP平均增速达到5.0%,是同期其他发达经济体的两倍。

从信贷的评级来看,香港目前是最高的3A评级,从1997年到目前已经连升三级,在亚洲,只有香港和新加坡达到这一级别。而作为一个正在成长中的国际金融中心,香港证券市场的市值从1997年6月的43 493亿港元,攀升到2012年4月的202 310亿港元。首次公开集资额(IPO)从2009年起连续三年全球第一,过去10年一直位列全球五大交易所,在全球的交易所中,只有香港和纽约有此成绩。

数字背后,人们对香港的信心也在不断攀升。中央人民政府驻香港特别行政区联络办公室主任彭清华回忆:1997年亚洲金融危机时,香港被国际投机势力列为狙击对象;而在2008年国际金融危机的时候,香港却成为相当一部分国际资金的避风港。美国《时代》杂志为此还创立了Nylonkong(纽伦港,即纽约、伦敦、香港三大国际金融中心的合称)的新名词。

……

港人治港的独特魅力

面积1100平方公里的香港,被誉为寸土寸金之地。但很多人可能无法想象,这么多年以来,香港仅使用了24%不到的土地,而有超过40%的面积被指定为郊野公园和特别地区,或是在法定的规划图上划作自然保育地带,受到法律保护,任何理由都无法逾越。

在香港地质公园,特区政府环境局长邱腾华非常自豪地告诉记者,它仅用了3年时间,就成为世界级地质公园。其最重要的原因就是香港保护地的管理已经有了很多年的积淀,香港人对此都非常认同。也正因如此,这么大面积的土地,始终可以远离商业地产的侵扰,成为一片净土,成为香港市民的后花园。

同样,在历史建筑的保护上,香港也有许多独特的管理创新。发展局局长林郑月娥告诉记者,位于香港闹市区的雷生春,是一幢有着80多年历史的唐楼风格建筑,被列为香港一级历史建筑物。2003年,雷氏家族将其无偿捐赠给香港政府。这样的历史建筑如何保护?香港政府开启了独辟蹊径的"活化历史建筑伙伴计划"。政府出资修葺改造后,通过招标的方式,向全港征求非营利的运营者。当时有32家非营利机构参与竞争。最终,香港浸会大学成功获选参与活化雷生春计划,获得政府资助

2 800万港元,将雷生春发展为集中医药保健服务、公共健康教育、历史文化展览于一身的"香港浸会大学中医药保健中心雷生春堂"。今年4月,"雷生春堂"正式对公众开启,此后自负盈亏,同时承担建筑的保护责任。

无论是作为支柱产业的金融管理,还是涉及民生的城市交通运输、公屋轮候制度、入学派位制度等,香港的探索与经验都令人称奇。这是属于香港人的智慧,充分体现出"港人治港"的独特魅力。

背靠祖国共赢未来

在香港的发展蓝图上,一条清晰的蓝线跨越海洋,直抵香港岛,那是港珠澳大桥的未来走向。而在香港的地下,一条26公里长的动脉正在孕育。未来,作为国家高速铁路网的最南端,广深港高速铁路香港段将接上整个国家的铁路网络,大大缩短香港与珠江三角洲之间的旅行时间。

"香港到广州只需48分钟,将来你可以早上坐火车到西九龙喝个茶,晚上回家,非常方便。"香港运输及房屋局局长郑汝桦告诉记者,这不仅加强了香港跟内地的联系,也可以创造更多的就业机会给香港的市民。市民将来也可以到广州上班,比起香港很多上班族从很远的地方赶到中环上班,说不定还要快。

回归15年来,让香港与内地的联系更加紧密的,不仅是硬件,更多的是软件。"谈到香港与内地的合作,不能不提CEPA。"香港商务及经济发展局长苏锦樑说,CEPA是在"一国两制"的原则下和世界贸易组织的框架内做出的一个特殊的安排,体现中央政府对香港的大力支持。

"CEPA的实施,既促进两地的货物贸易,也增加两地服务业的合作,解决了贸易投资便利化;两地的基金、人才、科技更加流通,经济进一步融合,互惠互补。"在苏锦樑看来,通过CEPA,香港能够充分发挥"桥头堡"的作用,凭借先进的管理经验、有国际影响的网络,更好地配合内地在全球的贸易、金融和其他商业领域的发展和地位的提升。而对香港来说,内地则提供了庞大的市场和商机,让香港的制造业和服务业得以多元发展。

"中央对我们的支持很大,我可以讲的最起码有八个方面。"特首曾荫权一一细数:香港服务业服务内地免关税;开放个人游使香港消费市场得到巨大提升;国家支持香港发展成为离岸人民币中心、国际资产管理中心等。"特别是离岸人民币业务,将会使香港得到很大的发展。"

"当然,在获得国家支持的同时,香港对国家的改革开放也做了不小的贡献。"曾荫权透露,目前香港是内地最大的外来投资者,每个省、每个市最大的外来投资者都是香港。从1997年到目前,内地的机构和企业在香港证券市场和债券市场融资已超过33 000亿港币。从这些都可以看出,"一国两制"创造的是对国家、对香港双赢的局面。

"明艳紫荆风中争胜,找对了路径,花瓣开得繁盛。"这是香港回归祖国10周年主题曲中的一段歌词。香港巨变的起点究竟在哪里,候任特首梁振英深有感触,他说,我们最大的法宝就是"一国两制":"一国",使我们有强大的支持;"两制",让我们有更多的活力和竞争力。

(《新民晚报》2012年6月15日,有删节)

【思考与问题】
1. 本篇通讯想要表达的主题是什么？作者用了哪些材料来说明主题？
2. 请分析说明本篇通讯的选材特点。
3. 请分析说明本篇通讯的行文结构。
4. 请概括本篇通讯的语言特色。
5. 谈谈你对本篇通讯的总体感受，你觉得本文哪些地方有待提高？为什么？

三、请认真阅读下面一篇新闻评论，并回答问题。

毕业的你，留给学弟学妹怎样的寝室？

进入7月，离别的笙歌再次响起，又到了一年一度的高校毕业季。毕业以后，你离开校园，离开朝夕相伴的同学和老师，当然，也离开了那一间狭小而承载青春回忆的寝室。

4年以后，毕业生留下的寝室究竟怎样，是大家好奇也关心的话题。上海财经大学一张寝室照最近在网上走红。照片里，窗头的橱柜上，一束鲜花在初夏的阳光下绽放。整个寝室窗明几净，打扫得干干净净，不像人们印象中杂乱无序的毕业生寝室，倒像是刚做完开荒保洁的新生寝室。

人们更熟悉的，可能是一段网络视频中某高校宿舍楼楼道的场景：垃圾遍地都是，过道没有落脚的地方，废弃物品散发出难闻的气味……

"悄悄的我走了，正如我悄悄的来；我挥一挥衣袖，不带走一片云彩。"很多人的大学记忆都应该像徐志摩《再别康桥》描述的那样，干干净净地来，坦坦荡荡地离开。然而，大学生活并非雁过无痕，毕业生不仅在校园挥洒宝贵的青春，还多多少少留下些什么，比如，废弃的物品和生活垃圾。

一尘不染的"网红寝室"，无疑值得欣赏。毕业生在处理烦琐的毕业事务之余，还有心给寝室做最后一次大扫除，其精神令人感佩，其素养令人称赞。尽管按照惯例，毕业生离校以后，学校都会组织后勤工作人员大清扫，为即将入住的新生准备良好的居住条件，但由毕业生自主完成清扫，无疑具有更深刻的意义。

那么，对于更多乱糟糟的毕业生寝室，是否意味着它们原来的主人缺乏素养，给别人制造更多的麻烦？

事情要分两面看。大学4年，毕业生个人物品日积月累，在临走时产生大量带不走也不愿带走的东西，可谓人之常情。何况，现在的大学生物质生活较为宽裕，习惯于到新的环境以后重新购置生活用品，大量个人物品自然被留在母校。

怎么处置这些带不走的个人物品？很多人大概还记得毕业季的"跳蚤市场"，学校专门开辟出一块场地，供毕业生向学弟学妹低价出售不需要的物品。不过，除了书本、电子产品等适合循环利用的物品颇有销路以外，还有很多不适合再次使用的物品，注定只能当废物处理。

毕业生废弃物品多，形式多样，有的搬运和处理难度还较大。普通的宿舍楼垃圾倾倒处，平时压力就已经很大，到了毕业季根本容纳不了海量废弃物。面对这种情形，毕业生就算有意愿处置个人物品，恐怕也有心无力。宿舍垃圾桶容纳不了的废物，总不至于堆积到楼下吧？

毕业以后，给学弟学妹留下一间怎样的寝室，不仅事关素养和品格，同样也是管理和教育问题。学校管理部门和毕业生应当共同努力，为如何清扫寝室寻找"最大公约数"。

毕业是最后一课，学校当然要抓住这次珍贵的教育机会，鼓励学生自主妥善处理废弃物品。最重要的是，为毕业生处理废品创造条件，比如在毕业季为垃圾丢弃设施临时扩容，向学生提供一次性垃圾袋等。

但与此同时，后勤部门也不能推卸应有的责任。学生的能力有限，"兜住"毕业生带不走的垃圾，允许他们最后一次"放肆"，更显母校的宽容与大度。实际上，相信各大高校后勤部门已经积累了丰富经验，在毕业季海量垃圾的应对上已有成熟方案。

正所谓，一屋不扫，何以扫天下？毕业生尽己所能处置个人废弃物品，不仅展示了成熟的生活能力，也体现了为他人考虑的品格，更能在母校留下些许精神层面的痕迹。当你离别之际，当你从"学生"变成"校友"，母校不一定期待未来的你身居高位，归来捐款千万，而是你能用行动证明：不管身处怎样的环境，你都不逃避责任，为他人尽力付出。

让我们从最后一次清扫寝室做起。

(中国青年网，2019年07月03日　作者：王钟的)

【思考与问题】

1. 请概括指出本篇评论的核心观点。
2. 本篇评论采用了哪些论证方式？
3. 请谈谈本篇评论的语言特色。
4. 你是否信服本篇评论的论点和论证，为什么？
5. 你认为本篇评论哪些地方有待提高，为什么？

四、请认真阅读以下材料，并回答问题。

有一种新闻毒瘤叫黄色标题党

遭遇到网络编辑炮制的黄色标题，同事小白近来心力交瘁。当年的××事件震惊中外，小白深入当地采访官员和群众，探寻那起严重的打砸抢烧事件后当地治理生态的重建，写出了深度调查《曾让××不安的小镇救赎之路》，忠实反映一个小镇在反思中的自我救赎。没想到，报道刊发后网站转载时，标题被篡改成了耸人听闻的《××官员称黑社会是政府养大的》。这一标题完全扭曲了文章的原意，报道通篇写的都是浴火重生后的变化，只是谈到当年黑恶势力形成时，当地一位官员反思说，从某种意义上讲，黑恶势力是我们政府养大的——没想到这句话被无良编辑割裂语境、无视文意地单拎了出来，加粗加黑做成了"惊人"标题。

在这个缺乏耐心、浮躁轻率的浅阅读时代，由于标题的误导，很少有人再去细读报道原文，网民情绪轻易就被标题煽动起来，习惯性地将矛头指向了政府和官员，谩骂如暴风雨般涌向当地官员。于是，一篇反思××事件、反映政府重建公信力的深度报道，在标题被网络编辑篡改后，沦为一次网络消费公众情绪、拉升点击率的机会。当然，这样的反应正是网编所期待的效果，可这是出乎记者意料的，更是接受采访的××官方所始料不及的，同事打电话让相关网站的编辑改掉这一扭曲报道、激起民愤的黄色标题，没想到网编们一个比一个霸道，就是不改。

同事的愤慨，我深有体会，相信很多采写新闻的人都有切肤之痛。前段时间，《人民日报》发表评论反思当下中国社会的极端主义，我写了一篇评论呼应并延伸这一极富现实意义的话题，题目为《批判极端主义，也要反思现实土壤》。没想到某网站在转载时，将题目改为极具挑动性、起哄性的《中青报驳某些媒体：极端是因权力被垄断》，并列的标题是《人民日报昨日发文：民众应摈弃狭隘极端主义　客观看待腐败》——这样的标题，是对两家报纸评论的双重扭曲，用政治斗争的思维看待不同观点，误导公众，用篡改评论观点的方式，刻意营造冲突，消费公众情绪。

这样的黄色标题，是当下新闻界的一颗毒瘤——它既制造着假新闻，误导着公众，以饮鸩止渴的方式损害着网络媒体的公信力，还破坏着网媒与纸媒、网络编辑与传统记者的合作关系，更以"唯恐新闻不刺激，唯恐冲突不激烈"的嗜血偏好，加剧着社会的冲突。

作为一个纸媒从业者，我并不认为网络新闻编辑只是搬运新闻的机器，不认为网络媒体在转载新闻时必须忠实于原标题，而认同其转载的过程有标题的编辑权。我也承认，网络编辑有时做的标题更好，更能敏锐地把握读者的兴奋点和新闻的价值点，但转载毕竟只是转载，网络对标题的编辑权是有限的，必须忠实于新闻报道原文，不能无中生有捏造不存在的观点，不能断章取义放大不合作者原意的信息，不能为了点击率而渲染和夸大冲突，不能为了迎合某种低级趣味而制造低俗的噱头。必须在读懂原文、理解报道的基础上对标题进行再创作，而不能凌驾于作者和报道之上，滥用转载时的编辑权。缺乏文字理解能力的话，就忠实地做一个新闻搬运工和信息抓取机器，不自作聪明、不想当然、不画蛇添足，这种不作为也是网编的一种职业伦理。

可是，这基本的伦理尚未成为网编的共识。传统媒体经过这么多年的积淀，自上而下从编辑到记者，已经有了一套严格的职业规范，而网络媒体在中国发展的这些年中，尚未建立起一套职业规范。没有规范，就没有底线，没有底线，很多时候就会无所顾忌。在点击率和经营压力下，网络的考评机制甚至纵容编辑做耸人听闻的黄色标题，鼓励网编的流氓化、轻浮化、小报化、嗜血化。加上当下新媒体发展的强势（符合读者的阅读习惯），传统媒体面对网络的冲击缺乏平等的话语权，这种不均衡的博弈局面，加剧着网络在转载中对传统媒体权利的肆意侵犯。面对网媒小偷般的转载和强盗般的篡改标题，虽然敢怒敢言却拿其没有办法。

说这种黄色标题是新闻毒瘤，一点也不夸张。其一，它制造着假新闻，标题党喜欢诡辩假标题不是假新闻，其实不然，标题是新闻的一部分，标题捏造了并不存在的信息，当然也是假新闻。而断章取义的夸大，则为假新闻的传播滋生了土壤。其二，误导着公众，不要辩称新闻原文没有变化，在只读标题的浮躁传播语境中，公众很容易被标题牵着鼻子走。其三，破坏着传统媒体与被采访对象的关系，政府部门本就对记者小心翼翼，担心某句话被放大后引发误解，记者小心地通过善意的报道修复这种不信任的裂痕，可网媒一个断章取义，足以毁掉纸媒无数的修复努力，更让官方对媒体充满防范。其四，破坏着网媒与纸媒的合作关系。本来，网媒与纸媒的良性合作优势互补可以助推舆论监督，纸媒发掘新闻，网媒扩大影响，纸媒继续跟进，可网媒为了点击率而扭曲纸媒报道，则使合作遇到了巨大障碍。最重要的是，网络黄色标题党的这种"唯恐冲突不激烈,篡改标题挑情绪"的起哄习惯,纯粹是在消费网络的民粹情绪和阶层冲突,利用公众的某种不满盈利,这样的标题只会向本就充满暴戾之气的社会输入更多的暴戾,更多的情绪化,更多的仇恨和对抗。

黄色标题党的毒瘤危害新闻界,某些网媒网编不自律,终会自食苦果的。

(中青在线网2012年6月27日)

【思考与问题】
1. 纸质媒体与网络媒体应形成什么样的关系?
2. 网络新闻写作的特点是什么?
3. 如何避免产生"黄色标题党"?
4. 你是否认同本文的观点?为什么?
5. 你如何认识当今的中国新闻界?

五、写作题

请认真阅读下面一段材料,并据此写一篇新闻评论。要求:千字以上、论据可靠、论证充分、逻辑井然、行文流畅,观点可以自圆其说,富有创见。

中广网北京6月27日消息 据中国之声全球华语广播网报道,眼下正是广大高考学子填报高考志愿的时节,一位网上实名认证为哈工大教授的一条微博引起数千条转帖,上万人关注。这条微博称"文科生都是反科学,将贻害社会。"

看网友的评论,赞同者说,文理兼优的优秀高中生报考理工科的远多于文科,所以理工科学生的人文素养未必差于文科学生。

反对者说,分科需要看学生的个人爱好与人生选择。"读史使人明智,读诗使人灵秀,哲学能够提高人的境界和精神"。

日本:文科收入比理科高

扫描全球,重理轻文的现象是否同样存在?文史哲为经济发展做出了哪些贡献?下面先来看看邻国日本,全球华语广播网日本特约观察员黄学清向我们介绍了在日本文科收入比理科高。

黄学清:日本是从高二开始分文理科,但是即使分科以后,文科理科的基础还都是要学习。因为日本的公立大学采取统一考试,文科、理科的学习内容都要考,拿到统考的成绩以后,再到要报考的学校去参加相应学科的考试,这时候的考试就对文理侧重比较明显。

在日本,招募人才并不是很强调专业对口,只要有真才实学和能力就会被看中。在日本普遍认为理科的学生更容易找到工作,理科毕业生从事文科方面的工作比较容易适应。但是在社会权利方面,比如企业的管理层中,文科毕业生的人数普遍高于理科,这也是近年来选择理科的学生减少的原因之一。有一项针对15 000名大学学历人员的调查显示,文科出身的人要比理工科出身的人一辈子多赚5 000万日元,相当于400万人民币。

澳大利亚:理科生找工作难于文科生

澳大利亚和我们截然不同。相比文科,理科生更不好找工作。

全球华语广播网澳大利亚特约观察员胡方:澳大利亚的高中部分没有文科或者

理科的区分,所有的学生都可以按照自己的兴趣来选择适合自己的科目进行高考。在文理科选择的问题上,澳大利亚人正在遭遇与中国人完全相反的情况,那就是更多的澳大利亚人选择文科或者商科,而比较少的澳大利亚人选读理工科。

澳大利亚移民局每年会变动的紧缺职业类表显示,各种工程师、建筑师、IT等专项的理科人才一直是极度紧缺。一项最新的调查研究显示,越来越多的人认为,科学、科技、工程和数学等科目与日常生活无关,而理科毕业生的就业情况也比文科生来得更加的艰难。

美国:没有文理分科　可以自由选修

美国的中学不仅没有文理分科,即便到了大学,头两年的课程也是文理可以自由选修,全球华语广播网美国特约观察员庞哲为我们介绍了美国文理分科的情况。

庞哲:学生是否有出息,学文科还是学理科的问题,在美国的教育体系中,甚至在家长的头脑中,似乎从来就不是一个问题。影响入学选择的决定因素往往是城市,以及距离家人的距离远近,是否可以获得奖学金等。由于学生入学之后也可以随时更改他们主修的自由课程,所以在入学时候选择什么学科似乎就不特别重要。

入学之后一般硬性规定大学选用的所有普通必修课,其中有文科内容也有理科基础,还包含了历史、宗教、艺术、文学修养、心理学等,还有化学、物理学,这些普及性的硬性规定的课程往往能够打开学生们的眼界,起到入门了解的作用,也使学生在入学之后的两年,能够根据自己在前两年发现的兴趣点和自己的能力来选择专业。

但是我们也知道美国很多著名的公司,包括微软、苹果、谷歌、Facebook等都有很多著名的创业者,他们在发现自己的兴趣之后全力追求自己的理想而放弃一切,其中也包括放弃学业,当然最终他们创造了奇迹而为人类造福。

专家:文理教育好比土壤和种子　两者不可分离

诚然,现代自然科学的发展带动了社会多领域的进步和繁荣,但就此认定"文科无用"甚至"贻误社会"是否就正确呢? 也许要仁者见仁智者见智。中国之声观察员朱煦就把文理教育之间的关系比作土壤和种子,两者不可分离。

朱煦:在我看来,文科和理科实际上是一个土壤和种子的关系,也就是说没有文科的土壤,理科的种子它是没有地方去生根的。反过来讲,有了土壤,但是你永远不种下种子,这个土壤也是废的。所以,我们在看待文科和理科这种学科设置的时候,一定要注意,它是为了培养个体成长的全面性,不管是发达国家还是发展中国家,在这一点上没有一个国家是有所偏废的,因此应该多从应用性的角度去看待文科和理科。

我们一直在研究是否要设立社科类的院士制度,我觉得在当下我们对中科院院士或者说是中国工程院院士评价出现了这样或者那样的一些问题,我们应该放下这些纠结,努力地去建设我们社会学科和人文学科的院士设置,这才是根本。

(环球网 2012 年 6 月 28 日)

拓展　科技专业文书[①]

第一节　概　述

学习要点
1. 科技文书的概念、特点
2. 科技文书的类别、作用
3. 科技文书的写作要求

能力要求
初步掌握科技文书的运用

一、科技文书的概念及性质特点

科技文书是以科学研究、科技成果和科技事务为反映对象的具有实用价值和惯用格式的应用文体。它是以说明与议论为主要的表达方式,以科学技术方面的内容为研究对象,反映自然科学领域内某些现象的特征、本质、规律性,用于科学技术领域的生产、储存、交流、传播、转化和普及的一种实用文体。它是随着现代科技的发展而逐步兴起的一种文体。简言之,科技文书是指表达科学技术内容的各种实用文体。

科技文书具有以下特点:

(1)科学性。这是科技文书最重要的特点,是科技文书的灵魂和生命,科技文书的内容必须准确反映作者对研究对象的正确认识,要经得起时间和实践的检验。这就要求科技文书的作者必须具有实事求是的科学态度和相关的科技知识。

(2)真实性。科技文书所提供的材料必须真实可靠,不能有半点虚假;各种概念、数据必须准确无误,对文中引用的各种专有名词、术语不可望文生义,要有正确、全面的理解;科技文书的内容具有极强的客观性,因而忌用夸张之类的修辞手法,忌用华丽的或带主观感情色彩的词语。

(3)创造性。科技文书中应包含作者创造性的劳动,能增长读者的科技知识,能帮助读者解决科研、生产、工作中的实际问题。科技文书价值的大小取决于它的创造性的大小。

---

① 本章在写作过程中,参考了《现代实用写作训练教程》(董小玉主编)、《应用写作》杂志、百度文库、新世纪范本网。

(4)规范性。科技文书在长期的使用过程中形成了比较固定的格式,具有约定俗成的规范性。近年来,随着科学技术的飞速发展,科技文书的基本格式逐步趋向统一化、标准化。发达国家对科技文献的撰写制定了各种国家标准,国际标准化组织也制定了一系列国际标准,我国在这一方面的国家标准业已出台。这些国际标准和国家标准,对各种科技文书的书写格式、术语、缩写、符号、计量单位、表格和插图等的使用,都做了规范化、标准化的规定。科技文书的作者应该遵照规定来进行科技文书的写作,这样才便于传播、交流科技信息,便于检索和翻译。

(5)可读性。科技文书要尽可能做到深入浅出,通俗易懂。要达到可读性这个要求,文章结构必须有条理性,做到层次清楚,详略得当,井然有序。语言要明确、简洁,表达要周密、规范,遣词造句要合乎语法,还要注意用词的精确性、单义性、稳定性,要注意句式的固定、单一、用常式句,不用变式句,还要注意平实贴切、周密严谨、没有疏漏,这样才能发挥科技文书的社会作用。

二、科技文书的分类和作用

根据其具体适用范围,科技文书可以分为论文类、报告类、说明类三类文书。

1. 论文类

自然科学与应用技术方面的论文,是科技文书最重要的一个类别。通常将表述学术观点的自然科学论文(或社会科学论文)称为学术论文,将表述应用技术的论文称为科技论文。

这类科技文书是进行科研、表述科研成果的工具。任何科研成果,都需要借助它们表述出来,把科研的目的、经过、方法、结论告知他人,把先进的科学技术推广于社会,使社会受益。学术论文、毕业论文等,也属于这一类文书。

2. 报告类

科学研究或产品开发过程中经常使用报告类文书。具体说来,有科技调研报告、科技考察报告、科技实验报告、课题开发报告、产品设计报告、可行性研究报告、科技成果鉴定书等。

报告类文书是科研或技术工作过程中的信息工具。这类文章反映科技动态,可用于交流信息,为科研管理部门或工程立项部门提供决策依据。

3. 说明类

说明类科技文书是指导产品使用和普及科学知识的工具,包括产品说明书和科普文章。产品说明书可以指导消费者便利地、正确地使用产品。科普文章是培养读者热爱科学、运用科学、抵御迷信和反击伪科学的有力武器,对培养读者的素质,进行唯物主义教育有着非常重要的作用。

三、科技文书的写作要求

1. 实事求是

科技文书应该体现出鲜明的科学性,这是对科技文书写作的最基本要求。落实在指导思想和方法上,要具有科学性;落实在工作态度上,一定要实事求是,要做深入调查,从客观实际出发,做到材料真实,数据确凿可靠;落实在文风上,就是要朴实、严谨、不浮夸、不卖弄。

2. 为现实服务

科技文书是表述科学技术发展、交流科技信息的重要工具,与现实发展联系紧密,因而具有实用性的特点。将一项发明转化为产品,这项发明的专业论文和专利申请书就极具实用性;

一篇经济方面的论文,因为探讨了经济形势的发展趋势,可能会对现实的经济工作产生影响,从而具有现实性和实用性。

3. 规范、准确、严谨

科技文书的作者要熟悉国家科委、国家标准局、国家专利局等部门规定的科技文书格式规范,还应熟悉相关国际标准的格式规范。在表述上用语要准确,陈述概念常用定义法,严格界定概念的内涵和外延。运用正确的观点来分析说明相关的内容,要讲求论证方法,文书的组织结构具有逻辑性、系统性。观点要用事实说话,材料必须能够支持观点,特别要注意反面例证的运用,以免犯"以偏概全"的错误。

第二节 毕业设计

学习要点
1. 毕业设计的特点
2. 毕业设计的写作要求

能力要求
1. 初步掌握毕业设计的写作方法
2. 初步熟悉毕业设计的学术规范

一、毕业设计

(一)毕业设计的概念和要求

毕业设计一般是对工科大学生而言,就是高等学校毕业学生的总结性独立作业,相当于一般高校的毕业论文。它是在工科学生完成全部大学课程后,走向工作岗位前进行的一次综合训练教学。毕业设计环节主要训练工科学生对大学学习期间所掌握知识的综合运用能力,进一步培养工科学生针对某个工程实际问题运用所学理论知识分析问题、解决问题、进行工程设计和自学,使工科学生对本专业的相关设计规范、国家标准、工程设计方法等有一个初步的了解和掌握,具有一定的独立工作能力和一定的工程意识,使之成为一名合格的工科大学毕业生。

毕业设计本质上属于科技论文,主要要求如下:

(1)内容完整,层次分明。毕业设计报告要对设计项目和内容进行全面的阐述,逐项逐层阐述清楚,要按照严格的顺序和条理进行。

(2)重点突出,图文并茂。毕业设计需要对重点内容做出详细的论证和计算,为了清楚明了、直观形象地说明设计方案,必须配以必要的图表,使人一目了然。

(3)书写规范,清晰整洁。格式的各部分都要做到纲目清楚,书写规范,特别是各种图表,标题要贴切,比例尺要恰当,字迹要工整,图表应整洁美观,字体要用仿宋体。

(二)毕业设计包括五个阶段

1. 启动阶段

指导教师向学生布置毕业设计题目,交代应完成的工作,提出要求,明确工作进度安排等。根据课题内容,学生收集有关参考资料。

2. 实习调研阶段

学生根据设计内容到相关现场实习、调研,深化了解课题内容,并收集现场图纸资料,深入了解课题涉及的工艺过程与成型设备,为后阶段设计研究及论文撰写打下基础。

3. 设计与研究阶段

在此阶段内学生应完成工艺计算和全部图纸,或通过科学实验取得大量实验数据,并在处理和分析实验数据的过程中,逐渐形成对课题的见解和结论。

4. 撰写设计报告(或研究论文)阶段

在此阶段内,学生应尽力应用所学到的理论知识把前两阶段所进行的工作成果,在理论上加以升华并归纳成文。当然,工科毕业设计的种类繁多,项目不同,情况也不尽相同,很难形成一个统一的撰写模式。其结构和写法与学术论文大致相同。下面主要讲述工科毕业设计报告中主体部分有关内容的表述问题。

(1)对设计原理的表述。不仅要整体表述,还要做重点说明。无论何种工程、何种产品,都会涉及其工作原理的问题。在对原理总体做说明时,宜采用结构框架图或流程图的形式,清晰明了地展示基本思路。在对其设计中核心问题做重点说明时,需要采用图纸说明、模型或实验的验证说明等方式,这样说得更清楚,更有条理。

(2)对工程的特点或产品性能的表述。

①对技术或性能的科学性和先进性的表述。可以通过比较同类工程或同类产品的方法,来实现这一点,也可用最新技术说明方法:采用了何种最新技术,工程或产品的性能有何提高、质量如何等。

②对技术和质量标准的说明。技术和质量标准一般采用国家标准或国际标准,应按照相关的各类标准来进行说明。

毕业设计的写作格式与毕业论文基本一致。

5. 答辩阶段

通过答辩了解学生完成毕业设计的数量和质量,考查学生对所承担课题的理解深度和广度以及学生的思维能力、表达能力和应变能力。毕业答辩也是学生扩大专业知识面的良机。毕业设计的答辩和毕业论文的答辩基本一致。

二、毕业设计写作

(一)毕业设计撰写的步骤

毕业设计的撰写可以分成选择课题、搜集资料、主体撰写、修改定稿等四个步骤。

1. 选择课题

选题是关系毕业设计质量的关键。一般院校都是由导师出题,学生选择,也可以由学生自主选题。选题时可以从以下 6 个方面去考虑。

(1)选题必须符合本专业的培养目标。也就是说,必须选择和本专业有关的课题。

(2)从自己的兴趣出发进行选题。兴趣是最好的老师,选择自己最感兴趣的课题,有利于提高论文的撰写质量。

(3)要结合自己的学习专长进行选题,扬长避短。

(4)应恰当选题。选题不宜过大,但也不能过小。难度不宜过难,也不宜过易。

(5)选题要有价值,要有新意。可以是纠正和补充前说,也可以是新的发现、新的观点等。

(6)必须考虑毕业设计的时间要求和容量要求。

2. 搜集资料

选题和资料的搜集紧密相关。资料的搜集可以通过直接实地调查完成,也可通过从图书馆或档案馆查阅现成的资料而获得。这两种方法各有优点:前者能让搜集者获得第一手资料,反映的是现实实际情况;后者可更快速、更方便地获取资料(第二手资料),从而节省时间去熟悉和分析它们。调查研究的形式是多样的,个别访谈、抽样问卷、查阅有关档案均可。更快更好地查阅现成资料,需要学生善于利用书目、索引和其他工具书如文摘、年鉴等。在现代信息社会,对电子资料的掌握尤为重要。平时要注意收集 PDF、Excel 等格式的文档,建立自己的电子资源库。

3. 撰写开题报告

搜集完资料,有了基本写作意向,接下来要领取开题报告书,填写开题报告。内容包括:本课题研究的目的、研究现状和发展趋势(文献综述)、研究的重点与难点,拟采用的途径(研究手段)、研究进度计划、参考文献(至少 10 部,一般要有一部外文文献)。开题报告由导师审阅通过后方可进入主体的撰写。

4. 主体的撰写

接下来要明确论点和选定材料。在研究资料的基础上,学生提出自己的观点和见解。然后根据已确立的基本论点和分论点选定材料。组织材料要注意前后材料的逻辑关系和主次关系。

再接下来是执笔撰写。下笔前要拟定提纲。提纲一般应包括:论文标题,基本观点,分论点,证明分论点所用的材料,所拟用的论证方法等。提纲编写完成后,方可正式进入初稿的撰写。应力求写出新意。

5. 修改定稿

初稿完成后,提交给导师审阅,导师会及时给出修改意见。学生要认真领会导师的每一处修改意见,将每一处修改意见落实,对初稿进行修改。修改完毕,将二稿交给导师。直到三稿修改完毕,方可定稿。初稿、二稿、三稿、定稿均要保存,以备存档,不得遗失。

(二)毕业设计写作格式

各高校毕业设计撰写格式基本一致。下面是一篇毕业设计撰写规范。

××理工大学本科生毕业设计撰写规范

毕业设计是学生在校学习的最后阶段,是完成初步培养学生综合利用所学知识,分析和解决实际工程问题,锻炼创造能力的重要环节,也是申请学位的基本依据。为了统一和规范我校本科生毕业设计的写作,保证我校本科生毕业设计的质量,根据

《科学技术报告、学位论文和学术论文的编写格式》(国家标准GB7713－87)的规定,特制定《××理工大学本科生毕业设计撰写规范》。

1 毕业设计构成

毕业设计统一使用学校印制的毕业设计资料袋、毕业设计任务书、毕业设计成绩评定册等。

毕业设计按统一顺序装订后与有关图纸(按国家标准装订)、毕业设计成绩评定册、其他相关材料等一起放入填写好的资料袋内上交院(系),电子文档由院(系)收集保存。毕业设计资料主要由以下几部分组成:

1.1 毕业设计,其中包括(按前后装订顺序排列):

a. 封面;

b. 扉页;

c. 毕业设计任务书;

d. 中文摘要;

e. 英文摘要;

f. 论文目录;

g. 论文正文;

h. 参考文献;

i. 致谢;

j. 附录(过长的公式的推演、图表、编写的程序等);

k. 附件:开题报告、译文及原文等。

1.2 有关图纸(大于3#图幅时可单独装订)

1.3 毕业设计成绩评定册

1.4 论文电子文档〔由院(系)收集保存〕

2 内容与要求

2.1 毕业设计撰写的内容

2.1.1 设计题目

题目应该简短、明确,有概括性。通过题目,能大致了解设计内容、专业特点和学科范畴。但字数要适当,一般不宜超过20字。必要时可加副标题。

2.1.2 摘要与关键词

2.1.2.1 设计摘要

摘要应概括反映出毕业设计的内容、方法、成果和结论。摘要中不宜使用公式、图表,不标注引用文献编号。中文摘要以300字左右为宜、外文摘要以250个实词左右为宜。

2.1.2.2 关键词

关键词是供检索用的主题词条,应采用能覆盖设计主要内容的通用技术词条(参照相应的技术术语标准)。关键词一般为3～5个,按词条的外延层次排列(外延大的排在前面)。

2.1.3 目录

目录按三级标题编写,要求标题层次清晰。目录中的标题应与正文中的标题一致。目录中应包括绪论、设计主体、结论、致谢、参考文献、附录等。

2.1.4 正文

毕业设计正文包括(供参考):

(1)选题背景:说明本设计课题的来源、目的、意义、应解决的主要问题及应达到的技术要求;简述本课题在国内外发展概况及存在的问题,本设计的指导思想。

(2)方案论证:说明设计原理并进行方案选择,阐明为什么要选择这个设计方案(包括各种方案的分析、比较)以及所采用方案的特点。

(3)过程(设计或实验)论述:作者对自己的研究工作的详细表述。要求论理正确、论据确凿、逻辑性强、层次分明、表达确切。

(4)结果分析:对研究过程中所获得的主要的数据、现象进行定性或定量分析,得出结论和推论。

(5)结论或总结:对整个研究工作进行归纳和综合,阐述本课题研究中尚存在的问题及进一步开展研究的见解和建议。结论要写得概括、简短。

2.1.5 注释

毕业设计中有个别名词或情况需要解释时,可加注说明。

2.1.6 参考文献

按正文中出现的顺序列出直接引用的主要参考文献。毕业设计的撰写应本着严谨求实的科学态度,凡有引用他人成果之处,均应按论文中所出现的先后次序列于参考文献中。并且只应列出正文中以标注形式引用或参考的有关著作和论文。一篇论著在论文中多处引用时,在参考文献中只应出现一次,序号以第一次出现的位置为准。

2.1.7 致谢

致谢中主要感谢导师和对设计工作有直接贡献及帮助的人士或单位。

2.1.8 附录

对于一些不宜放入正文但作为毕业设计又是不可缺少的部分,或有重要参考价值的内容,可编入毕业设计的附录中。例如,过长的公式推导、重复性的数据、图表、程序全文及其说明等。

2.2 对毕业设计的要求

学生的开题报告通过以后,方能进入实施阶段。

我校毕业设计大致有:设计类、理论研究类、实验研究类、计算机软件类,具体要求如下:

(1)设计类(包括土建工程、电气信息、机械、建筑、水利港口、设计艺术等):学生必须独立绘制完成一定数量的图纸,工程图除了用计算机绘图外必须要有1~2张(2号以上含2号图)是手工绘图,一份15 000字左右的设计说明书(包括计算书、调研报告);艺术作品类设计完成8 000字左右的设计说明书。参考文献不低于10篇,其中外文文献要在1篇以上。

(2)理论研究类(理科):毕业设计字数要在10 000字左右,根据课题提出问题、分析问题,提出方案,并进行建模、仿真和设计计算等;参考文献不低于12篇,其中外文文献要在2篇以上。

(3)实验研究类:学生要独立完成一个完整的实验,取得足够的实验数据,实验要有探索性,而不是简单重复已有的工作;要完成10 000字左右的论文,其包括文献综述、实验部分的讨论与结论等内容;参考文献不少于10篇,包括2篇以上外文文献。

(4)计算机软件类:学生要独立完成一个软件或较大软件中的一个模块,要有足够的工作量;要写出10 000字左右的软件说明书或论文;毕业设计中如涉及有关电路方面的内容时,必须完成调试工作,要有完整的测试结果和给出各种参数指标;当涉及有关计算机软件方面的内容时,要进行计算机演示程序运行和给出运行结果。参考文献不少于10篇,包括2篇以上外文文献。

3 书写规范与打印要求

3.1 书写

一律由本人在计算机上输入、编排并打印在A4幅面白纸上,单面打印(建筑学及设计艺术类专业除外,可采用A3幅面),汉字必须使用国家公布的规范字。

3.2 字体和字号

设计题目:3号黑体

章标题(一级标题):小3号黑体

节标题(二级标题):4号黑体

条标题(三级标题):小4号黑体

正文:小4号宋体

页码:小5号宋体

数字和字母:Times New Roman 字体

3.3 封面、扉页

封面一律采用A4幅面,颜色为白色(建筑学及设计艺术类专业可采用A3幅面)。

3.4 设计页面设置

3.4.1 页眉

页眉为 _____长沙理工大学_____ (设计题目)。

3.4.2 页边距

上边距:25 mm;下边距:20 mm;左边距:30 mm;右边距:20 mm;行间距为1.5倍行距,标准字符间距。

3.4.3 页码的书写要求

设计页码从绪论部分开始,至附录,用阿拉伯数字连续编排,页码位于页脚居中。封面、扉页、摘要和目录不编入设计页码。

3.5 摘要

3.5.1 中文摘要

中文摘要包括:论文题目(3号黑体)、"摘要"字样(小3号黑体)、摘要正文(小4

号宋体)和关键词。

摘要正文后下空一行打印"关键词"三字(4号黑体),关键词一般为3～5个(小4号宋体),每一关键词之间用分号分开,最后一个关键词后不注标点符号。

3.5.2　英文摘要

英文摘要另起一页,其内容及关键词应与中文摘要一致,并要符合英语语法,语句通顺,文字流畅。英文和汉语拼音一律为Times New Roman字体,字号与中文摘要相同。

3.6　目录

上空一行三号黑体居中打印"目录"二字后下空一行,专业目录的三级标题,建议按"1……""1.1……""1.1.1……"的格式编写,目录中各章题序的阿拉伯数字用Times New Roman字体,第一级标题用小4号黑体,其余用小4号宋体。

3.7　设计正文

3.7.1　章节及各章标题

正文分章节撰写,每章应另起一页。各章标题要突出重点、简明扼要。字数一般在15字以内,不得使用标点符号。标题中尽量不采用英文缩写词,对必须采用者,应使用本行业的通用缩写词。

3.7.2　层次

毕业设计的全部标题层次应有条不紊,整齐清晰,相同的层次应采用统一的表示体例,正文中各级标题下的内容应同各自的标题对应,不应有与标题无关的内容。章节编号方法应采用分级数字编号方法,第一级为"1""2""3"等,第二级为"2.1""2.2""2.3"等,第三级为"2.2.1""2.2.2""2.2.3"等,但分级阿拉伯数字的编号一般不超过四级。各层标题均单独占行书写,第一级标题小三号黑体居中书写,第二级标题序数顶格书写,空一格接写标题,二级标题四号黑体书写。第三级和第四级标题均空两格书写序数,空一格写标题,用小四号黑体书写。第四级以下单独占行的标题顺序采用A、B、C……和a、b、c……两层,标题均空两格书写序数,空一格写标题。正文中对总项包括的分项采用(1)、(2)、(3)……的序号,对分项中的小项采用①、②、③…的序号,数字加半边括号或括号后,不再加其他标点。

3.8　引用文献

引用文献标示方式应全文统一,并采用所在学科领域内通用的方式,用上标的形式置于所引内容最末句的右上角,用小4号宋体。所引文献编号用阿拉数字置于方括号中,如"……成果[1]"。当提及的参考文献为文中直接说明时,其序号应该用小4号宋体与正文排齐,如"由文献〔8,10—14〕可知"。

不得将引用文献标示置于各级标题处。

3.9　名词术语

科技名词术语及设备、元件的名称,应采用国家标准或部颁标准中规定的术语或名称。标准中未规定的术语要采用行业通用术语或名称,全文名词术语必须统一,一些特殊名词或新名词应在适当位置加以说明或注解。

采用英语缩写词时,除本行业广泛应用的通用缩写词外,文中第一次出现的缩写词应该用括号注明英文全文。

3.10 物理量名称、符号与计量单位

3.10.1 物理量的名称和符号

物理量的名称和符号应符合 GB3100～3102—86 的规定。论文中某一量的名称和符号应统一。

3.10.2 物理量计量单位

物理量计量单位及符号应按国务院 1984 年发布的《中华人民共和国法定计量单位》及 GB3100～3102 执行，不得使用非法定计量单位及符号。计量单位符号，除用人名命名的单位第一个字母用大写之外，一律用小写字母。

非物理量单位（件、台、人、元、次等）可以采用汉字与单位符号混写的方式，如"万 t·km"。

文稿叙述中不定数字之后允许用中文计量单位符号，如"几千克至 1 000 kg"。

表达时刻时应采用中文计量单位，如"上午 8 点 3 刻"，不能写成"8h45min"。

计量单位符号一律用正体。

3.11 外文字母的正、斜体用法

物理量符号、物理常量、变量符号用斜体，计量单位等符号均用正体。

3.12 数字

除习惯用中文数字表示的以外，一般均采用阿拉伯数字。年份一概写全数，如 2003 年不能写成 03 年。

3.13 公式

公式应另起一行写在稿纸中央，公式和编号之间不加虚线。公式较长时最好在等号"＝"处转行，如难实现，则可在＋、－、×、÷运算符号处转行，运算符号应写在转行后的行首，公式的编号用圆括号括起来放在公式右边行末。

公式序号按章编排，如第一章第一个公式序号为"(1-1)"，附录 A 中的第一个公式为"(A1)"等。

文中引用公式时，一般用"见式(1-1)"或"由公式(1-1)"。

公式中用斜线表示"除"的关系时应采用括号，以免含糊不清，如 $a/(b\cos x)$。通常"乘"的关系在前，如 $a\cos x/b$ 而不写成 $(a/b)\cos x$。

3.14 表格

每个表格应有自己的表序和表题。并应在文中进行说明，例如："如表 1-1"。

表序一般按章编排，如第一章第一个插表的序号为"表 1-1"等。表序与表名之间空一格，表名中不允许使用标点符号，表名后不加标点。表序与表名置于表上居中（5 号宋体加粗，数字和字母为 5 号 Times New Roman 字体加粗）。

表头设计应简单明了，尽量不用斜线。表头与表格为一整体，不得拆开排写于两页。

全表如用同一单位，将单位符号移至表头右上角。

表中数据应正确无误，书写清楚。数字空缺的格内加"—"字线（占 2 个数字），不允许用"""""同上"之类的写法。

表内文字说明(5号宋体),起行空一格、转行顶格、句末不加标点。

表中若有附注时,用小5号宋体,写在表的下方,句末加标点。仅有一条附注时写成:"注:"。

有多条附注时,附注各项的序号一律用阿拉伯数字,例如:"注1:"。

3.15　插图

毕业设计的插图应与文字紧密配合,文图相符,技术内容正确。选图要力求精练。

3.15.1　制图标准

插图应符合国家标准及专业标准。

机械工程图:采用第一角投影法,严格按照GB4457～4460—84,GB131—83《机械制图表面粗糙度代号及其注法》标准规定。

电气图:图形符号、文字符号等应符合有关标准的规定。

流程图:原则上应采用结构化程序并正确运用流程框图。

对无规定符号的图形应采用该行业的常用画法。

3.15.2　图题及图中说明

每幅插图均应有图题(由图号和图名组成)。图号按章编排,如第一章第一图的图号为"图1.1"等。图题置于图下,用5号宋体。有图注或其他说明时应置于图题之上,用小5号宋体。图名在图号之后空一格排写。引用图应说明出处,在图题右上角加引用文献号。图中若有分图时,分图号用(a)、(b)等置于分图之下。

图中各部分说明应采用中文(引用的外文图除外)或数字项号,各项文字说明置于图题之上(有分图题者,置于分图题之上)。

3.15.3　插图编排

插图与其图题为一个整体,不得拆开排写于两页。插图处的该页空白不够排写该图整体时,可将其后文字部分提前排写,将图移至次页最前面。

3.15.4　坐标与坐标单位

对坐标轴必须进行说明,有数字标注的坐标图,必须注明坐标单位。

3.15.5　原件中照片图及插图

毕业设计原件中的照片图应是直接用数码相机拍照的照片,或是原版照片粘贴,不得采用复印方式。照片可为黑白或彩色,应主题突出、层次分明、清晰整洁、反差适中。照片采用光面相纸,不宜用布纹相纸。对显微组织照片必须注明放大倍数。

3.16　注释

注释用篇末注(将全部注文集中在文章末尾),而不用行中注(夹在正文中的注)。若在同一页中有两个以上的注时,按各注出现的先后,依次编列注号。

3.17　参考文献

参考文献的著录均应符合国家有关标准(按GB/T7714—2015《信息与文献 参考文献著录规则》执行)。以"参考文献"居中排作为标志;参考文献的序号左顶格,并用数字加方括号表示,如[1],[2]……以与正文中的指示序号格式一致。每一参考文献条目的最后均以"."结束。各类参考文献条目的编排格式及示例如下。

a. 专著

[序号]主要责任者.题名:其他题名信息[文献类型标识/文献载体标识].其他责任者.版本项.出版地:出版者,出版年:引文页码[引文日期].获取和访问路径.数字对象唯一标识符.

例如:[1]哈里森,沃尔德伦.经济数学与金融数学[M].谢远涛,译.北京:中国人民大学出版社,2012:235-236.

b. 专著中的析出文献

[序号]析出文献主要责任者.析出文献题名[文献类型标识/文献载体标识].析出文献其他责任者//专著主要责任者.专著题名:其他题名信息.版本项.版本地:出版者,出版年:析出文献的页码[引用日期].获取和访问路径.数字对象唯一标识符.

例如:[2]程根伟.1998年长江洪水的成因与减灾对策[M]//许厚泽,赵其国.长江流域洪涝灾害与科技对策.北京:科学出版社,1999:32-36.

c. 连续出版物

[序号]主要责任者.题名:其他题名信息[文献类型标识/文献载体标识].年,卷(期)-年,卷(期).出版地:出版者,出版年[引用日期].获取和访问路径.数字对象唯一标识符.

例如:[3]中国图书馆学会.图书馆学通讯[J].1957(1)-1990(4).北京:北京图书馆,1957-1990.

[4]American Association for the Advancement of Science . Science[J]. 1883,1(1)-. Washington,D. C. : American Association for the Advancement of Acience,1883-.

d. 连续出版物中的析出文献

[序号]析出文献主要责任者.析出文献题名[文献类型标识/文献载体标识].连续出版物题名:其他题名信息,年,卷(期):页码[引用日期].获取和访问路径.数字对象唯一标识符.

例如:[5]余建斌.我们的科技一直在追赶:访中国工程院院长周济[N/OL].人民日报,2013-01-12(2)[2013-03-20].http://paper.people.com.cn/rmrb/html/2013-01/12/nw.D110000renmrb_20130112_5-02.htm.

e. 专利文献

[序号]专利申请者或所有者.专利题名:专利号[文献类型标识/文献载体标识].公告日期或公开日期[引用日期].获取和访问路径.数字对象唯一标识符.

例如:[6]西安电子科技大学.光折变自适应光外差探测方法:01128777.2[P/OL].2002-03-06[2002-05-28].http://211.152.9.47/sipoasp/zljs/hyjs-yx-new.asp? recid=01128777.2&leixin=0.

f. 电子资源

[序号]主要责任者.题名:其他题名信息[文献类型标识/文献载体标识].出版地:出版者,出版年:引文页码(更新或修改日期)[引用日期].获取和访问路径.数字对象唯一标识符.

例如:[7]北京市人民政府办公厅.关于转发北京市企业投资项目核准暂行实施办法的通知:京政办发[2005]37号[A/OL].(2005-07-12)[2011-07-12].http://china.findlaw.cn/fagui/p_1/39934.html.

引用参考文献类型及其标注说明如下：

表 2－1　文献类型和标识代码

参考文献类型	文献类型标识代码
普通图书	M
会议录	C
汇编	G
报纸	N
期刊	J
学位论文	D
报告	R
标准	S
专利	P
数据库	DB
计算机程序	CP
电子公告	EB
档案	A
舆图	CM
数据集	DS
其他	Z

表 2－2　电子资源载体和标识代码

电子资源的载体类型	载体类型标识代码
磁带(magnetic tape)	MT
磁盘(disk)	DK
光盘(CD－ROM)	CD
联机网络(online)	OL

关于参考文献的未尽事项可参见国家标准《信息与文献　参考文献著录规则》(GB7714—2015)。

3.18　附录

附录依序用大写正体 A，B，C……编序号，如"附录 A"。附录中的图、表、式等另行编序号，与正文分开，也一律用阿拉伯数字编码，但在数码前冠以附录序码，如图 A1、表 B2、式(B3)等。

3.19　附件

设计附件包括：开题报告；译文及原文影印件；《毕业设计成绩评定册》、答辩记录；有关图纸；设计电子文档。

3.20　设计印刷装订与装袋

a．毕业设计按以下排列顺序印刷与装订成一本。

(1)封面→(2)扉页→(3)毕业设计任务书→(4)中文摘要→(5)英文摘要→(6)目

录→(7)正文→(8)参考文献→(9)致谢→(10)附录→(11)附件:开题报告→(12)附件:译文及原文影印件

b. 毕业设计其他附件部分按以下顺序整理,不与正文一同装订。
(1)需单独装订的图纸按顺序装订成一本。
(2)《毕业设计成绩评定册》。
(3)修改稿按顺序装订成一本。
(4)设计电子文档〔由院(系)收集保存〕。

以上规范要求主要针对本科学生,专科学生可参照执行或执行本院(系)制定的毕业设计撰写规范。

第三节 科技报告类应用文

学习要点
1. 科技报告类应用文的主要文种
2. 各主要文种的特点
3. 各主要文种的写作方法

能力要求
学会运用科技实验报告、科技考察报告、科技调查报告和项目建议书

一、科技报告的概述

科技报告是描述一项科学技术研究的结果,或论述某项学术技术问题的现状和发展的文件。一般是科技工作者就某一课题,从事科技研究取得的结果,或科研过程进展情况的记录。它以叙述客观事实为基本手法,因而具有文献价值。

1. 科技报告与科技论文的相同点及不同点

科技报告与科技论文有许多相同之处。它们所报告的对象都属于科学探讨的未知领域,都可以在科技刊物上发表,具有资料文献价值和学术研究价值。

两者的主要区别是:科技论文一般反映科学研究的成果,表达作者的学术观点和科学见解,重在解释事实和进行学术探讨;而科技报告则是反映研究工作的经过或结果,是实验、考察结果的如实记录,重在报告事实,并不侧重于对结果进行分析论证。前者侧重论证,学术性、理论性强,强调系统性;后者注重记述和说明,告知性、技术性、时效性强。

2. 科技报告的作用

科技报告的主要作用是向主管部门、资助单位等报告科学研究和技术发展的新情况,向同行提供新的发现或发明的信息。在报告中说明工作的性质、进展情况及取得的成果,以便取得指导和支持。它在科学史上具有保留科学资料、交流科研情报和快速反映科研成果的重要作用。

3. 科技报告的分类

科技报告根据研究对象可分为考察报告、实验报告、研究报告、咨询报告、科技政策报告等；

根据研究过程可分为开题报告、申请报告、初期报告、进展报告、中期报告、总结报告、成果报告等；

根据发行密级可分为保密报告(分绝密和机密两种)、非密限制发行报告、非密公开报告、解密报告等；

根据报告载体可分为印刷本、复印本、缩微胶卷、缩微胶片、磁带、视频和光盘等；

根据出版类型可分为技术报告、技术札记、技术备忘录、技术论文、技术译文和技术通报等。

二、科技实验报告

(一)科技实验报告的概念及与科技论文的区别

科技实验报告是在科技领域中，科技工作者为研究某种现象而创造某些特定的条件，通过一定的操作程序和观测，如实将事物变化过程和结果记录下来并在此基础上进行分析、综合和判断后形成的书面报告。它通常是实验工作不可或缺的重要环节，也是进行科技研究、推动科技进步的重要手段。

科技实验报告与科技论文都是科学研究成果的文字体现，但二者在内容和表达上有明显的区别。科技实验报告侧重记录实验经过与结果；科技论文则侧重文章的学术性，重在阐述作者的见解，一般只反映研究成功的实验结果。

(二)科技实验报告的类型

按照实验中质与量的关系，可以分为定性实验报告、定量实验报告和结构分析实验报告等。

按照实验在认识过程中的作用，可以分为对照实验报告、析因实验报告和中间实验报告等。

按照实验的性质，可以分为检验型实验报告和创新型实验报告。

还可以按照学科进行分类，如物理实验报告、化学实验报告、心理实验报告、针灸实验报告等。

按实验报告的撰写者来划分，主要有两种类型：一种是理工科大学生撰写的实验报告，一种是科技工作者撰写的创新型科技实验报告。

(三)科技实验报告的特点

实验报告必须在科学实验的基础上进行。不论是成功的或失败的实验结果的记载，都有利于不断积累研究资料，总结研究成果，提高实验者的观察能力、分析问题和解决问题的能力，培养实验者理论联系实际的学风和实事求是的科学态度。

具体说来，科技实验报告有如下特点：

一是真实、准确，具有科学性。科技实验报告必须是实验真实无误的记录，实验的结果要经得起验证，实验中取得的资料也要经得起复核验证。

二是原始性和过程性。科技实验报告注重实验过程本身，可以不要求达到预期的目的，也不必要有明确或正确的结论。科技实验报告注重对实验过程和结果的直接反映，必须如实记录,做到绝对真实可靠。

(四)科技实验报告的写法

1. 基本格式

形式完整的科技实验报告,包括标题、引文、正文、附件。

(1)标题。直接注明实验报告的实验对象和主要内容,如《新型纳米材料在陶瓷制品中的作用》。

(2)引文。包括作者及其单位、实验报告摘要、关键词和引言等主要内容。

(3)正文。正文是实验报告的核心部分,是实验内容的主要体现。包括:实验原理、实验目的、实验装置、实验方法和步骤、实验结果、讨论、实验结论。

(4)附件。主要包括本次实验的主要参考文献、理论根据、致谢等,有时还需注明实验完成时间等。

2. 写作要求

科技实验报告种类繁多,格式大同小异,比较固定。一般根据实验的先后顺序来写,主要内容有:

(1)实验名称。要用最简练的语言反映实验的内容。例如,验证某条定律可写成《验证×××》;测量的实验报告可写成《×××的测定》。

(2)实验目的。要明确,抓住重点,可从理论和实践两方面考虑。理论上,验证定理定律,并使实验者获得深刻和系统的理解;实践上,掌握使用仪器或器材的技能技巧。

(3)实验用的仪器和材料。如玻璃器皿、金属用具、溶液、颜料、燃料等。

(4)实验步骤与方法。这是实验报告中极其重要的内容。要写明依据何种原理、定律或操作方法进行的实验,要写明经过哪几个步骤。还应画出实验装置的结构示意图,再配以相应文字说明,这样既可节省许多文字说明,又能使实验报告简明扼要、清楚明白。

(5)数据记录和计算。指从实验中测到的数据及计算结果。

(6)结果。即根据实验过程中所见到的现象和测得的数据,得出结论,亦可不做结论。

(7)备注或说明。可以写上实验成功或失败的原因,实验后的心得体会、建议等。

有的科技实验报告采用事先设计好的表格,使用时只需逐项填写即可。

(五)撰写时应注意的事项

写科技实验报告是一项非常严肃认真的工作,要讲究科学性、准确性、求实性。在撰写过程中,常见错误有以下4种情况。

(1)观察不细致,没有及时、准确、如实地记录。在实验时,由于观察者不细致、不认真,没有及时记录,结果不能准确地写出所发生的各种现象,不能恰如其分、实事求是地分析各种现象发生的原因。所以在记录中,一定要记录下看到的一切相关现象,绝不能弄虚作假。

(2)说明不准确或层次不清晰。如在化学实验中,出现了沉淀物,但没有准确说明是"晶体沉淀",还是"无定形沉淀"。有的说明没有按照操作顺序分条列出,结果出现层次不清晰的问题。

(3)没有采用专业术语来说明。例如,"用棍子在混合物里转动"一句中的"转动",应改为专用术语"搅拌"较好,既可使文字简洁明白,又合乎实验情况。

(4)外文、符号、公式不准确,没有使用统一规定的名词和符号。

三、科技考察报告

(一)含义

科技考察报告,是科技人员在未知的科学领域进行探索,通过实地观察、了解,在搜集大量材料的基础上,经过分析研究之后写成的书面报告。科技考察报告是考察者将科技考察活动的主要成果以书面形式表现出来,以使科技考察活动更好地服务于本地的科技工作。

(二)特点

科技考察报告的内容在深度方面介于科技论文和科普作品之间。

与科普作品相比,它常常使用专业词汇和术语来介绍抽象、深奥的科学知识和复杂的生产技术。

与科学论文相比,科技考察报告多运用相对通俗易懂、深入浅出的文字直述其所见到的科学技术事实。

具体说来,科技考察报告有以下特点:

(1)科学性。考察报告要以客观直接经验为基础,通过严密的论证,写出有科学价值的报告。

(2)真实性。报告所描述的科技事实应该是确凿真实的。

(3)专业性。科技考察报告有明确具体的专业范围,具有鲜明的专业性特点。

(4)时效性。在信息时代,撰写科技考察报告,要注重时效性。滞后的考察报告,其科研价值和推广作用将大打折扣。

(三)类型

根据科技考察报告不同的内容和目的要求,可将其分为以下三种类型。

1. 科技情况考察报告

是对某一学科、某一技术问题进行较为全面的考察之后撰写的考察报告,报告直述所见到的科技事实,目的是为科技工作者提供最新的科技信息,如《美国办公现代化考察报告》。

2. 学术考察报告

是通过参观、访问、座谈等多种形式进行学术交流活动,将所了解到的本学科领域最新科技信息以书面形式反映出来,形成考察报告,如《美国抑制糖尿病新办法的报告》。

科技会议考察报告的写作一般包括两部分。

第一部分为"概况",写明会议名称、主办机构,会议的时间、地点、参加人员,会议的主要议题、开会的方式等。

第二部分为"收获",这是考察报告的主体部分。包括以下三个方面的内容。

一是本次会议上本学科的新动向、新成果、新技术、新方法,哪个分支领域将成为学科发展主流。

二是介绍会议中交流的主要论文,要具体到图表、数据、方法、论证、结论等。在方法上要注意选择会议中最主要的论文,摘取其精华进行介绍。

三是结合国内具体情况,介绍国外在本学科的科学管理、学科方向选择、技术设备、数据处理等方面的先进经验。

3. 学科研究考察报告

这是科技研究人员为了某一科研目的,通过实地考察,得到研究成果而写成的报告。

学科研究考察报告的范围很广。地质研究方面的科研人员可以考察某一地区的地层地质发育情况,也可以考察某一雪山的冰川。生物研究方面的科研人员可以对某一稀有动物考察,也可以对某一经济作物的生长习性、经济价值考察。不管哪方面的考察,只要考察者对实地考察得来的材料进行整理、分析,得出科学的结论,用文字表达出来,就可成为学科研究考察报告。

学科研究考察报告的结构方式灵活多样,有直贯到底的,有分成几部分的,还有采用日记体裁写的。我国明末地理学家徐弘祖的《徐霞客游记》,采用的是日记体;著名科学家竺可桢的《雷琼地区考察报告》采用的是"小标题式";地理学家徐馨的《天目山冰桌的发现及其古气候意义》采用的是分成几部分叙述和论述的方式。

(四)作用

科技考察报告在科技工作中发挥着越来越重要的作用。《国家中长期科学和技术发展规划纲要》(2006～2020年)中指出:"在对外开放条件下推进社会主义现代化建设,必须认真学习和充分借鉴人类一切优秀文明成果。""他山之石,可以攻玉",借鉴得好,我们就有可能实现跨越式发展,加快前进的步伐。因此,到科技发达国家和地区进行科技考察是一项有重要意义的工作。近些年来,我国各级各类科技部门和科技工作者开展了越来越多的科技考察活动,为科技进步做出了积极贡献。

(五)结构和写法

科技考察报告包括标题、前言、主体和结论等几个部分。

1. 标题

标题的常见格式为"考察范围或内容+文种名",如《××高速铁路考察报告》《××国农业化学除草考察报告》等。有时也会在前面加上"关于",如《关于××市发展高科技产业的考察报告》等。

2. 前言

前言主要是简要介绍考察的背景、目的,考察团或小组的名称、组成,考察的作用、意义等。该部分写一段即可,也有分两段来写的。

3. 主体

主体部分重点交代具体的考察情况,将考察到的主要内容和主要方面有层次、有条理地一一展示,让读者对考察者的行程和考察项目有一个比较清晰的了解。在具体写作过程中,这部分的结构层次不尽一致,有时是一个大的层次,有时可能分成几个层次来加以介绍。不管采用何种形式,基本内容都应该是一致的——都要有对考察对象先进的科技成果、好的经验做法的概述和总结。在写法上,可以把考察内容分成若干条,然后逐条详细介绍。可以使用科技术语,语句要简明扼要。

4. 结论

结论部分着重交代考察之后的收获。包括从考察对象取得的成绩中得到的感性认识、理性体会,对本地区、本部门有益的启示、建议或意见等。结构上经常表现为几个自然段,每个自然段的段首一般都有一个主旨句。

总之,科技考察活动是当前科技工作乃至政府工作的一项重要内容。能否最大限度地发挥科技考察活动的积极作用,在一定程度上取决于能否写出高质量的考察报告。

四、科技调查报告

科技调查报告是针对科技领域的某一事物、某些现象或某些问题，经过调查、分析、研究，得出规律性认识之后所写的一种报告性文书。科技调查报告要陈述事实、列出数据、分析特征、把握规律，是一种将叙述、说明、议论等多种方式融为一体的实用性文体。科技调查报告的作用是为科技领域的决策、管理、研究等提供参考资料。

（一）科技调查报告的特点

1. 针对性

科技调查报告或针对科技领域中的某一问题进行调查研究，力争提出解决问题的方案；或针对科技领域里的某些情况或现象进行调查研究，力求对其有清楚的认识和把握，是一种针对性很强的文体。科技调查报告所提供的材料、数据、意见和建议，往往会对科技工作起积极的推动作用。

2. 数据性

科技调查报告要在调查、统计的基础上提供大量确凿的数据，把认识建立在大量事实材料和科学分析归纳的基础之上。

3. 及时性

科技调查报告在时效性上有较高的要求。当前社会瞬息万变，科技领域日新月异。如果调查和反映内容时过境迁，其意义和价值必然大打折扣。

（二）科技调查报告的写作

1. 标题

标题有三种写法：

一是直接由调查课题和文体名称组成，如《光电技术产业动态调查报告》；

二是用提问的方法制作，如《CAD能够帮助我们干什么？》；

三是由正副标题组成，正标题陈述事实或提出疑问，副标题标明调查课题和文体名称，如《无证造缆车，六成不合格——对×市七家游乐场游览车质量的调查》。

2. 导言

导言是科技调查报告的开头部分，用来简要介绍调查展开的背景，交代调查的对象、时间、地点、范围、方法等，阐明调查的目的和意义。

3. 主体

主体是调查报告中是内容最重要、篇幅最长的部分。这部分叙述基本事实，统计和分析各种现象，概括和总结特点和规律。要分不同层次撰写，每一层次可以有一个小标题，也可以用标序码、层间空行、段首关键句提示等方式显示层次。

4. 结语

结语就是全文的结尾部分，可以用来概括全文的中心观点，用来预测未来、提出希望，做补充说明等。

五、可行性研究报告

（一）可行性研究报告的含义

可行性研究报告，简称可研报告，又称可行性报告。

可行性研究是指在某一经济活动实施之前，通过全面的调查研究和有关信息的分析以及必要的预算等工作，对项目的实施进行全面、深入、细致的技术论证和经济评价，以求确定一个"技术上先进、经济上合理、现实中可行"的最优方案，为决策提供依据的一种活动。

可行性研究报告则是在制订生产、基建、科研计划的前期，通过全面的调查研究，分析论证某个建设或改造工程、某种科学研究、某项商务活动切实可行而提出的一种书面材料。是对拟开发或拟实施项目，进行周密的调查、分析，进而论证该项目的可行性和效益性的书面报告。简单地说，它是反映可行性研究的内容和结果的书面材料。

中国权威的可行性研究报告机构有：中机系（北京）信息技术研究院、上海华然投资咨询有限公司、尼尔森市场研究中心、中国联合市场调研网、中国经济信息中心、百度研究中心、数字100市场研究公司。

（二）可行性研究报告的用途

可行性研究报告是项目投资决策前的重要工作内容，是项目能否立项的论证文件，是申办建设执照及与合作单位签订合同的依据。

它主要用于生产、基建、科研等领域，不仅为实施该项经济活动的单位做出决策提供依据，也为合作者、投资者及金融机构、评审专家对该项经济活动的评价提供依据，还可为主管部门的审批提供依据。

可行性研究报告如被批准，可成为申请贷款、筹措资金、招标采购、签订协议、组建机构、培训人员等的依据。

具体说来，主要有如下用途。

1. 用于企业融资、对外招商合作

此类研究报告要求市场分析准确、投资方案合理、并提供竞争分析、营销计划、管理方案、技术研发等实际运作方案。

2. 用于国家发展和改革委立项

发改委根据可行性研究报告进行核准、备案或批复，决定某个项目是否实施。另外医药企业在申请相关证书时也需要编写可行性研究报告。

3. 用于银行贷款

商业银行贷款前进行风险评估时，需要项目方出具详细的可行性研究报告。如向国家开发银行等国内银行贷款，该报告由甲级资格单位出具，通常不需再组织专家评审，部分银行贷款时不要求可行性研究报告出具方的资格，但要求信息全面，分析正确，融资方案合理。

4. 用于申请进口设备免税

申请办理中外合资企业、内资企业项目确认书的项目需要提供项目可行性研究报告。

5. 用于境外投资项目核准

企业在实施走出去战略，对国外矿产资源和其他产业进行投资时，需编写可行性研究报告报给国家发改委或省发改委，需申请中国进出口银行境外投资重点项目信贷支持时，也需可行性研究报告。

在上述五种用途中，第2、4、5类准入门槛最高，需要编写单位拥有工程咨询资格，该资格由国家发展和改革委员会颁发，分甲级、乙级、丙级三个等级。

（三）可行性研究报告的主要研究内容

各类可行性研究报告的主要内容差异较大，一般应包括以下研究内容。

(1)投资类必要性研究。主要依据市场调查、预测结果、有关的产业政策等因素,论证项目投资建设的必要性。

(2)技术类可行性研究。主要从项目实施的技术角度,合理设计技术方案,并进行比较、评价、选择。

(3)财务类可行性研究。主要从项目及投资者的角度,设计合理的财务方案,从企业理财角度进行资本预算,评价项目的盈利能力,进行投资决策。

(4)组织类可行性研究。制订合理的项目实施进度计划,设计合理的组织机构,选择经验丰富的管理人员,建立良好的协作关系,制订合适的培训计划等,以保证项目顺利执行。

(5)经济类可行性研究。主要从资源配置角度衡量项目的价值,评价项目在实现区域经济发展目标、有效配置经济资源、增加供应、创造就业、改善环境等方面的效益。

(6)社会类可行性研究。主要分析项目对政治体制、方针政策、经济结构、法律道德、宗教民族、妇女儿童及社会稳定性等的影响。

(7)风险因素及对策类研究。主要是对项目的市场风险、技术风险、财务风险、组织风险、法律风险等因素进行评价,制订规避风险的对策,为项目风险管理提供依据。

(四)可行性研究报告的格式例举

(1)基本情况。包括:

①中外合资经营企业的名称、法定地址、宗旨、经营范围、规模;

②合营各方的名称,注册国家,法定地址,法定代表人的姓名、职务、国籍,企业总投资,注册资本股本额(包括自有资金额、合营各方出资比例、出资方式、股本交纳期限);

③合营期限、合营方利润分配、亏损分担比例;

④项目建议书的审批文件;

⑤可行性研究报告的负责人名单;

⑥可行性研究报告的概况、结论、问题、建议。

(2)产品生产安排及其依据。国内外市场需求情况,市场预测的情况,国内外目前已有的和在建的生产装备能力。

(3)物料供应的安排(包括能源和交通运输)及其依据。

(4)项目地址的选择及其依据。

(5)技术装备和工艺过程的选择及其依据(包括国内外设备分批交货的安排)。

(6)生产组织安排(职工总数、构成、来源和经营管理)及其依据。

(7)环境污染治理、劳动安全保护、卫生设施及其依据。

(8)建设方式、建设进度安排及其依据。

(9)资金筹措及其依据(包括厂房、设备入股计算的依据)。

(10)外汇收支安排及其依据。

(11)综合分析(包括经济、技术、财务和法律等方面的分析)。宜采用动态法、风险法等方法分析项目效益和外汇收支等情况。

(12)必要的附件。如合营各方的营业执照副本,法定代表人的证明书,合营各方的资产、经营情况资料,上级主管部门的意见。

六、科研进度报告

(一)科研进度报告的定义和作用

科研进度报告是承担科研项目的课题组按时向科研管理部门或资助部门提交的进度汇报,是一种阶段性总结。科研进度报告一般以年度为单位撰写,也有以季度、月份为单位的报告,遇到特殊情况,也可以不定期报告。

每一个科研项目,都有其研究的周期和步骤。在科研申请报告中,这些步骤和程序都有明确的表达。科研工作开展后,计划和预期目标是否实现,需要做阶段性的检查和总结,并向有关部门汇报。汇报时所使用的文体,就是科研进度报告。

科研进度报告有四个方面的作用:一是便于管理部门或资助部门督促,加强科研管理的科学性;二是促使研究人员及时进行阶段性总结,有利于汲取经验教训,以便更好地开展下一阶段的工作;三是向有关协作部门通报信息,加强相互联系;四是积累资料,为将来撰写科研论文和科研成果报告准备素材。

(二)科研进度报告的特点

1. 汇报性

汇报性是科研进度报告的第一特性。科研进度报告最本质的特点是向上级科研管理部门或资助部门汇报研究的进展情况,包括已取得的阶段性成果,遇到的困难和克服的办法,下阶段的工作计划等。有关部门根据报告中反映的内容,可以准确了解并指导研究工作,以保证研究能顺利进行。

2. 总结性

对于研究者而言,科研进度报告是一次阶段性总结。通过科研进度报告,可以明确取得的成绩有哪些,遇到的困难有哪些,原有计划需要进行哪些方面的调整,今后的科研工作需要加强哪些环节等,做到心中有数。

3. 科学性

科研进度报告的内容要真实、严谨,要体现实事求是的科学精神,不得弄虚作假,也不得敷衍了事。

(三)科研进度报告的写作

1. 标题

以科研项目名称做标题,或在名称后加上"进度报告"。

2. 课题来源

位于标题与正文之间,标明项目来源、起止时间、承担单位、课题组负责人、参加研究的人员等基本情况。

3. 进展情况

报告的进展情况是科研进度报告的正文部分,主体部分。主要包括以下内容:

(1)已取得的研究成果。如果成果涉及若干方面,可分条陈述。

(2)获得的经验教训。通常以介绍成绩和措施为主,也可分条排列。

(3)遇到的新问题及解决办法。如果在研究过程中遇到了在原计划中没有考虑进去的新困难、新问题,如资金不足、设备不足等,要在报告中反映,并提出解决问题的办法。

4. 落款

报告的落款由课题组负责人签名并签署报告日期。

七、科研成果报告

(一)科研成果报告的定义和作用

科研成果报告是用来表述最近取得的科学技术研究成果的一种报告体文书。一般分三种类型:自然科学基础理论方面的成果报告;应用技术科学方面的新技术、新方法、新工艺等的成果报告;重大科研项目的阶段性成果报告。

科研成果报告的作用主要有二:一是对自己承担的科研课题完成情况做出评价,二是向上级科研主管部门汇报工作。

为了规范科研成果报告的写作,国家科委制订了《科学技术研究成果报告表》,作者只需按照该表逐项填写就可写出规范的成果报告。

(二)科研成果报告的特点

1. 以实质性成果为报告对象

报告的中心是成果的原理、技术关键、技术指标、经济效益,而不注重对研究过程和研究手段的反映。

2. 报告内容具有描述科技动态的新闻性

对科学研究者来说,每一项成果的产生都是一个新闻事件,用来描述这些事件的文稿叫科技动态。成果报告虽不是科技动态,但它在一定程度上具有新闻性特征,可以在最早的时间向人们报告新发生的科技事件。

3. 格式的规范性

国家科委为报告制订了表格,并对表格的填写做了十条说明,报告者应按格式按要求填写。

(三)科研成果报告的写作

1. 封面

封面上有若干项目需要填写。首先是封面上部的表格里,需填写部门或地方编号、核定密级、分类号三项内容;其次是项目基本情况,应依次填写的内容有:成果名称、任务来源、完成单位、主要研究人员、主要协作单位、工作起止时间、填报单位负责人、填报单位、填报日期、登记号及登记日期。

2. 内文

(1)内容摘要。包括成果的主要用途、基本原理、技术关键、预定和达到的技术指标、经济价值、国内外水平比较等。内容摘要之后签署负责人姓名、日期。

(2)鉴定或评审意见。这部分由鉴定或评审单位填写。鉴定或评审意见之后,也要由组织鉴定或评定的单位签名盖章,署上日期。

(3)推广或处理建议。或提出进行实验的建议,或提出使用推广的意见,也可提出改进意见或处理意见。

(4)资料目录。报告所附送的相关资料,要依次列出标题,并将这些资料附带上报。

(5)审查意见。由申报单位主管部门填写审查意见并签名盖章。

附《科学技术研究成果报告表》样式:

核定密级　　　　　　　　分类号　　　　　　　部门或地方编号

科学技术研究成果报告表

成果名称
任务来源
完成单位
主要研究人员
主要协作单位
工作起止时间　　　年　　　月至　　　　年　　　月
填报单位负责人　　　　　　　　　　　填报单位
（盖章）　　　　　　　　　　　　　　（盖章）
　　　　　　　　填报日期：　　　　　　　年　　　月　　　日
登记号　　　　　登记日期：　　　　　　　年　　　月　　　日

内容摘要（包括成果的主要用途、原理、技术关键、预定和达到的技术指标、经济价值、国内外水平比较）： 题目负责人（签字）： 　　　　　　　　　　　　　　　　　　　　　　　　年　　　月　　　日

　　　　　注：如本栏填写不下，可添页（大小应与本页相同）

鉴定或评审意见： 鉴定或评审单位： 　　　　　　　　　　　　　　　鉴定或评审日期：
推广或处理建议：
资料目录： （盖章）

审查意见	厅、局： （盖章） 　年　　月　　日	部门或地方科委： （盖章） 　年　　月　　日

说明

1. 此表由各部门、各地方科委按规定的尺寸和格式统一翻印。
2. 表中除"部门或地方编号""核定密级""登记号""分类号""登记日期""审查意见"外，其余各栏由填报单位逐一填写，不得遗漏。
3. 本表要求填写工整，有条件最好打印。但"填报单位负责人"和"题目负责人"签字或盖章不得用打字代替。
4. "填报单位"是指院、所、厂、校一级基层单位；"完成单位"的名称和顺序应与成果鉴定证书一致；几个基层单位联合上报时，应加盖各单位公章。
5. "主要研究人员"是指对解决该项成果的关键技术问题有直接贡献的研究人员中主要者，应分单位填写清楚。
6. "内容摘要"栏，由题目负责人认真撰写（对成果的经济价值和应用、推广情况及效益应着重说明），以便发表"科学技术研究成果公报"时摘登使用。
7. "资料目录"栏应填该项成果所包括的全部技术资料名称，并应由填报单位档案机构盖章。
8. "鉴定或评审意见"是指成果最终鉴定或评审的结论，重大不同意见应列出。
9. "审查意见"栏应有具体意见并加盖审查单位公章。
10. "部门或地方编号""核定密级"栏由国务院有关部门或省、自治区、直辖市科委填写。

八、项目建议书

（一）项目建议书的定义

项目建议书是指项目建设筹建单位（或项目法人），依据国民经济的发展、国家和地方中长期规划、产业政策、生产力布局、国内外市场、项目建设所在地的内外部条件，提出某一具体项目供国家有关部门选择并确定是否继续推进（即可行性研究）的建议性文件。是对拟建项目提出的框架性的总体设想。该文书主要论证项目建设的必要性，建设方案和投资估算也比较粗，投资误差为±30％。

任何项目，都只能在项目建议书批准以后才可列入技术引进或设备进口的年度计划。尤其在国际经贸合作中，设立合资经营企业必须提出项目建议书，这是设立合资企业的第一步。

编制项目建议书的目的，是通过对项目建设内容、投资估算和资金来源、产品的主要销售市场、主要原材料、能源、公用设施、交通运输和各种协作配套文件等方面情况做出概略性介绍，并对建设项目提出具体设想建议，供计划部门初步决策和审批立项时参考。

（二）项目建议书的写法

各行各业的项目建议书，具体内容不大相同，但总的框架是一致的，通常包括标题、导言、正文、落款四个部分。

1. 标题

项目建议书的标题要写清楚建设项目的名称，以反映出是关于何种项目的建议书，如《关于与××公司合作生产××××的项目建议书》《×××××市×××厂和××国××公司合资经营××××的项目建议书》。

2. 导言

导言简要介绍项目主办单位和负责人的概况,包括各方单位的全称、法定地址、法定代表人姓名职务、资信情况、业务范围、业务规模、产品声誉、产品销售情况等。如是中外合作项目,中方单位要写明其主管单位名称,外方单位要写明其英文全称,要说明项目提出的依据和历史背景。

3. 正文

正文是项目建议书的主体,应写清楚以下7个方面的内容。

(1)提出建设项目的必要性和依据。如属引进技术和进口设备项目,还要说明进口理由。

(2)产品方案、拟建规模、建设地点的初步设想。

(3)资源情况,建设条件,协作关系,对合作方的初步分析。

(4)投资估算和资金筹措设想。如是中外合资项目,应说明利用外资的可能性并测算还贷能力。

(5)项目的进度安排。如属于一次规划而分期实施的项目,应做出分期实施的时间安排表。

(6)经济和社会效益的估算,着重在年产值、利润、税收、工资、奖金、分红、积累等方面做出分析、结论。

(7)附件。一些未写入项目建议书的文件,可作为附件附在项目建议书上。

4. 落款

落款处由建设项目编制填报单位署名盖章,并写明项目建议书的填报时间。

为了方便审批者阅读,项目建议书往往按照特定的格式撰写:

第一页:写明标题,标题之下标明项目建议书编制单位的名称、地址、电话,项目负责人的姓名、职务,归口主管单位的名称,填报日期等。

第二页:目录,将正文的主要内容列出,让审批者对正文内容有一全面了解。

第三页:正文。

(三)撰写项目建议书的注意事项

项目建议书是主管部门审批项目的依据,因此它必须围绕项目设立的必要性和可能性来写。在材料真实的前提下,应力求内容完整,理由充分,文字简洁。

1. 内容完整

项目建议书是送审的综合性文书,因此其内容务必完整,要站在审批者的角度,力求将审批者需要了解的情况都写进去。否则有可能导致决策失误,造成无可挽回的经济损失。

2. 理由充分

项目建议书是立项报批的依据,主管部门将据此审批。因此它所陈述的理由一定要充分,论证过程必须清晰,具有说服力。

3. 文字简明扼要

项目建议书的内容繁多,为了方便审批者阅读,撰写时要求行文简洁,要以简朴的文字直述其事。

我们把工业项目建议书需要写作的大致内容列表如下。

一、总论	1.项目名称;2.承办单位概况(新建项目指筹建单位情况,技术改造项目指原企业情况);3.拟建地点;4.建设内容与规模;5.建设年限;6.概算投资;7.效益分析
二、项目建设的必要性和条件	1.建设的必要性分析;2.建设条件分析;包括场址建设条件(地质、气候、交通、公用设施、征地拆迁工作、施工等),其他条件分析(政策、资源、法律法规等);3.资源条件评价(资源开发项目的评价),包括资源可利用量(矿产地质储量、可采储量等)、资源品质情况(矿产品位、物理性能等)、资源赋存条件(矿体结构、埋藏深度、岩体性质等)
三、建设规模与产品方案	1.建设规模(达产达标后的规模);2.产品方案(拟开发产品方案)
四、技术方案、设备方案和工程方案	(一)技术方案:1.生产方法(包括原料路线);2.工艺流程(二)主要设备方案;1.主要设备选型(列出清单表);2.主要设备来源(三)工程方案:1.建、构筑物的建筑特征、结构及面积方案(附平面图、规划图);2.建筑安装工程量及"三材"用量估算;3.主要建、构筑物工程一览表
五、投资估算及资金筹措	(一)投资估算:1.建设投资估算(先总述总投资费用,后分述建筑工程费、设备购置安装费等);2.流动资金估算;3.投资估算表(总资金估算表、单项工程投资估算表)(二)资金筹措:1.自筹资金;2.其他来源
六、效益分析	(一)经济效益:1.销售收入估算(编制销售收入估算表);2.成本费用估算(编制总成本费用表和分项成本估算表);3.利润与税收分析;4.投资回收期;5.投资利润率(二)社会效益
七、结论	

第四节 说明类科技文书

学习要点
1. 说明类科技文书的含义和作用
2. 说明类科技文书的写作方法

能力要求
学会各常用说明类科技文书的写作。

一、说明书

(一)说明书的含义和作用

说明书是用以对工商业产品、工程、产品设计、图书报刊、影视戏剧、文艺演出、旅游览胜以及各种博览、展销活动做介绍、说明的一种文体。

说明书最基本的作用是解释说明,如详细地解释说明某个产品的特点、使用方法和注意事项等。说明书有一定的广告宣传作用,好的说明书同样可以引起消费者关注并产生购买欲,达到促销目的。一般说明书都要对产品的工作原理、主要技术参数、零件组成等进行介绍,因此,说明书客观上对某种知识和技术有传播作用。

(二)说明书的分类

可以分为产品说明书、使用说明书、安装说明书三类。

1. 产品说明书

产品说明书主要指关于日常生产和生活用品的说明书。既可以是关于生产消费品的,如冰箱、洗衣机等,也可以是关于生活消费品的,如药品、食品等。它主要对某一产品的组成材料、性能、存储方式、注意事项、主要用途等进行介绍,是使用范围很广的一种说明文。

2. 使用说明书

使用说明书主要向消费者介绍某种产品具体的使用方法、使用步骤、有关注意事项。

3. 安装说明书

安装说明书主要针对电子产品、日用家电、大型仪器仪表等机械类产品进行介绍,要具体翔实地介绍如何将一堆分散的零件安装成一个可以使用的完整的产品,便于用户在购买产品后,准确合理地安装操作。

(三)说明书的写作要求

1. 实事求是

不可为达到某种目的而夸大或变相夸大产品的作用和性能。要全面说明,不仅介绍其优点,同时还要清楚地说明应注意的事项和可能产生的负面效应,否则可能承担法律责任。

2. 简明易懂

说明书的用语要通俗易懂,尤其是面对大众消费者的产品说明书,要避免使用过多的专业术语,应在说明书中用明白晓畅的语言说明。

3. 以说明为主

产品说明书、使用说明书、安装说明书等一般采用说明性文字,不采用记叙、抒情、议论、描写等表达方式,这类说明书的目的是使人明白。

4. 图文并茂

根据情况需要,说明书可使用图片、图表等多种多样的形式,以达到最佳说明效果。

二、科普说明文的写作

(一)科普说明文的界定与作用

科普说明文是用以介绍和普及科学知识的一种文体。它把人类已掌握的科技知识(包括概念、理论、科技思想、技能、历史、最新成果、发展趋势、作用意义等)、科学精神、科学态度和方法等,通过文字媒介广泛地传播到大众中去,帮助他们启迪思想、丰富知识、提高技能。一般发表在科普杂志、报纸或专门的科普专著中。

其作用体现在以下三点:

第一,提升民族科学文化水平的重要工具。知识对于现代人的重要性不言而喻。当前的时代被称为知识爆炸的时代,社会迫切要求人们成为有知识的新型人类。

第二,满足人们在课堂之外学习科学文化知识的要求。求知欲是人与生俱来的欲望之一,这一欲望永远不会得到彻底满足。

第三，为有特殊爱好的人提供精神享受。有些人对某一领域的知识有着特殊爱好，有人喜欢天文，有人喜欢地理，有人喜欢兵器，他们往往长期订阅特定的科普读物，如有人订阅《奥秘》《飞碟探索》，有人订阅《国家地理》，有人订阅《兵器知识》等，此类刊物上发表的科普文章能给这些读者带来极大的精神享受。

(二)科普说明文的分类

科普说明文一般可分为两大类：

1. 科学说明文

这是采用普通说明文写法的科普说明文，它要求写得准确、通俗、朴实、明白，以知识本身的魅力调动读者的阅读趣味，但不刻意追求文学性和趣味性。多数科普说明文，都属于这种类型。

它具体可包括5个小类：

(1)浅说体，用浅显的文字把深奥的科学道理表达出来。

(2)问答体，用一问一答的方式介绍科学知识。

(3)新闻体，用新闻报道的方式来普及科学知识。

(4)辞书体，用工具书的形式来介绍科学名词、术语、人物、事件等。

(5)配图体，用图片为主，加以简洁说明的方式来介绍科学知识。

2. 科学小品

这是用文学手法写出的科普说明文，即文学性的科普说明文，也称"知识小品"。它在说明中兼用文艺性的笔调介绍科学知识，用小品文的形式来表现科学内容。著名科普作家高士其在《点燃理想和希望之灯》中认为：科学小品，是科学文艺的一个品种，是科学普及作品中的轻骑兵，是我国特有的一种文学体裁，受到广大群众的深深喜爱。这种体裁创始于20世纪30年代。

它和一般科普说明文的区别在于：

一是标题新颖生动，如高士其介绍消化道内细菌知识的《我们肚子里的食客》，贾祖璋介绍珍贵动物丹顶鹤的《白丝翎羽丹砂顶》，标题都很有吸引力。

二是行文大量采用比喻、拟人等修辞手法，如《洲际导弹自述》以洲际导弹的口吻来讲述自己的诞生、特点和类型，拉近了与读者的距离。

按照内容的角度，科学小品具体可分为物理小品、化学小品、生物小品、地理小品、数学小品、天文小品等。几乎所有的文学样式，如散文、童话、寓言、故事、小说、诗歌、曲艺、电影等，均可成为科学小品的表现形式。

(三)科普说明文的特点

科普说明文的特点可表现为：知识性、单一性、普及性。

1. 知识性

知识性是科普说明文的一大特点。科普说明文要向读者提供丰富的信息，帮助读者了解新的事物，内容的重心是在科学知识方面。这里所说的知识，主要指自然科学方面的知识，涉及物理、化学、天文学、地球科学、生物学等各个领域。科普说明文尤其重视基础知识和最新知识，基础知识可以帮助人们建立完善的知识结构，最新知识则可以使人们认识科技发展日新月异的变化。

2. 单一性

科普说明文要说明的内容是一种特定的对象，只涉及一项科学知识、一个科学问题。一般来说，一篇科普说明文只能有一个主题，不宜同时存在两个或两个以上的主题。科普说明文中心的单一性，可以使科学普及的作用更大、效果更好。

3. 普及性

科普说明文是普及科学知识的文章，是写给普通群众看的，不是写给专家看的。因此，它必须采用浅显易懂的语言，向读者进行深入浅出的知识讲解。与具有独创性的科学论文不同，科普说明文重在普及，科学论文重在研究。为了达到普及科学知识的目的，作者要力争把文章写得新鲜生动，富有趣味，有些小品式的科普说明文甚至可以采用文学的手法，读来妙趣横生。

（四）科普说明文的写作

1. 标题

首先，选题很重要，"题好文一半"，题目选好了，文章就成功了一半。选题的原则是要尽量选自己十分熟悉的题目，同时还要考虑社会形势和背景，注意重大的科技新闻、科技成果，从中选择读者最关心、最需要了解的对象来写作。题目范围选好了，接下来要制作标题。科普说明文的标题写法多种多样，不拘一格，总体要求是：

第一，以文章介绍的知识对象为拟定标题的中心依据，这种标题的好处是让人一看标题就知道文章是介绍什么科学知识的，便于读者选择是否阅读。

第二，语言简要。标题只需点明所介绍的知识对象，有时也可兼及它的特点、作用、意义、价值等，但不能详细展开。标题通常只有几个字，一般没有副标题。

第三，生动新颖。写作的目的是使人看，所以标题要尽可能做到生动新颖，以增强趣味性和吸引力。

2. 结构

跟所有的文章一样，科普说明文也由三大部分组成：开头、主体、结尾。

开头一般是总体介绍，先提出说明对象，然后概括介绍它的特征、作用、意义、价值。开头方式多样，以能吸引读者为总原则。

主体是科普说明文的核心部分，有关说明对象的各种知识在这一部分充分展开表达。这部分的写法也无一定之规，但在结构上有这样的原则：必须分为若干层次依次表达，层次与层次之间或并列、或递进、或分总，必须呈现出清晰的逻辑性。在写作时，可根据文章的主题思想来安排结构，也可根据说明对象的内在规律、发展过程等来安排文章结构，也可以根据读者的认识、思维逻辑顺序来安排层次，还可根据说明对象的性质，用分类方法来安排结构。

结尾有的指出当前存在的问题，如贾祖璋介绍丹顶鹤的文章在结尾处就提出了丹顶鹤保护方面存在的严重问题；有的展望未来的发展前景，如某篇介绍基因工程的文章就以预测基因工程的应用前景结尾；有的提醒人们注意关注新的知识；也有的科普说明文没有结尾，主体结束时全文就自然收束了。

3. 表达方式

科普说明文首先是说明文，自然要大量运用"说明"这种表达方式，包括举例说明、定义说明、诠释说明、分类说明、比较说明、比喻说明、图表说明等多种技巧。写作中要选择合适的表达方式和技巧展开表达。

科普说明文也是科普文章,目的是普及,必须为普通群众所喜闻乐见,因此要注意运用文学手法,形象生动地表达说明的对象,使文章生动有趣,从而增强文章内容信息的接受效果。

在语言方面,要注意科学、准确、通俗、浅显。语言所表达的概念要合乎科学性,准确明白,不能有歧义。要深入浅出,对于那些专门化的术语,要换成通俗的表达方式,使一般读者容易理解,做到生动、活泼、有趣,用形象的语言、有生命力的语言、大众通用的语言来表达。

练习题

一、认真阅读下列学术论文,回答相关问题。

科学认识转基因食品①

随着科技的进步特别是生物基因工程技术的突破,转基因食品近20年来在国内外得到迅速发展。转基因食品是指利用生物基因工程技术,将目的基因转移到目标物种中,使其在性状、营养品质等方面按照人类所需改造其遗传性状,以转基因生物为直接食品或为原料、添加剂的食品。近20年来,转基因食品发展迅速,根据国际农业生物技术应用服务中心(ISAAA,International Service for the Acquisition of Agribiotech Application)发布的2017年年度报告,转基因作物种植面积由1996年的170万公顷扩增到2017年的1.89亿公顷(约占世界总农田面积的12.5%),20年来面积累积增长了112倍,这使生物基因工程技术成为近年来农作物改良领域应用最为迅速的技术。转基因农作物潜在的安全风险,大规模的商业化种植和快速增长,加剧了人们对转基因食品安全问题的担忧。

转基因食品的发展给人类社会带来了极高的经济效益和健康改善效应。然而基因工程技术是一把双刃剑,转基因作物带来的潜在风险涉及人畜安全、生态环境安全等多方面的问题。因此,有必要从科学角度对转基因食品进行全面认识,廓清对转基因食品的认知迷思,并提出合理的发展建议,以期为转基因食品产业的发展提供参考。

1. 转基因食品谨慎发展

在转基因食品发展过程中,转基因农作物的研究一直是基因工程技术重点研究方向。1983年,世界首例转基因作物转基因烟草问世。1986年,转基因抗虫棉花首次进入田间试验。2017年,防褐变转基因苹果在美国和加拿大上市。2018年5月,美国FDA(食品药品监督管理局)正式批准转基因黄金大米用于食用,成为转基因食品商业化最新事件。在此之前,黄金大米已经获得了加拿大、澳大利亚以及新西兰的安全食用许可。截至目前,除了种植规模最大的四大转基因作物大豆、玉米、棉花和油菜,转基因作物还扩展到了大米、苜蓿、甜菜、木瓜、南瓜、茄子、马铃薯和苹果。

根据ISAAA发布的2017年度报告,全球共有24个国家转基因作物种植面积超过1.89亿公顷。此外,另有43个国家(地区)允许进口转基因作物用于粮食和加

---

① 敖灵.科学认识转基因食品[J].食品与发酵科技,2019,55(3):86-88.

工。因此,全球共有67个国家和地区应用了转基因作物。排名前五的转基因作物种植国依次为美国、巴西、阿根廷、加拿大和印度,总种植面积为1.73亿公顷。美国是全球转基因作物商业化领域的引领者和转基因作物种植的领先者。2017年美国转基因作物的种植面积达到7 500万公顷,占全球转基因作物种植面积的37.03%;按转基因作物种植面积统计,转基因大豆的种植面积为9 410万公顷,占全球转基因作物总种植面积的49.79%,为各大转基因作物之首,其次是玉米、棉花和油菜;从单个转基因作物的种植面积占比来考察,全球约78%的大豆、64%的棉花、26%的玉米和24%的油菜是转基因作物。

我国是生物基因工程应用于农业领域的发起国之一。1992年,我国成为世界第一个种植转基因烟草的国家,1997年开始商业化种植转Bt抗虫棉,2008年我国转基因作物种植面积380万公顷,居全球第6位。而近10年来,我国的转基因农作物商业化种植有所退步。到2017年,我国转基因作物种植面积减少到280万公顷,居世界第八位,主要种植作物为转Bt基因棉花以及少部分转基因木瓜。我国转Bt基因棉花2017年种植面积278万公顷,应用率高达95%。转Bt抗虫棉显著降低了化学杀虫剂的用量,为棉农增产增收和环境改善做出了重要贡献,成为我国转基因作物商业化最成功案例。此外,我国还发放了大豆、玉米、棉花、甜菜和油菜籽5种转基因作物的进口安全证书,批准用做食品加工原料或饲料,但不许在我国境内种植。其中转基因大豆进口量占比最高,2018年我国进口大豆8803.1万吨,转基因大豆占绝大部分。

2. 发展转基因食品的优势

转基因食品的发展对人类和环境具有积极的意义。一是促进了高效育种。转基因技术突破了物种间亲缘关系的限制,选择功能明确的基因进行操作,使植物品种更加快速高效地改良。因其具有精准、高效的特点,已成为近现代育种史上发展最快、效率最高的品种改良技术;二是大幅提升农作物产量。农作物转入外源抗病、抗旱基因,增强作物的抗逆性同时还大大提高了作物产量。如转基因抗虫棉减少了棉铃虫造成的损失,将棉花产量大幅提高到每公顷500kg棉绒;三是改善环境。转基因抗逆作物可以减少杀虫剂使用,显著减少农药喷洒,减轻农药污染带给人类和环境的危害;最后是提升了作物营养价值。转基因技术提高和改善了农产品营养价值水平以及微量元素含量水平,从而满足多元化需求。比如食用高油酸转基因大豆,会减少人体对饱和油脂的摄入量,更有益于心血管疾病预防;获得美国FDA批准的转基因黄金大米则富含胡萝卜素,对于缓解维生素A缺乏引起的健康问题具有积极意义。

转基因食品的发展近年来得到了诸多权威国际组织的肯定。农业部农业转基因生物安全管理办公室在2018年1月转发了国际毒理学联合会(International Union of Toxicology)发布的转基因作物食用和饲用安全声明。该声明在确认转基因作物的安全性的同时,表示每一个新的转基因事件都受到了监管部门的严格评估。声明还指出,在转基因食品发展的近20年里,没有任何可证实的证据表明已上市转基因产品可能对健康产生不利影响。

3. 转基因食品潜在的安全风险

科学技术的应用具有两面性。在看到转基因食品和转基因技术对人类和环境积极一面的同时，作为科学工作者还要正视其对大众和环境的潜在风险问题。转基因食品对大众可能存在的安全问题，主要包括潜在毒性问题、抗生素抗性风险问题、潜在过敏反应问题等。美国某种子公司在2004年利用巴西坚果基因对大豆做品质改良，使其产生富含甲硫氨酸和半胱氨酸的蛋白，后来发现这种蛋白质对部分人群是过敏源，因而研究被中止。

转基因作物对环境也可能会具有潜在影响。包括转基因作物影响生物多样性问题，诱导产生生物抗性问题，超级杂草问题等多种问题。人为嵌入转基因作物中的外源基因有可能扩散到亲缘野生植物中，造成基因污染，破坏生态中生物的多样性平衡；转基因作物诱导产生生物抗性问题值得关注，第一代转Bt抗虫棉1997年开始在我国商业化应用，据对北部棉区棉铃虫的长期跟踪检测，结果表明，2010年棉铃虫对转Bt抗虫棉产生抗性的占比为0.93%，而2013年棉铃虫抗性占比急剧上升至5.5%。

4. 展望

目前我国人口数量不断攀升，耕地面积持续减少，人们对食品的要求也由数量向质量、营养、健康转变。转基因农产品近年来以其高产、营养改善、抗病虫害等优点得到快速发展，比重日益增加，发展转基因生物技术已成为我国难以回避的选择。然而，转基因技术的潜在安全风险不容忽视。以科学谨慎的态度对待转基因食品和转基因技术，是我国转基因技术发展的前提。首先，要健全转基因食品相关法规。可以综合借鉴美国、欧盟等发达国家和地区相应法律法规，建立转基因食品标识体系，健全转基因食品安全追溯体系；其次，加强转基因食品安全监管力度。要加强转基因安全风险以及控制研究，加强转基因食品的食用安全性检测方法研究，形成标准的转基因食品安全评价体系。建立合理且切实可行的从中央到地方的转基因食品监管体系，严格管理转基因作物种植和食品生产，建立企业诚信档案，同时加大违法违规处罚力度等；最后，加强科普宣传。以政府和高校为主体，加强转基因知识的科普宣传，采用恰当的手段普及转基因相关知识，引导人们正确、全面、客观地认识转基因食品，更加理性地看待转基因技术和转基因食品。如此，预防为主，多管齐下，才能最大程度减少转基因食品潜在的安全隐患，使转基因技术和转基因产品造福人类。

参考文献

① 黄洁虹.转基因食品的安全性浅谈[J].食品安全,2018(4):59-62.
② 国际农业生物技术应用服务组织.2017年全球生物技术/转基因作物商业化发展态势[J].中国生物工程杂志,2018,38(6):1-8.
③ 许静.浅析转基因生物技术育种[J].中国农业信息,2016(12):106.
④ 史军.美国开卖不褐变的转基因苹果[J].中国科技教育,2017(5):68-69.
⑤ 杨光.转基因"黄金大米"在美获食用许可 菲律宾批准种植可能性最大[J].农药市场信息,2018(16):38.
⑥ Maarten J.Chrispeels,郑婕.全球转基因作物的产量和销量[J].华中农业大学学报,2014(6):120-132.
⑦ 闫新甫.全球商业化转基因作物的现状及展望[J].世界农业,2003,290(6):4-5.
⑧ Clive James.2008年全球生物技术/转基因作物商业化发展态势[J].中国生物工程杂志,

2009(2):1—10.
⑨ 吴爽,吴健,唐春华,等.转基因技术与食品安全性[J].安徽农业科学,2018,46(13):11—14,35.
⑩ 崔德周,李永波,樊庆琦,等.以科学的视角揭开作物转基因的神秘面纱[J].中国种业,2018(8):26—28.
⑪ 陈翩,李绍清.科学理性看待现代农业中的基因工程[J].广东蚕业,2018,52(10):8—10.
⑫ 张正岩,崔宁波.转基因大豆在食品中应用发展探析[J].中国调味品,2016(10):119—123.
⑬ 王玉光,蔡金阳,马彩云,等.转基因"黄金大米":发展与挑战[J].中国生物工程杂志,2016,36(11):116—121.
⑭ 马爱平.再谈转基因[J].食品界,2018(2):54—56.
⑮ 贾旭东.转基因食品致敏性评价[J].卫生毒理学杂志,2005(2):159—162.
⑯ 陈茹梅.从科学层面分析转基因科学研究中仅有的八个所谓"转基因的安全性事例"[J].科技创新与品牌,2011(8):66—69.
⑰ 贾士荣.基因工程作物的安全评估与监管:历史回顾与改革思考[J].中国农业科学,2018,51(4):601—612.
⑱ 王立平,王东,龚熠欣,等.国内外转基因农产品食用安全性研究进展与生产现状[J].中国农业科技导报,2018,20(3):94—103.

【思考与问题】
1.请给本文写3—5个关键词。
2.请给本文补充一篇300字左右的摘要。
3.请概括本文的主要观点。
4.简要谈谈本文运用了哪些研究方法,并简要概括其写作的目的和意义。
5.请搜集近3年来有关转基因技术的研究论文,并撰写一篇3000字左右的文献综述。

二、先阅读下列考察报告,然后回答问题。

天目山冰桌的发现及其古气候意义

徐馨

(南京大学地理系)

一

天目山位于浙苏皖三省交界处,呈西南—东北走向,主峰东、西天目山及清凉峰(海拔1787米)等,标高均在1500米以上,新构造运动和第四纪冰川作用,使山体更显得高耸险峻,成为长江下游和我国东南沿海重要名山和风景胜地之一。

天目山主体是由多种喷出岩和侵入岩组成,两侧低山丘陵则是下古生界沉积岩分布区,火山岩与沉积岩接触地带,是天目山南北两侧断裂带之所在。

对于天目山雄姿百态的地貌形态,多年来一直存在着不同的见解,尤其对第四纪冰川地貌存在与否,分歧更为突出。为此,我们曾几次去天目山进行较详细而系统的调查与研究,发现天目山很多地貌形态应是第四纪气候变化的产物,其中像冰桌,就是一个比较典型的例子。本文着重阐述冰桌,以求引起有关专家和同行的关注。

二

天目山南北两坡各有一条较大的河流。南坡的叫天目溪,汇入富春江,属钱塘江水系;北坡的叫西苕溪,东流入太湖,属太潮水系。天目山则为钱塘江与太湖两大水系的分水岭。发育在主体两坡的众多沟溪,分别成为两大水系的次一级支流。天目山冰桌,就是发现在南坡天目溪上游马哨河的支谷——马哨坑谷口侵蚀平台上。

马哨坑支谷发育在两种不同的基岩上。上游位于火山岩区(主要是花岗岩类),由三条较典型的小 U 谷组成的。三者横剖面均呈半圆槽形,两壁圆滑,无坡折亦无平台;纵剖面为比较均匀的平底直谷,尤以在枫树下村相汇的两条 U 谷保存最好,也最典型,这两条谷地源出于马哨岭与太子尖(1 559 米)南坡,朝向南偏东,在枫树下附近的谷口,是以 40 米左右的陡槛降落到主谷,使之呈悬谷形态,目前陡槛虽遭切割形成峡谷地段,但从陡槽残部可以恢复原有形态,略高于上游 U 谷谷底。

三条支谷汇合于方家村之后,谷地则由宽盆与窄裙相间串联而成。宽盆中巨砾岩块满布;窄槛上基岩裸露,显现原始谷底起伏不平。现代流水在宽谷盆地段,弯曲旋流于沙砾之间;而在窄谷岩槛段,则深切基岩成陡直峡谷。

待到谷口,谷地开阔,发育了两级平台。低级平台高出河面约 20 米,上部由红色砂黏土巨砾混杂堆积组成;下部由 10 余米高的古生代炭岩基座组成的。平台后缘砾径变小,少见巨砾(1 米以上)。高级平台全由下古生界炭岩或泥炭岩组成的平坦开阔侵蚀平台,高出河面约 40 米以上,平台面基岩裸露,仅在后缘山坡坡麓,有少数灰岩崩积岩块。但在马哨坑谷口与马哨河谷地交汇处,发现 4 块巨大花岗岩块,叠加成桌状堆积体,鹤立于高级台面上,成为罕见的典型冰桌。

三

天目山冰桌是由 4 块不同大小的漂砾相互叠加而成的。其中相当于桌面的岩块,呈不规则的扁平体($4.8 \times 3.4 \times 1.3$ 立方米),覆于 3 块巨砾之上,砾面上可同时容纳多人坐立。这块巨砾的原始轮廓,虽经长期风化剥蚀,外表已发育 1 厘米左右厚的风化壳,但其原始棱角依然可辨。恢复本来外形,原为沿节理崩落的岩块,这是冰流从上游驮运至此堆积的。相当于桌腿的 3 块巨砾(分别为 $3.5 \times 2.35 \times 2.1$ 立方米,$2.8 \times 1.8 \times 1.7$ 立方米和 $1.7 \times 1.2 \times 1.1$ 立方米),支撑着桌面,它们虽具不规则形,但外部轮廓已有一定程度的磨损,并有一些平滑面,也经过风化剥蚀,发育较厚的风化壳。我们认为,由这 4 块巨大砾组成的桌状堆积体,应属冰流搬运的漂砾所组成的典型冰桌。在冰桌右前方 3~4 米远处,另有两块 1 米左右的漂砾散布。除此 6 块之外,别无其他。

6 块巨大漂砾,均系外来的花岗岩类岩石,这类岩石产地,与冰桌堆积地点,近者相距 4~5 公里,远者可达 10 公里以外。这种巨大砾块由什么外力将其运至高级平台面上,并使它们叠加成桌,且又选最大一块扁平岩块为"桌面"?我们认为除冰流搬运外,很难以其他外力作用来解释。

这种现象,可能说明冰流流至谷口,已接近消融区的尾间部分,冰层厚度大大减薄,将大量物质堆放在低级平台上。当冰流供给偶有增多,水面上升,这时,部分冰流连同搬运物质一起,外溢到高级台面,当冰量供给恢复正常,冰面下降,高平台上的溢冰消融,由表碛和里碛叠置而成天目山冰桌。

四

　　天目山冰桌的发现,对研究长江下游地区第四纪古冰川与古气候均有重要意义,它可以澄清多年来一直争议本区有无冰川发育的问题。

　　我们研究过第四纪冰期中我国雪线高度,发现古雪线是向东递降的;我们又分析过气候资料,又发现现代高空气温零度层分布也是由东向西增高。现代雪线、现代云杉、冷杉林下限及常绿阔叶林上限等,均具有向东倾斜的分布规律。这一分布规律的最主要原因就是我国西高东低的地势,特别是巨大的东西向山脉,集中在西部,它们已成为来自西伯利亚和北冰洋等强大寒潮南下的主要屏障,迫使寒潮路线向东部沿海平原地区集中、压缩,致使广阔空间的寒冷气流,被压缩在很窄的范围内通过,因而使东部沿海地区寒流加强,很多寒冷气候指标(如寒温带针叶林、冰缘动物群、黄土和冰缘冻土等)的界线,都比国内外同纬地区偏南。加之天目山地区又比长江下游其他山地更接近海洋,即使在盛冰期中,海面下降、陆地扩展、天目山距海较远的情况下,它还是比庐山等山地易受海洋气候的影响,因而降水条件无疑比别的山地优越。在寒潮加强、降水条件又较优越的有利情况下,当盛冰期来临、气温急剧下降时期,天目山地区应有率先发育冰川的可能性。

　　例如更新世中,上海(现今气温15℃左右)、长江三角洲平原地区生长云杉、冷杉林,气温降到3～6℃(云杉冷杉生长在年均温为0～9℃地区)时,天目山顶峰气温由8.8℃下降到$-1～-4$℃(即$0～-6$℃)。这一温度值,与海洋型冰川雪线附近的气温值一致。然而云杉、冷杉林生长,一般反映盛冰期前后的气温条件,而不代表最酷冷的盛冰期,最冷期只能生长干草原或苔原植被,平均气温比今降低12～15℃。以此计算,天目山顶峰的气温低到$-3～-6$℃以下,特别是天目山降水条件又较优越,更加促使气温下降的幅度。天目山冰桌的发现,有力地证明了这个地区在第四纪中期确实发育了一定规模的山岳冰川。当时雪线的高度与现在保存的800～900米冰斗底部标高是一致的,冰流的末端最低下达海拔200～300米谷地中,也是完全可能的。马哨坑谷口海拔320米,正处于冰流下达高程范围之内,故冰桌的存在,确是自然界的正常产物。

　　编者注　　冰桌:冰川表面大块石遮阴,冰面融化降低后,块石被冰顶托成桌状的现象。也有人将古冰碛物中巨大漂砾叠置在另一石块之上者称为冰桌。

【思考与问题】

1. 这篇科学考察报告在结构上可分为几个部分,每部分主要谈了什么内容?

2. 这篇报告主要运用了哪些方法阐述了天目山的冰桌现象(描述法、数字说明法、科学推理法等)?这些方法为什么具有说服力?

3. 这篇报告对你写作科技考察报告有哪些启发和影响?

　　三、根据自己科研积累的实际,选好课题,并填写表格相关部分。

　　下面是某大学"大学生创新性实验计划项目"申请表的主体部分。请尝试在老师的指导下,根据自己科研积累的实际,选好课题,填写表格。

××大学"大学生创新性实验计划项目"申请表

填表时间： 年 月 日

项目名称							
申请经费					起止时间		
申请团队	项目负责人	姓名	年级	所在学院、专业	联系电话	E-mail	
	项目组成员	姓名	年级	所在学院、专业	联系电话	E-mail	
导师		姓　名	职务/职称	所在学院、专业	联系电话	E-mail	

一、申请理由

（一）自身具备的知识条件：

（二）指导老师方面的有利条件：

续表

二、立项背景

（一）研究现状、趋势：

（二）研究意义：

（三）主要参考文献：

（四）其他有关背景材料：

三、项目方案

四、预期成果

五、项目创新点

导师意见：

签　名：

综合模拟练习题(一)

一、单项选择题(本大题共 20 小题,每小题 1 分,共 20 分)

1. 应用文是直接用于处理公私事务的实用性文章。其行文的目的是(　　)。
   A. 说服阅读者　　　　　　　　　　　B. 表现写作者文学功底
   C. 与阅读者互通信息　　　　　　　　D. 解决实际问题
2. 主送机关即(　　)。
   A. 需了解公文内容的机关　　　　　　B. 负责执行和办理公文的机关
   C. 是发文机关的下级　　　　　　　　D. 是发文机关的上级
3. 发文字号属于公文格式中哪一部分的项目(　　)。
   A. 眉首部分　　　B. 主体部分　　　C. 版记部分　　　D. 正文部分
4. 计划类型中最宏大、时间长、范围广的是(　　)。
   A. 计划　　　　　B. 规划　　　　　C. 设想　　　　　D. 安排
5. 嘉奖有突出成就和重大贡献的单位和个人用(　　)行文。
   A. 通报　　　　　B. 决定　　　　　C. 通知　　　　　D. 命令
6. 发文机关可以署领导者名字的是(　　)。
   A. 议案　　　　　B. 通知　　　　　C. 报告　　　　　D. 通告
7. 下面公文的成文时间,正确的写法是(　　)。
   A. 一九九八年元月二日　　　　　　　B. 1999 年 6 月 7 日
   C. 二零零零年三月四日　　　　　　　D. 一九九九年十二月七日
8. 即使同一材料,由于作者的需要、着眼点、思想感情不同,会提炼出不同的主旨,其说明立意(　　)。
   A. 具有主观性　　　　　　　　　　　B. 具有不确定性
   C. 无法通过文章来表述　　　　　　　D. 可脱离材料进行议论
9. 在陈述事件的来龙去脉的应用文中,其语言要求(　　)。
   A. 具有鲜明的感情色彩　　　　　　　B. 力求真实、准确
   C. 只能进行概述　　　　　　　　　　D. 应采用第三人称
10. 市场调查的方法中,实验法又被称为试产试点法、样品征询法,其特点是(　　)。
    A. 涉及范围广　　　　　　　　　　　B. 不易深入了解问题
    C. 用较低成本获得市场反应　　　　　D. 缺乏系统性
11. 变更或撤销下级机关不适当的决定用(　　)。
    A. 通知　　　　　B. 意见　　　　　C. 命令　　　　　D. 决定
12. 感谢信在写作时要求(　　)。
    A. 感情真挚　　　　　　　　　　　　B. 多设想一些被感谢者的优秀事迹
    C. 论述有理有据、全面周详　　　　　D. 语言华丽,尽量展示写作者文学功底
13. 对生活中遭遇巨大灾难,损失惨重的集体或个人表示关切时,应写作(　　)。
    A. 感谢信　　　　B. 演讲稿　　　　C. 简讯　　　　　D. 慰问信

14. 简报要求注明"报（上级机关）""送（同级或不相隶属机关）""发（下级机关）"单位及印发份数。这些内容属于简报版式的（　　）。
　　A. 版头部分　　　B. 版尾部分　　　C. 正文部分　　　D. 附录部分

15. 开幕词是由主持人或主要领导所作的开宗明义的讲话，其特点（　　）。
　　A. 宣告性、揭示性、开导性　　　　　B. 宣告性、揭示性、指导性
　　C. 揭示性、指导性、宣传性　　　　　D. 指导性、宣传性、启发性

16. 计划在制订时，应该（　　）。
　　A. 为了不断发展，制订不可行的计划作为理想目标
　　B. 应对未来发展趋势有一个科学的分析和预测
　　C. 论述得当，有理有据
　　D. 尽量使用模糊语言，以保证计划伸缩性

17. 会议记录的主体在写作时（　　）。
　　A. 只记录领导的发言
　　B. 可先记录片段，会后进行加工、整理
　　C. 可采用摘要记录法
　　D. 可适当扩充一些想象内容以强化会议精神

18. 请示使用范围广泛，（　　）。
　　A. 在各机关中，不论事件大小均应向上级书写请示
　　B. 具有强制回复的性质
　　C. 请示事项应力求模糊，给上级留有一定的答复空间
　　D. 在写作时应据理力争、论证充分，要求上级批准

19. 依据市场调查获得的真实材料，采用科学的方法，对过去和现在的信息进行加工，对未来一定时期内市场变化及其发展趋势、特点进行推测，并提出有针对性的措施和建议的书面报告是（　　）。
　　A. 计划　　　　　　　　　　　　　　B. 意向书
　　C. 市场活动分析报告　　　　　　　　D. 市场预测报告

20. 产品说明书供消费者阅读，帮助消费者了解产品、使用产品，进而指导该产品的消费，因此产品说明书具有（　　）。
　　A. 说服性　　　B. 知识性　　　C. 吸引性　　　D. 功能性

二、多项选择题（本大题共5小题，每小题2分，共10分）

21. 写作应用文时要求语言（　　）。
　　A. 精确　　　B. 谦恭　　　C. 正确　　　D. 简练

22. 有篇《职务转正考核述职报告》主体部分有四个提纲：一、努力学习，全面提高自身素质；二、加强修养，时刻注意自我约束；三、勤奋工作，回报领导和同事的关爱；四、尽心履职，全心全意当好配角。这个主体注意条理化，使用的写法是（　　）
　　A. 序码排列　　　B. 由大到小　　　C. 由浅入深　　　D. 纵横交错

23. 总结的种类很多，以下包括有（　　）。
　　A. 生产总结　　　　　　　　　　　　B. 市场调查报告

C. 综合性总结　　　　　　　　　　D. 班组总结

24. 国务院《国家行政机关公文处理办法》规定:"意见适用于对重要问题提出见解和处理办法。"所谓"重要问题"是指(　　)
   A. 事关全局的大问题　　　　　　B. 与时俱来的新问题
   C. 涉及政策法规的关键问题　　　D. 具有普遍意义的突出问题

25. 我们在拟写"批复"时注意(　　)
   A. 行文语气要谦恭
   B. 及时做出答复
   C. 必要时,批复内容应协商一致后再行批复
   D. 态度明确,必要时应说明理由

三、判断题(本大题共10小题,每小题1分,共10分)

26. 演讲稿语言生动,要求使用叙述、议论、描写、说明表达方式。(　　)
27. 函的写作格式由标题、主送机关、正文、落款组成。(　　)
28. 通报的发文机关是没有级别限制的。(　　)
29. 某"请示"写道:"我局决定对××塑料包装有限公司给予3年减按15%税率征收企业所得税的优惠照顾。"此语妥当吗?(　　)
30. 决定的写作格式一般由标题、正文、落款三部分组成。(　　)
31. "首先,我非常感谢县局党组为我们的成长创造了一个公平公开竞争的环境,提供了一次让青年干部脱颖而出的机会。"这个演讲开头使用表达心情法将自己参加竞选的心情表述出来了。(　　)
32. 某单位因情况特殊,难以执行现行的法规。经单位领导研究,可以从实际出发提出一个新的变通办法,并向职工通告。(　　)
33. 开幕词常常含有欢迎词的要义,因此,要注意语言的感情色彩,让与会者充分感受热情、真诚的氛围。(　　)
34. 公文标题除法规、规章名称可加书名号外,一般不用标点符号。(　　)
35. 事故通报中,若事故原因未查明,可以不提。(　　)

四、综合写作题(共60分)

36. 修改下列病文,并据此写成一篇规范的感谢信(15分)。

感 谢 信

××出租汽车公司:

5月3日下午,我公司经理张大山乘坐贵公司"×××××"号出租车时,不慎将皮包丢失。内有人民币8万余元、身份证一个、护照一本、空白支票三张及各种票据若干张。在我们焦急万分之时,贵公司司机×××先生主动将捡到的皮包送至我公司,使我公司避免了一次重大损失。为此,我们再三表示感谢并拿出1万元作为酬谢,×××先生却说:"这是我应当做的。"表示不能接受。在此特致函贵公司,深表谢意。

×××公司
二〇〇五年五月六日

37. 你作为组织者准备组织多人参加一次为期1个月的大学生社会实践活动。为保证参与成员的安全和保证社会实践活动圆满成功,请为此次参与人员拟写一份守则。内容可适当

扩充,要求字数 200 字以上。(15 分)

38.近年以来,某高校教师、学生的精神境界都表现出了一定程度的滑坡。具体体现在教师对本职工作没有成就感,学生学风欠佳,上课迟到、旷课、玩手机等现象经常出现。请你针对这种现状,适当联系实际,以某大学学生会和团委的名义,向全校师生写一份倡议书。要求字数 600 字以上。(30 分)

综合模拟练习题(二)

一、单项选择题(本大题共20小题,每小题1分,共20分)

1. "适用于公布社会各有关方面应当遵守或者周知的事项"的公文是( )。
   A. 通知　　　　B. 公示　　　　C. 通告　　　　D. 决定
2. 下列选择项中,属于公文主体部分的项目是( )。
   A. 发文字号　　B. 签发人　　　C. 落款　　　　D. 主题词
3. 下列文种中属于行政公文的文书是( )。
   A. 议案　　　　B. 简报　　　　C. 总结　　　　D. 慰问信
4. 下列文书中不属于计划类型的是( )。
   A. 方案　　　　B. 策划书　　　C. 设想　　　　D. 安排
5. 对下级请示事项做出明确表态应该用( )行文。
   A. 答复　　　　B. 决定　　　　C. 通知　　　　D. 批复
6. 发文机关可以署领导者名字的是( )。
   A. 议案　　　　B. 通知　　　　C. 报告　　　　D. 通告
7. 下面可以作为公文标题的是( )。
   A. 长沙理工大学告全体师生书
   B. 关于给文法学院授予先进文化传播单位称号的决定报告
   C. 国务院关于批转发展改革委2010年深化经济体制改革重点工作意见的函
   D. 关于表彰计划生育先进集体和先进工作者的通报
8. 下列选择项中属于总结的特点是( )。
   A. 指挥性　　　B. 具有不确定性　C. 指导性　　　D. 前瞻性
9. 当事人之间为了协同一致完成某一共同议定事项而签订的一种契约性文书是( )。
   A. 合同　　　　B. 意向书　　　C. 保证书　　　D. 协议书
10. 按照随机的原则,从被调查主体中选取部分单位或个人作为信息采集的样本,然后根据采集到的样本信息,推知相应的总体信息,这种市场调查方法是( )。
    A. 抽样调查法　B. 具体调查法　C. 典型调查法　D. 因果调查法
11. 下面是毕业论文写作中参考文献的几种书写,其中表达规范的是( )。
    A. 王安忆.情感的生命[M].北京:中国文联公司出版社,2008.
    B. 《物种起源》,达尔文著,科技出版社,1982.
    C. 达尔文.物种起源.科技出版社,1982年版。
    D. 吕新雨.人的救赎之路[J].小说评论,1993.
12. 感谢信在写作时要求( )。
    A. 感情真挚
    B. 多设想一些被感谢者的优秀事迹
    C. 论述有理有据、全面周详
    D. 语言华丽,尽量展示写作者文学功底
13. 下列选择项中,不属于说明文特点的是( )。
    A. 实事求是　　B. 简明易懂　　C. 总结性　　　D. 图文并茂

14. 当事人或其法定代理人对人民法院已经发生法律效力的判决、裁定,认为有错误而向人民法院或人民检察院提出申请,要求重新审理案件时所用的文书是(　　)。
    A. 起诉状　　　　B. 申诉状　　　　C. 上诉状　　　　D. 答辩状
15. 开幕词是由主持人或主要领导所做的开宗明义的讲话,其特点是(　　)。
    A. 宣告性、引导性、简明性　　　　B. 宣传性、揭示性、指导性
    C. 指导性、宣传性　　　　　　　　D. 宣传性、启发性
16. 下列选择项中不属于招标书的特点是(　　)。
    A. 竞争性　　　　B. 针对性　　　　C. 时效性　　　　D. 具体性
17. 在起草《长沙理工大学2013年工作报告》时,该公文的写作主体是(　　)。
    A. 作者本人　　　　　　　　　　　B. 长沙理工大学党委和行政办
    C. 长沙理工大学校长　　　　　　　D. 长沙理工大学党委
18. 请示使用范围广泛,其(　　)。
    A. 在各机关中,不论事件大小均应向上级书写请示
    B. 具有强制回复的性质
    C. 请示事项应力求模糊,给上级留一定的答复空间
    D. 在写作时应据理力争、论证充分,要求上级批准
19. 下列各项中属于计划的前言部分的写作内容是(　　)。
    A. 措施　　　　B. 步骤　　　　C. 分工　　　　D. 依据
20. 行政诉讼中的被告是(　　)。
    A. 公民　　　　B. 法人　　　　C. 其他组织　　　　D. 行政主体

二、多项选择题(本大题共10小题,每小题2分,共20分)
21. 答辩状具有以下特征(　　)。
    A. 制作主体的特定性　　　　B. 提交时间的法定性
    C. 写作目的的反驳性　　　　D. 写作内容的针对性
22. 受双重领导的机关向上级机关行文,应当这样处理(　　)。
    A. 写明主送机关和抄送机关　　　　B. 主送一个上级机关
    C. 报送两个上级机关　　　　　　　D. 主送并抄送两个上级机关
23. 总结的种类很多,以下包括有(　　)。
    A. 生产总结　　B. 市场调查报告　　C. 综合性总结　　D. 专题性总结
24. 调查报告具有的特点包括(　　)。
    A. 针对性　　　　B. 典型性　　　　C. 可行性　　　　D. 实践性
25. 议案的特点包括(　　)。
    A. 议案只能是人民政府向同级人民代表大会及其常委会制发
    B. 议案的提交和受理均有严格的程序要求,议案的内容范围、提出和处理时限等在法律上也有严格规定,必须遵照执行
    C. 议案要遵循"一文一案"的原则,不能将不同事项写进同一议案
    D. 议案被同级人代会或其常委会受理后,必须给予处理和答复
26. 下列选择项中,不属于批复特点的是(　　)。

A. 权威性　　　　B. 针对性　　　　C. 陈述性　　　　D. 典型性
27. 函的写作格式包括(　　　　)。
    A. 标题　　　　B. 主送机关　　　C. 正文　　　　　D. 落款
28. 下列选择项中属于海报的特点有(　　　　)。
    A. 形式的吸引性　　　　　　　　B. 功用的告知性
    C. 目的的商业性　　　　　　　　D. 内容的个性化
29. 科技考察报告的"前言"部分可以包含以下内容(　　　　)。
    A. 考察的背景、目的　　　　　　B. 考察的作用、意义
    C. 考察团队或成员的组成　　　　D. 主要成果
30. 下列选择项中可以作为行政公文标题的有(　　　　)。
    A. 关于申请困难补助的请示报告
    B. 关于加强我校校园文化建设的议案
    C. 关于申请长沙市为国家卫生城市的报告
    D. 湖南省人民政府关于表彰长沙理工大学计划生育先进集体的通报

三、综合写作题(共60分)
(一)阅读下列材料,根据要求做题(20分):

关于进一步加强管理工作的通知

一、充分认识在企业改制重组关闭破产过程中进一步加强民主管理工作的重要性和紧迫性。当前,我国经济发展正处于关键时期,企业改革取得了显著成效,有关国有企业改革政策层面的问题基本解决。但是,最近一段时期以来,有些企业在改革过程中忽视职工民主权利,改制方案不公开,职工安置方案也未经职工代表大会审议通过等,导致国有资产流失、职工利益受损,引起广大职工群众的质疑和不满,引发职工群众上访事件,个别企业甚至出现极端暴力事件,给企业和地区经济发展以及社会稳定造成了十分不利的影响。继续深入推进企业改革,不仅涉及经济发展和社会稳定的大局,而且涉及广大职工切身利益,必须坚持依靠职工群众,切实加强民主管理工作,确保职工合法权益得到维护。各级工会组织要坚持以科学发展观为指导,站在构建社会主义和谐社会的高度,充分认识坚持做好改制重组关闭破产企业民主管理工作的重要性和紧迫性,自觉把在企业改制重组关闭破产过程中加强民主管理工作作为支持企业应对国际金融危机,保障我国经济发展、社会稳定的重要措施,作为工会围绕中心、服务大局的一项重要工作,切实抓紧抓实。要积极支持政府和企业严格按照有关法律法规的规定进行改制重组关闭破产,通过厂务公开、职工代表大会等民主制度,落实职工的知情权、参与权、决策权和监督权,切实维护职工合法权益。要积极配合党政有关部门,深入细致地做好职工群众的思想政治工作,向职工群众讲清楚有关企业改革的方针政策和规定,讲清楚企业改革的必要性、紧迫性以及企业的发展思路,争取职工群众的理解和支持,确保企业改制重组关闭破产依法顺利进行,确保职工队伍和社会稳定。

二、改制重组关闭破产企业工会要督促企业加强厂务公开工作,确保职工群众在企业改制重组关闭破产中的知情权和监督权,要推动企业认真贯彻落实中共中央办

公厅、国务院办公厅《关于在国有企业、集体企业及其控股企业深入实行厂务公开制度的通知》(中办发〔2002〕13号,以下简称"两办通知")、《国务院办公厅转发国资委〈关于进一步规范国有企业改制工作实施意见〉的通知》(国办发〔2005〕360号)的有关要求,协助和监督企业将改制方案、兼并破产方案、职工裁员及分流安置方案等企业重大决策问题,及时向职工群众公开,充分听取职工群众的意见。督促企业在实施改制时,将企业总资产、总负债、净资产、净利润等主要财务指标的财务审计、资产评估结果,向职工群众公开,接受职工群众的民主监督。

  改制重组关闭破产企业工会要监督企业坚持和完善职工代表大会制度,在改制重组关闭破产中严格履行民主程序,要督促企业按照"两办通知"和《国务院办公厅转发〈国资委关于规范国有企业改制工作意见〉的通知》(国办发〔2003〕396号)的规定要求,将改制方案提交企业职工代表大会或职工大会审议,职工的裁减和安置方案等涉及职工切身利益的重大问题提交职工代表大会审议通过,未经职工代表大会审议的不应实施;既未公开又未经职工代表大会通过的决定视为无效。要坚持规范职工代表大会制度。改制企业召开职工代表大会,必须要有三分之二以上职工代表出席,经全体职工代表半数以上通过方为有效。职工代表大会的表决应以无记名投票方式进行,不能以职工代表团(组)长联席会议代替职工代表大会做出决定。

  改制重组关闭破产企业工会要协助监督企业落实有关法律法规和政策规定,切实维护职工合法权益不受侵害。积极协助和监督企业按照《中华人民共和国企业破产法》《中华人民共和国合同法》《中华人民共和国企业国有资产法》《关于国有大中型企业主辅分离辅业改制分流安置富余人员的实施办法的通知》(国经贸企改〔2002〕859号)、《关于进一步规范国有大中型企业主辅分离辅业改制的通知》(国资发分配〔2005〕250号)、《最高人民法院关于正确审理企业破产案件为维护市场经济秩序提供司法保障若干问题的意见》(法发〔2009〕336号)等法律和政策规定,做好职工安置和经济补偿工作,避免大规模裁员,维护职工的劳动权益和经济权益。要协助企业尽可能地把问题解决在改制重组关闭破产过程中,暂时不能解决的,要把遗留问题的解决方法和时限向职工公开,通过职工代表大会广泛听取职工的意见,接受职工群众监督。对依法按政策确实不能解决的,要协助企业做好解释工作,取得职工的理解和支持。在改制完成的企业推动建立健全以职工代表大会为基本形式的企业民主管理制度,实行厂务公开,保障职工各项民主权利的落实,维护职工合法权益。

  三、各地工会领导机关要切实加强对企业工会参与改制重组关闭破产工作的领导……

中华全国总工会办公厅
二〇〇九年八月十四日

【要求】

  1.本文的标题与文意不符,请根据文中内容进行修改或自拟(5分)。

  2.本文缺少主送单位和开头(前言)部分,请加以补充(15分)。

  3.本文主体的第"二"部分缺少一个标题,请补充(5分)。

(二)阅读下列材料,以本校通讯站记者的名义写一篇200字以内的消息(10分)。

2013年国家公务员招考简章和考试大纲昨日公布。共有140多个中央机关及其直属机构和参照公务员法管理单位的12 901个公务员岗位将招录20 839人。从下周一起考生可提交报考申请。报名人数很有可能接近200万,考录比依然高达90∶1左右。报考人员可登录人力资源社会保障部门户网站(http://www.mohrss.gov.cn)及考试录用公务员专题网站(http://bm.scs.gov.cn/2013)等查询招录部门、招录职位信息等情况。

人数比今年多出11.5%

通过职位表可以看出,中央党群机关共有337个职位招录455人;中央国家行政机关共有435个职位招录754人;中央国家行政机关直属机构和派出机构共有9 623个职位招录16 193人;国务院系统参照公务员法管理事业单位则拿出2 506个职位招录3 437人。总的招录人数比2012年国考多出11.5%。

国税系统招考人数最多

其中招考人数最多的职位与2012年国考一样,都是上海出入境边防检查总站的边检站科员一职,此次共招录117人。招考人数最多的单位集中在各地的国税系统,广东省国家税务局一口气拿出269个职位招录543人,四川省国家税务局的377个职位招录500人,浙江省税务局的238个职位招录309人,均是此次国考的招考大户。各部门面试人选与计划录用人数的比例多为3∶1,4∶1或5∶1。

更加重视基层工作经历

国家公务员局此前曾透露,此次国考进一步加大基层工作经历人员的考录力度,省级以上党政机关录用公务员,除部分特殊职位外,全部招收具有2年以上基层工作经历的人员,同时拿出12%左右的计划专门用于招收大学生村干部等服务基层项目人员。中央直属机构市(地)级职位、县(区)级及以下职位(含参照公务员法管理的事业单位),拿出10%左右的计划专门用于招录服务期满、考核合格的大学生村干部等服务基层项目人员,同时鼓励应届大学毕业生报考县级以下机关。从职位表可以看出,中央行政机关专门列出各职位对考生基层最低工作年限、是否"三支一扶"、西部志愿者、大学生村干部、特岗计划教师的要求,很多职位都明确提出考生需要满足这几项要求。

申论大纲连续4年未变

同时还有国考考试大纲,其中申论大纲和2012年相比,一字未改。换言之,自2010年度国家公务员考试开始,国家公务员考试申论大纲连续4年一字未改。

"三步"助你读懂招考职位表

第一步,读懂招考简章的首行。部门名称、用人司局、机构性质、机构层级、职位属性、职位名称、职位简介、职位代码、考试类别、招考人数、专业、学历、学位、政治面貌、基层工作最低年限、"三支一扶"大学生、西部志愿者、大学生村干部、特岗计划教师、无限制、是否组织专业考试、面试人选与计划录用人数的确定比例、其他条件和备注。此类信息中已经明确给广大考生提出了报考的方向。

以职位属性为例说明,阅读后可以看到中央党群、行政机关以普通职位为主,而中央国家行政机关直属机构和派出机构则体现出"招考简章"中的明确要求"西部地区和边远艰苦地区职位",以此体现鼓励大学生到基层服务的理念,并且在对应的其他条件中也明确提及的是限应届生和在备注中限男性等信息。而且通过观察可以发现今年扩大了对"往届"人才选拔的范围,即通过简章中明确提及的进入面试范围人员比例分别是1:3,1:4,1:5等不同比例。而在中央党群机关、行政机关的招考人员比例中大部分为1:5。相对而言在其他两部分的招考中则多以1:3的面试比例为主。所以我们要说的是对招考简章首行信息阅读和理解尤为重要。因为,这些看似"无关紧要"的信息都是给考生提供包括方向的最基础的依据。

　　第二步,看报考岗位有无党员要求。中央党群机关、国家行政机关中绝大多数岗位都是明确要求党员,而中央国家行政机关直属机构和派出机构、国务院系统有大量岗位对于党员无限制。

　　第三步,学会使用电子表格的筛选方法。建议报考人员一看专业,二看学历学位,三看招考人数。通过用电子表格的筛选项按以上的"三看"。最后,在选好报名时间,既不早报名也不晚报名,给自己选出比较好的岗位,为自己的报考赢得先机。

(西安新闻网2012年10月15日)

(三)今年是某校学风建设年。这一年即将结束,请你结合自己的所见所闻,以某校学生邬盼盼的名义给某大学教务处写一份不少于600字的学风建设意见书(30分)。

【要求】

1. 标题自拟。
2. 可针对教师、学生、管理(制度建设)等方面来谈。

综合模拟练习题（三）

一、单项选择题（本大题共 20 小题，每小题 1 分，共 20 分）

1. "适用于会议讨论通过的重大决策事项"的公文是（　　）。
   A. 决议　　　　　B. 纪要　　　　　C. 通告　　　　　D. 决定
2. 下列选择项中，不属于公文组成部分的内容是（　　）。
   A. 发文字号　　　B. 签发人　　　　C. 落款　　　　　D. 主题词
3. 下列文种中属于党政公文的文书是（　　）。
   A. 函　　　　　　B. 简报　　　　　C. 总结　　　　　D. 慰问信
4. 下列文书中属于计划类型的是（　　）。
   A. 方案　　　　　B. 策划书　　　　C. 意见　　　　　D. 意向书
5. 向上级机关请求指示、批准的事宜应该用（　　）行文。
   A. 报告　　　　　B. 请示　　　　　C. 通知　　　　　D. 批复
6. 下列文种中应该标注签发人姓名的是（　　）。
   A. 议案　　　　　B. 通知　　　　　C. 报告　　　　　D. 通告
7. 下面可以作为公文标题的是（　　）。
   A. 4 名 90 后，地铁工地演绎青春
   B. 文法学院给全校师生的倡议书
   C. 国务院关于批转发展改革委 2010 年深化经济体制改革重点工作意见的通知
   D. 关于表彰计划生育先进集体和先进工作者的通告
8. 下列选择项中不属于公文处理的原则选项是（　　）。
   A. 实事求是　　　B. 准确规范　　　C. 指导性　　　　D. 精简高效
9. 采用简明、扼要的文字，迅速及时地报道人们所关注的、新鲜的、重要的关于人和事件情况的报道称为（　　）。
   A. 通讯　　　　　B. 消息　　　　　C. 解说词　　　　D. 通知
10. 下列选择项中不属于招标书特点的是（　　）。
    A. 公开性　　　　B. 竞争性　　　　C. 时效性　　　　D. 针对性
11. 以下是毕业论文参考文献的几种书写，其中规范的形式是（　　）
    A. 白雅，岳夕茜. 语言与语言学研究[M]. 昆明：云南大学出版社，2010.
    B. 陈昌来著《应用语言学导论》，北京：商务印书馆. 2007.
    C. 陈慰. 英汉语言学词汇[D]，北京：商务印书馆. 1998 年版。
    D. 成昭伟，周丽红. 英语语言义化导论[J]. 北京：国防工业出版社，2011.
12. 企业在开发或建设某一经济项目之前，必须全面、客观地分析、论证该项目实施的可行性、所能获得的经济效益，以避免建设的盲目性和不必要的经济损失，因此需要书写（　　）。
    A. 可行性研究报告　　　　　　　　B. 意向书
    C. 总结　　　　　　　　　　　　　D. 经济合同书

13. 下列选项中,不属于市场预测报告特点的是(   )。
    A. 预见性　　　　B. 简明易懂　　　　C. 针对性　　　　D. 科学性
14. 当事人或其法定代理人,不服一审法院的裁判,在法定的期限内向原审法院的上一级法院提出上诉,要求重新审理该案时所用的文书是(   )。
    A. 起诉状　　　　B. 申诉状　　　　C. 上诉状　　　　D. 答辩状
15. 开幕词是由主持人或主要领导所做的开宗明义的讲话,其特点是(   )。
    A. 宣告性、引导性、简明性　　　　B. 宣传性、揭示性、指导性
    C. 指导性、宣传性　　　　　　　　D. 宣传性、启发性
16. 下面公文的成文时间,正确的写法是(   )。
    A. 二〇一三年元月二日　　　　B. 2012 年 7 月 7 日
    C. 二〇〇〇年三月四日　　　　D. 2010.12.22
17. 在起草《长沙市天心区人民政府 2013 年工作报告》时,该公文的写作主体是(   )。
    A. 起草者本人　　　　　　　　B. 天心区党委和行政办
    C. 长沙市天心区人民政府　　　D. 长沙市天心区党委
18. 下列类别中,不属于科技文书的是(   )。
    A. 论文类　　　　B. 说明类　　　　C. 报告类　　　　D. 策划类
19. 下列各项中不属于求职书正文写作的内容是(   )。
    A. 求职缘由　　　　B. 自我介绍　　　　C. 求职要求　　　　D. 问候语
20. (   )是平等主体的当事人为实现一定的经济目的,以双方或多方意思表示一致设立、变更、终止权利义务关系的协议。
    A. 意向书　　　　B. 协议书　　　　C. 合同　　　　D. 协定

二、判断题(本大题共 10 小题,每小题 1 分,共 10 分)

21. 倡议书要求语言生动,融叙述、议论、描写、说明等表达方式于一体。　　　　(   )
22. 调查报告一般由标题、署名、正文组成。　　　　(   )
23. 2012 年 4 月颁布的《党政公文处理工作条例》包括了 13 种文书。　　　　(   )
24. 某行政单位在 2013 年 3 月发布了题为《关于张某某等人职务的任命通知》,此处所用文种错误。　　　　(   )
25. 报告适合于向上级机关汇报工作、反映情况,回复上级机关的询问。　　　　(   )
26. 合同标的可以是货物、货币,也可以是工程项目、智力成果等。　　　　(   )
27. 邀请书的结语常用"此致敬礼""敬请光临""恭候光临"等。　　　　(   )
28. 开幕词常常含有欢迎词的要义,因此,要注意语言的感情色彩,让与会者充分感受热情、真诚的氛围。　　　　(   )
29. 公文标题除法规、规章名称可加书名号外,一般不用标点符号。　　　　(   )
30. 商业广告和海报都具有宣传性和图文并茂的特征。　　　　(   )

三、综合写作题(共 70 分)

(一)阅读下列材料,根据要求做题(40 分):

关于开展 2013—2014 学年长沙理工大学自强励志典型人物评选活动的通知

各学院:

为进一步在我校形成自强不息、励志成才的良好氛围,充分展现我校大学生的精神面貌,引导学生积极面对生活学习中的困难和挫折,砥砺青春,迎难而上,勇敢承担党和国家赋予的光荣使命。经研究决定,开展 2013—2014 学年长沙理工大学自强励志典型人物评选活动。有关事项通知如下,请认真组织实施。

一、活动主题

青春自强·圆梦长理

二、活动时间

2013 年 11 月至 2014 年 4 月

三、活动目标

自强不息践行科学发展,励志青春点亮中国梦想。通过自强励志典型人物的评选活动,宣传我校学生不畏艰难、自强励志的感人事迹,树立可亲、可敬、可信、可学的先进榜样,充分展现长理学子积极进取、蓬勃向上的精神风貌。

四、活动原则

1. 将发现典型与培养典型相结合
2. 将推选典型与塑造典型相结合
3. 将宣传典型与学习典型相结合
4. 将青年成长与资助育人相结合

五、活动内容及安排

1. 宣传发动阶段(11 月 1 日至 11 月 10 日)

内容:略

2. 评选院级"自强励志之星"阶段(11 月 11 日至 11 月 20 日)

内容:略

3. 评选校级"自强励志之星"阶段(11 月 21 日至 11 月 29 日)

内容:略

4. 推选"2013 年度中国大学生自强之星"阶段(12 月 9 日)

内容:略

5. 评选长沙理工大学 2014 年度励志人物阶段(2014 年 3 月至 4 月)

学校推选委员会推选出我校 2014 年度励志人物,4 月举办"第三届励志成才理工学子大讲堂"暨"自强励志之星"颁奖典礼。

6. 推选全国励志成长成才优秀学生典型阶段(2014 年 4 月)

学校推选委员会推选 1 至 2 名自强励志之星参加教育部举办的"全国励志成长成才优秀学生典型宣传评选活动"。

六、其他事项

略

针对上述通知精神,请你以所在班级团支部的名义拟写一份题为"青春自强·圆梦长理"的行动方案。

(二)阅读下列文件,按要求做题(30分)

国务院办公厅转发教育部等部门关于建立
中小学校舍安全保障长效机制意见的通知

国办发〔2013〕103号

各省、自治区、直辖市人民政府,国务院各部委、各直属机构:

  教育部、发展改革委、公安部、监察部、财政部、国土资源部、住房城乡建设部、水利部、审计署、安全监管总局、地震局、气象局《关于建立中小学校舍安全保障长效机制的意见》已经国务院同意,现转发给你们,请认真贯彻执行。

国务院办公厅
2013年11月7日

教育部 发展改革委 公安部 监察部
财政部 国土资源部 住房城乡建设部 水利部
审计署 安全监管总局 地震局 气象局

  一、_____

  校舍安全直接关系师生生命安全,社会关注度高、影响面广。党中央、国务院历来高度重视校舍安全工作,21世纪以来,先后部署实施了一系列校舍建设工程,建立了农村义务教育中小学校舍维修改造长效机制,特别是从2009年起,部署实施了全国中小学校舍安全工程,在各级各类城乡中小学开展校舍抗震加固和提高综合防灾能力建设,校舍安全隐患大幅减少,安全状况进一步改善。但我国中小学的学生规模大、农村学校多、基础条件差,保障校舍安全是一项长期的艰巨任务。建立长效机制,为提高中小学校舍安全管理水平和防灾减灾能力提供制度保障,是坚持以人为本、落实国家防灾减灾总体部署的必然要求,是坚持教育优先发展、办好人民满意教育的重要内容。各地区、各有关部门要统一思想,提高认识,按照国务院决策部署,切实把保障校舍安全的各项任务落实到位。

  二、_____

  (一)覆盖范围。全国城镇和农村、公立和民办、教育系统和非教育系统的所有中小学(含幼儿园)。

  (二)总体要求。明确和落实各级政府及其相关部门责任,综合考虑城镇化发展、人口变化等因素,紧密结合教育事业发展、防灾减灾、校园建设等规划和各类教育建设专项工程,统筹实施校舍安全保障长效机制。坚持建管并重,通过维修、加固、重建、改扩建等多种形式,逐步使所有校舍满足国家规定的建设标准、重点设防类抗震设防标准和国家综合防灾要求,同时加强对校舍的日常管理和定期维护。加强对中小学校舍规划布局、安全排查、施工建设、使用维护、信息公告、责任追究等各环节的管理,建立健全符合国情的中小学校舍安全保障制度体系。

三、_____

(一)建立校舍安全年检制度。对城乡各级各类中小学现有校舍每半年要组织一次安全隐患排查。经排查后需要鉴定的,由当地教育行政部门委托有资质的专业机构及时进行相关鉴定。对未达到重点设防类抗震设防标准或达到设计使用年限仍需继续使用的校舍,每年进行一次鉴定;达到重点设防类抗震设防标准的,每5年进行一次鉴定。校舍排查鉴定结果要及时录入中小学校舍信息管理系统以便查询。

(二)完善校舍安全预警机制。地方各级政府要将校舍安全纳入当地防灾减灾总体规划,对本行政区域内中小学校舍灾害风险进行综合评估,指导学校编制相应的应急预案,并组织师生开展应急演练。地方各级教育、公安、国土资源、水利、地震、气象等部门要建立联动机制,及时向学校发出灾害预警信息,妥善做好师生应急避险和转移安置;对存在重大安全隐患、影响安全使用的校舍,要及时发布安全预警。

(三)建立校舍安全信息通报公告制度。教育部会同统计局、住房城乡建设部、发展改革委、财政部、国土资源部、公安部等部门对全国中小学校舍信息数据进行统计分析,向各省级政府通报可能存在安全隐患的校舍信息,并每年定期向社会发布全国中小学校舍安全信息公告。地方各级政府也要建立相应的信息通报和公告制度。

(四)完善校舍安全隐患排除机制。对经鉴定存在安全隐患、影响安全使用的校舍要及时排除隐患,由省级政府综合考虑行政区域内各市、县面临自然灾害的危险程度以及校舍状况等因素,区分轻重缓急制订相应的年度实施计划;县级政府结合本地实际,分类分步组织实施。优先考虑将部分有条件的中小学建成应急避难场所。

(五)严格校舍安全项目管理制度。中小学校舍维修、加固、重建、改扩建项目,必须严格执行项目法人责任制、招投标制、工程监理制、合同管理制。项目勘察、设计、施工和工程监理单位必须具有相应资质,严格执行国家质量安全有关法律法规和工程建设强制性标准。项目竣工后,应由建设单位按规定组织勘察、设计、施工、监理等单位及项目学校进行竣工验收并备案。位于洪泛区、蓄滞洪区、山区高原等地质灾害易发区的学校,其防险自保设施应通过水利、国土资源等主管部门验收合格,否则不得交付使用。

(六)健全校舍安全责任追究制度。对发生因校舍倒塌或其他因防范不力造成安全事故导致师生伤亡的地区,要依法追究当地政府主要负责人责任。如因校舍选址不当或建筑质量问题导致垮塌的,评估鉴定、勘察设计、施工监理等单位负责人要依法承担责任。对挤占、挪用、克扣、截留、套取长效机制专项资金、违规乱收费或玩忽职守影响校舍安全的,要依法追究相关负责人的责任。

四、_____

(一)加强组织领导。地方政府是保障中小学校舍安全的责任主体,主要负责人要亲自抓、负总责,分管负责人具体负责。建立长效机制由省级政府统筹组织、市级政府协调指导、县级政府组织实施。教育、发展改革、公安、监察、财政、国土资源、住房城乡建设、水利、审计、安全监管、地震、气象等部门要各司其职,加强协调,密切配合。

(二)合理分担资金投入。各级政府要将保障中小学校舍安全资金纳入财政预算,统筹各类校舍建设项目,加大对经济落后地区的支持力度。保障农村义务教育阶段中小学校舍安全资金由中央和地方共同承担。省级政府负责统筹落实地方资金,制定省、市、县三级政府具体分担办法。中央财政通过农村中小学校舍维修改造长效机制,重点支持中西部地区农村义务教育阶段学校,对东部地区给予适当奖补。其他教育阶段保障校舍安全资金由地方及其他渠道安排。民办、外资和企(事)业办中小学所需资金由投资方和本单位负责落实,当地政府给予支持指导并监管。建立长效机制的资金实行分账核算,专款专用,资金支付按照财政国库管理制度有关规定执行。

　　(三)落实扶持鼓励政策。校舍建设项目涉及的行政事业性收费和政府性基金,应予以免收;涉及的经营服务性收费,在服务双方协商基础上可适当予以减收或免收。鼓励社会各界捐资捐物支持中小学校舍建设。企业通过公益性社会团体或者县级以上政府及其部门对中小学校舍建设的捐赠支出,按照相关税收政策规定予以税前扣除。

　　(四)提高管理信息化水平。中小学校舍信息管理系统是提高校舍安全管理水平的重要保障和技术支撑,各地要及时更新数据,加强维护,完善功能,充分发挥信息管理系统在年检、预警、信息发布、隐患排除、责任追究等方面的作用,切实提高校舍安全管理科学化、精细化水平。

　　(五)加强监督检查。中小学校舍安全工作实行国家重点督查、省市定期巡查、县级经常自查的监督检查机制。地方政府要把中小学校舍安全工作作为教育督导的重要内容,每年向同级人大、政协报告、通报工作情况,接受法律监督和民主监督。设置监督举报电话和公众意见箱,广泛接受社会监督。

　　(六)加大安全教育和宣传力度。

【要求】
1. 拟写一个标题。
2. 拟写一个简要的开头(前言)。
3. 根据相关文种的格式知识及文件内容,分别给"一""二""三""四"部分拟写一个适当的标题。
4. 拟写第"四"部分中第"(六)"点内容。

参考文献

[1] 中国公文写作研究会.公文写作培训教程[M].北京:中国言实出版社,2010.
[2] 杨霞.公文写作规范与例文解析[M].北京:北京大学出版社,2009.
[3] 张文英.新编应用文写作教程[M].天津:南开大学出版社,2010.
[4] 岳海翔.公文写作范本大全[M].北京:中国文史出版社,2011.
[5] 姬瑞环,张虹.公文写作与处理[M].北京:中国人民大学出版社,2005.
[6] 岳海翔.新编公文写作技巧与实用范例[M].北京:中共中央党校出版社,2011.
[7] 陈华平,王太均,孙杰.现代公文写作与处理教程[M].武汉:华中科技大学出版社,2007.
[8] 张玲英.新编办公应用文全书[M].哈尔滨:黑龙江科学技术出版社,2012.
[9] 谷颖.现代实用文体写作[M].北京:清华大学出版社,2009.
[10] 李中标.现代公文写作指南[M].长沙:湖南人民出版社,2012.

图书在版编目(CIP)数据

大学应用语文教程. 下/周云鹏主编. —北京：北京大学出版社，2019.9
ISBN 978-7-301-30709-0

Ⅰ. ①大⋯　Ⅱ. ①周⋯　Ⅲ. ①大学语文课—高等学校—教材　Ⅳ. ①H193.9

中国版本图书馆 CIP 数据核字(2019)第 174894 号

书　　名	大学应用语文教程（下）
	DAXUE YINGYONG YUWEN JIAOCHENG (XIA)
著作责任者	周云鹏　主编
责 任 编 辑	任　蕾
标 准 书 号	ISBN 978-7-301-30709-0
出 版 发 行	北京大学出版社
地　　址	北京市海淀区成府路 205 号　100871
网　　址	http://www.pup.cn
电 子 信 箱	zpup@pup.cn
新 浪 微 博	@北京大学出版社
电　　话	邮购部 010-62752015　发行部 010-62750672　编辑部 010-62753334
印 刷 者	长沙超峰印刷有限公司
经 销 者	新华书店
	787 毫米×1092 毫米　16 开本　13.25 印张　330 千字
	2019 年 9 月第 1 版　2019 年 9 月第 1 次印刷
定　　价	46.00 元

未经许可，不得以任何方式复制或抄袭本书之部分或全部内容。
版权所有，侵权必究
举报电话：010-62752024　电子信箱：fd@pup.pku.edu.cn
图书如有印装质量问题，请与出版部联系，电话：010-62756370